Nicole Funck
Michael Narten

Helgoland

» Irgendwo ins grüne Meer
Hat Gott mit leichtem Pinsel
Lächelnd wie von ungefähr
einen Fleck getupft: Die Insel. «

James Krüss (1926–1997)

Impressum

Nicole Funck, Michael Narten
Reise Know-How Helgoland

erschienen im
Reise Know-How Verlag Peter Rump GmbH,
Osnabrücker Str. 79, 33649 Bielefeld

**10., neu bearbeitete
und aktualisierte Auflage 2023**

ISBN 978-3-8317-3724-6

Gestaltung und Bearbeitung
Umschlag: P. Rump, der Verlag
Inhalt: G. Pawlak, W. Rump, der Verlag (Layout);
M. Luck (Realisierung)
Karten: Th. Buri
Fotonachweis: siehe S. 286
Lektorat (Aktualisierung): M. Luck

Druck und Bindung
Hinckel-Druck GmbH, Wertheim

Printed in Germany

**Bibliografische Information
der Deutschen Nationalbibliothek**
Die Deutsche Nationalbibliothek verzeichnet diese Publikation in der Deutschen Nationalbibliografie; detaillierte bibliografische Daten sind im Internet über http://dnb.dnb.de abrufbar.

Anzeigenvertrieb
KV Kommunalverlag GmbH & Co. KG,
Alte Landstraße 23, 85521 Ottobrunn,
Tel. 089 928 096-0, info@kommunal-verlag.de

Reise Know-How Bücher finden Sie in allen gut sortierten Buchhandlungen. Falls nicht, kann Ihre Buchhandlung unsere Bücher hier bestellen:
D: Prolit, prolit.de und alle Barsortimente
A: Freytag-Berndt und Artaria KG, freytagberndt.com
CH: AVA Verlagsauslieferung AG, ava.ch
B, LUX, NL: Willems Adventure, willemsadventure.nl
oder direkt über den Verlag: **www.reise-know-how.de**

Bildlegende Umschlag und Vorspann
Titelfoto: Sonnenaufgang bei der Düne Helgoland (mna)
Vordere Umschlagklappe: Xenon-Hochdruck-Lampe im Leuchtturm (mna); kleines Bild: Der Leuchtturm vor blauweißem Himmel (mna)
S. 1: Helgolands Wahrzeichen – die Felsnadel Lange Anna (mna)
S. 2/3: Die Felseninsel vom Wasser aus gesehen (mna)

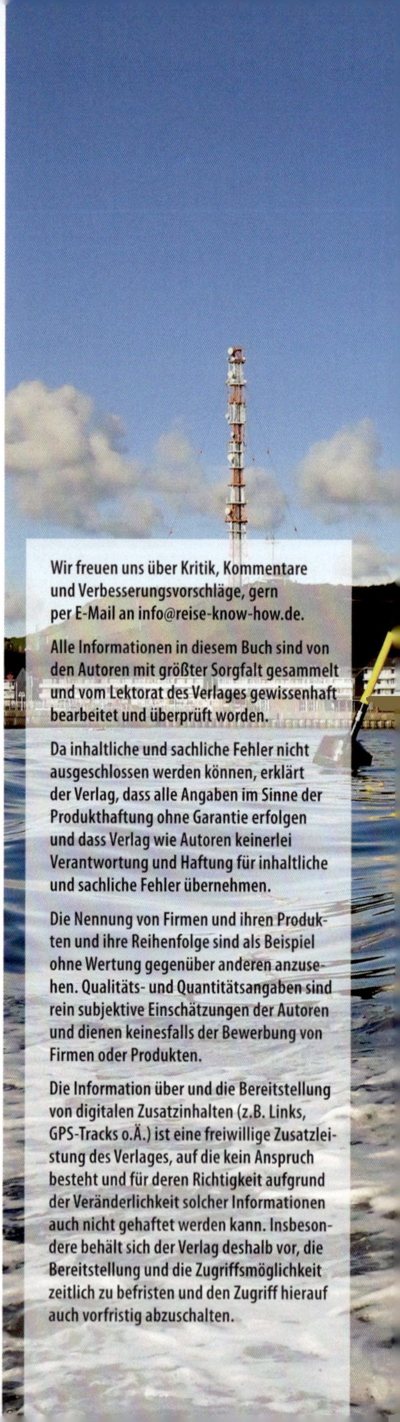

Wir freuen uns über Kritik, Kommentare und Verbesserungsvorschläge, gern per E-Mail an info@reise-know-how.de.

Nicole Funck
Michael Narten

HELGOLAND

Vorwort

Wer das **Hochseeklima** inmitten der Nordsee schätzt und verschiedene Landschaftsformen auf begrenztem Raum liebt, für den ist die einzigartige Felseninsel in der Deutschen Bucht genau der richtige Ort. Sie ist **autofrei** und bietet besonders für Allergiker ideale gesundheitliche Bedingungen. Als Unterkunft bieten sich Pensionen, Ferienwohnungen, Hotels und auf der Nebeninsel Düne, die mit einer Fähre im regelmäßigen Verkehr erreicht werden kann, ein Zeltplatz und ein Bungalowdorf an.

Obwohl Helgoland insgesamt nur 1,7 Quadratkilometer misst, hat das kleine Eiland-Ensemble **erstaunlich viel Abwechslung** zu bieten. Die großartige Natur einer Hochseeinsel (geologisch ist Helgoland das übrigens nicht, denn sie ist Teil des Festlandsockels) steht natürlich besonders im Mittelpunkt. Helgoland liegt mitten im Meer und ist den ungebremsten Kräften der See und des Wetters ausgesetzt. Der pulsierende Ort mit seinen zahlreichen Geschäften, die aufgrund der Mehrwertsteuerfreiheit ein **Einkaufseldorado** sind, lädt zum Bummeln und Shoppen ein. Und Durst und Hunger lassen sich an jeder Ecke stillen.

Aufgrund der wechselvollen Geschichte bietet besonders die **Architektur** ein einzigartiges Beispiel für die Umsetzung eines Gesamtkonzepts. Dicht gedrängt stehen die Häuser auf dem Ober- und Unterland und bilden ein Gesamtkunstwerk. Sie stehen unter **Ensembleschutz** und bieten heute noch den Anblick, wie er in den 1950er-Jahren geplant war. Nur der Leuchtturm hat den Zweiten Weltkrieg und die britische Besatzung bis 1952 überstanden. Es gibt kaum neue Gebäude.

☐ Hummerbuden am Binnenhafen

he_003 mna

Die Insel wird von zahlreichen Reedereien aus unterschiedlichen Häfen in Schleswig-Holstein und Niedersachsen angefahren, es gibt einen Flughafen, und wer selbst segelt, darf auch gern einen der Häfen ansteuern. Ein besonderes Erlebnis war das **Börten.** Wenn die großen Seebäderschiffe nicht am Kai festmachen konnten, lagen sie außerhalb des Hafens auf Reede und die Passagiere wurden mit den eigens für Helgoland gebauten Börtebooten an Land gebracht. Die **Helgoländer Dampferbörte** hat eine lange Tradition und zählt seit Ende 2018 zum immateriellen UNESCO-Kulturerbe. Inzwischen ist der Hafen so umgebaut, dass die großen Schiffe an den Kajen anlegen können.

Was die Insel zu etwas ganz Besonderem macht, ist ihre Lage inmitten der Nordsee, die man besonders auf dem Oberland wahrnimmt. Wer sich im Kreis dreht, sieht an manchen Stellen das Meer in allen vier Himmelrichtungen.

Die Menge an Sehens- und Entdeckenswertem auf kleinem Raum ist riesig. Oft sind es nur wenige Meter, die Beobachter und Zielobjekt voneinander trennen. Nirgendwo in Deutschland kommen Naturliebhaber **Kegelrobben** und **Seehunden** so nah wie auf der Nebeninsel Düne. Helgoland ist auch ein **Paradies für Vogelliebhaber.** Besonders während der Zeit der Vogelzüge wird die Insel als Rastplatz und Zwischenstation genutzt. In dieser Zeit sind die Spektive der Vogelkundler im Dauereinsatz. **Über 430 Vogelarten** wurden hier bereits nachgewiesen. Einzigartig in Deutschland sind die **Seevogelkolonien** im Naturschutzgebiet „Lummenfelsen“. Die Nester der Basstölpel liegen unmittelbar neben dem „Klippenrandweg“ auf dem Oberland. Für Forscher, Ornithologen und Fotografen bieten sie paradiesische Bedingungen.

Wenn das Wetter nicht zum Aufenthalt an der frischen Luft einlädt, lässt sich im **Museum Helgoland** jede Menge über die Insel erfahren, die fantastischen Geschichten des auf Helgoland geborenen Autors *James Krüss* können erfreuen, oder es lassen sich im **Meerwasserschwimmbad** Sauna und Wellness genießen. Neu entdeckt werden kann eine zum Museum Helgoland gehörende **Bunkeranlage** direkt am Fahrstuhl.

Wir wünschen unseren Lesern eine schöne Zeit auf dem „Roten Felsen“ mitten im Meer.

Nicole Funck und *Michael Narten*

Inhalt

he_043 mna

Karten

he_004 mna

Hinweise zur Benutzung

UNSER TIPP: Besonders empfehlenswerte Unterkünfte, Restaurants und sonstige **Tipps der Autoren** sind als Tipp gekennzeichnet.

Der Schmetterling zeigt an, wo man **besonders gut Natur erleben** oder **Angebote im Bereich des nachhaltigen Tourismus** finden kann.

1 Die **Ziffern** in den farbigen Kästchen, die sich vor allem im Kapitel **„Insel-Info A–Z"** finden, verweisen auf den jeweiligen Legendeneintrag in den Karten auf S. 78, 90, 94 und 132.

Unterkünfte: Preiskategorien im Buch

①	**30–50 €**
②	**50–70 €**
③	**70–90 €**
④	**über 90 €**

GPS GPS-Tracks

Für die drei im Buch vorgestellten **Insel-Spaziergänge** (S. 18, 19) stehen auf www.reise-know-how.de GPS-Tracks im Format gpx zum kostenlosen Download bereit. Sie finden die Daten auf der Produktseite dieses Titels.

Updates nach Redaktionsschluss

Auf der Produktseite dieses Reiseführers in unserem Internetshop finden Sie zusätzliche Informationen und wichtige Änderungen.

> Seevögelkolonie am Lummenfelsen

< Blick über das Oberland

Steckbrief Helgoland

- **Name:** Helgoland
- **Landkreis:** Pinneberg
- **Bundesland:** Schleswig-Holstein
- **Lage:** Deutsche Bucht
- **GPS-Koordinaten:** 54° 11′ N , 7° 53′ O
- **Aufteilung:** Unterland, Mittelland, Oberland, Nebeninsel Düne
- **Entfernung bis zum deutschen Festland:**
  – nach St. Peter Ording: 48,5 km
  – nach Cuxhaven: 70 km
- **Fläche Hauptinsel:** 1 km^2, Katasterfläche (3D): 4,2 km^2
- **Fläche Nebeninsel Düne:** 0,7 km^2
- **Länge/Breite Hauptinsel ohne Molen:** 2,1 km /0,7 km
- **Länge/Breite Düne:** 1 km/0,7 km
- **Durchschnittliche Höhe:** 40 m ü. NHN
- **Höchster Punkt:** Pinneberg (61,30 m)
- **Einwohner:** 1284 (31. Dez. 2021)
- **Bevölkerungsdichte:** 305 Einwohner pro km^2 (zum Vergleich: Deutschland 235 pro km^2)
- **Postleitzahl:** 27498
- **Vorwahl:** (+49) 04725
- **Homepage:** www.helgoland.de

212he mna

Willkommen auf Helgoland – Welkoam lip Lunn

Abfahrt

Das Auto am **Fährhafen in Cuxhaven** geparkt, die Gepäckbanderole um den Griff gewickelt und den Koffer vor dem Container abgestellt, wo alles fachmännisch verstaut wird. Mit dem Gang an Bord beginnt der Urlaub. Auf dem Deck hören wir dem Geschrei der Möwen zu. Die „MS Helgoland" ist ganz modern und fährt mit Flüssiggas (LNG). Rund 2½ Stunden dauert die Überfahrt, abhängig von Wind und Wetter.

2½ Stunden später

Am Horizont ist die rote Felseninsel zu sehen. Langsam wird die **einzigartige Silhouette von Ober- und Unterland** deutlicher. Ein Basstölpel gibt uns fliegendes Geleit bis zur Einfahrt in Helgolands Vorhafen. Das Schiff wird am Süddamm festgemacht, wir steigen aus und rollen unsere Koffer an den Hummerbuden entlang Richtung Ortsmitte. Die Strandpromenade führt uns zwischen Hotelfassaden und dem Südstrand entlang.

Eindrucksvolles Stadtbild

Die **Nachkriegsarchitektur** bestimmt das streng geometrische Stadtbild. Es ist als Ensemble denkmalgeschützt und in seiner knappen Formensprache ein weltweit einzigartiges lokales Phänomen. Die Farben der Fassaden scheinen vorgegeben. Eng aneinandergereiht stehen die Häuser vor den Felsen. Die Wege hier sind nicht weit.

Blick aufs Meer

Nach kurzem Auspacken gilt unser erster Weg dem **Oberland.** Der Aufzug bringt uns in wenigen Sekunden hoch zum Falm. Den Aufstieg über 184 Treppenstufen ersparen wir uns heute. Vom Falm aus sieht man über die Dächer des Unterlands auf das Meer und die Nebeninsel Helgoland-Düne. In einem Café bestellen wir Getränke und genießen die herrliche Aussicht.

Perfekter Abendhimmel am Lummenfelsen

Der Himmel zeigt sein Abendkleid. Wir gehen auf dem **Klippenrandweg** einmal ums Oberland, um den herrlichen Blick aufs Meer und das kleinste Naturschutzgebiet Europas, den Lummenfelsen, zu genießen. Der Wind weht um unsere Nase, die Luft riecht salzig, das Meer tost gegen die Felsen – endlich Urlaub.

Weltweit einzigartige Rarität – der Rote Feuerstein

Nach heutigem Erkenntnisstand gibt es Roten Feuerstein, auch **Roter Flint** genannt, nur auf der Helgoländer Düne, wo er an der Aade (Geröllstrand im Osten hinter dem Flughafen) zu finden ist. Der Steinstrand besteht zu rund 80 Prozent aus Feuersteinen – aber statistisch betrachtet gibt es unter 10.000 Funden nur einen Roten Feuerstein. Er ist also **sehr selten.** Die Farbe variiert zwischen Rosa und Braun, auch Kombinationen mit Blau kommen vor. Einen im Inneren **dreifarbigen Roten Feuerstein** zu finden, ist wie ein Lottogewinn: Die Fundwahrscheinlichkeit liegt bei eins zu einer Million. Die Rotfärbung entwickelte sich übrigens bereits bei der Entstehung durch **Anreicherung mit Eisen** bzw. Eisen3-Oxid. Die Feuersteinlagen befinden sich in Kreideschichten. Die äußere „Rinde" der großen, unregelmäßigen Feuersteinknollen ist meist weiß bis grau, darunter folgen dann Schichten in Schwarz, Blaugrau, Braun oder eben Rot. Archäologen kennen den Roten Feuerstein schon seit Langem. In der Steinzeit rund 2000 v. Chr. fertigten die Menschen auf Helgoland aus dem Flint **Werkzeuge** wie Steinbeile, Messer und Pfeilspitzen, die teilweise in anderen Regionen Europas wie den Niederlanden gefunden wurden. Es wird vermutet, dass sie als Handelsware von Helgoland in die Welt gelangten.

Feuerstein entstand in der **Kreidezeit** vor 70 bis 80 Millionen Jahren unter Einfluss abgestorbener Kieselalgen. Er hat eine **Mohshärte** von 7,5 (1–2 = weich, 3–5 = mittel, 6–10 = hart). Die Skala ist nach dem Mineralogen *Friedrich Mohs* (1773–1839) benannt. Das härteste Gestein ist der Diamant, mit der Härte des Helgoländer Feuersteins vergleichbar sind Smaragde oder das Schwermetall Wolfram. Granit mit einer Mohshärte von 3 bis 4 ist im Vergleich zu Feuerstein ein Stück Butter bei Zimmertemperatur.

Auf Helgoland wird der Rote Feuerstein überwiegend zu **Schmuck** verarbeitet. Drei Monate dauert es vom gefundenen Stein bis zum fertigen Schmuckstück. Wer jetzt aber glaubt, dass er aus seinem selbst gefundenen Roten Flint in Eigenregie ein Schmuckstück fertigen kann, der liegt falsch. Man braucht Spezialwerkzeuge, um den harten Stein zu schleifen. Besonders begehrt sind übrigens Makrofossilien aus Rotem Feuerstein wie Schwämme und Seeigel. Bereits fertige, individuelle Schmuckstücke aus Rotem Flint kann man auf Helgoland in der **Hummerbude Nr. 31** kaufen. Gut zu wissen: Wer auf der Aade nach dem Feuerstein sucht, darf an den Stränden keine Feuersteine aufschlagen, das ist streng verboten – die messerscharfen Splitter können Menschen und Tiere verletzen.

Unser Tipp: **16** In der **Bude 31** (Karte S. 78) kann man mit seinen Funden zur **Feuerstein-Sprechstunde** bei *Jan Rickmer Ludwig* kommen. Dort wird erklärt, wie sich erkennen lässt, ob es sich um einen echten Helgoländer Roten Feuerstein handelt.

he_005 mna

Lange Anna | 40

Rund 47 Meter hoch ragt der bizarr geformte Brandungspfeiler aus dem typisch roten Gestein an der Nordspitze der Insel in die Höhe. „Nathurn Stak“ wird er auf Helgoländer Friesisch genannt. Am besten zu sehen ist er während einer Inselrundfahrt vom Wasser aus.

Lummenfelsen | 38

Am besten gelangt man über den Klippenrandweg zum 1,1 ha großen Lummenfelsen. Hier lässt sich hautnah eine (von der Vogelgrippe dezimierte) Seevogelkolonie von Felsenbrütern beobachten.

Vogelwarte | 45

Das Institut für Vogelforschung IfV „Vogelwarte Helgoland“ ist die Beringungszentrale für die norddeutschen Bundesländer. Mehrmals wöchentlich gibt es interessante Führungen.

Klippenrandweg | 35

Einmal rund um das Oberland führt der etwa drei Kilometer lange Klippenrandweg. Von dort aus lässt sich die fantastische Weite des Meeres am besten spüren. Empfehlenswert ist ein Rundgang während der Abendstimmung.

Schrebergärten | 44

Über 60 Jahre alt ist die Schrebergartenkolonie auf dem Oberland. In rund 80 gepflegten und sehenswerten Gärten mit traumhaftem Ausblick auf das Meer und die Düne wird um die Wette geerntet. Ein Fußweg führt mitten hindurch.

Helgoland im Überblick/ 10 Insel-Highlights

Museum Helgoland | 47
Hier gibt es vielfältige Informationen zur Insel (Geschichte, Natur, Geologie, Kultur, Besiedlung). Seit Ende 2022 kann im Unterland am Fahrstuhl ein 250 Meter langer Bunkerstollen in Eigenregie erkundet werden.

Süßwasserteiche | 153
Die beiden Dünenteiche wurden künstlich als Süßwasserreservoir angelegt. Im dichten Ufergebüsch tummeln sich im Frühjahr rastende Singvögel. Im Wasser finden sich sogar gebietsfremde Arten wie Goldfische und Rotwangenschildkröten.

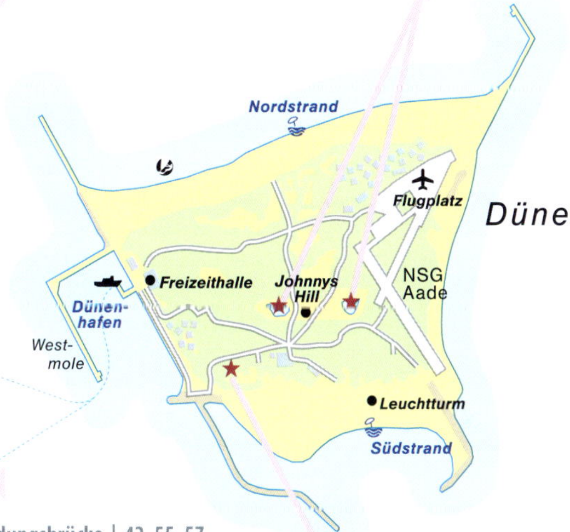

Landungsbrücke | 42, 55, 57
Auf dem Unterland führt fast jeder Weg dort vorbei. Hier kann man das bunte Treiben der Börteboote beobachten, die zu einem Ausflug um die Insel aufbrechen.

Hummerbuden | 28
In den im skandinavischen Stil erbauten pastellfarbenen Hummerbuden waren ursprünglich Lagerplätze und Werkstätten der Fischer. Inzwischen sind sie nach dem Motto „Kunst, Kultur, Knieper" zu einem kulturellen Zentrum geworden.

Friedhof der Namenlosen | 52
Auf der Düne finden Unbekannte, die das Meer irgendwann freigegeben hat, inmitten der schönen Landschaft ihre letzte Ruhe – ein Ort der Stille und des Gedenkens.

Helgoland auf einen Blick

Warum Urlaub auf Helgoland?

Die Insel ist zwar klein und übersichtlich, das hat aber den Vorzug, dass man auf kurzen Wegen schnell überall hinkommt, und die Insel ist **autofrei.** Die Lage Helgolands mitten in der Nordsee ist ideal für Allergiker. Verbrennungsmotorbetriebene Fahrzeuge haben nur die Feuerwehr, Rettungs- und Baufahrzeuge. Die **Anreise** ist per Schiff und per Flugzeug möglich. Besonders punkten kann die Insel mit ihrer **Natur.** Nirgendwo kommt man den Kegelrobben und Seehunden in freier Natur so nah wie hier. Der **Lummenfelsen** und der **Klippenrandweg** sind spektakuläre Ziele für Hobbyornithologen und Naturliebhaber, sie liefern zu jeder Tageszeit spannende Momente. Besonders das Abendlicht lockt regelmäßig viele Besucher, denn dann leuchten die Buntsandsteinfelsen in zauberhaften Rottönen. Eine besondere Attraktion am Klippenrandweg sind die am Wegesrand gelegenen **Nester der Basstölpel** und das kleine Naturschutzgebiet Lummenfelsen. An seinen steilen Klippen befinden sich die Gelege der Trottellummen, der Dreizehenmöwen, der Eissturmvögel und der Tordalke. Besonders im Frühling und im Herbst finden Vogelfreunde ideale Bedingungen zur Beobachtung, denn Helgoland wird während der Vogelzüge von vielen **Zugvögeln** als Notrastplatz genutzt. Es wurden hier schon über 430 Arten gezählt. Während die Hauptinsel mit ihren steilen Felsen aus Buntsandstein und künstlich erschaffenem Unterland aufwartet, findet man auf der **Nebeninsel Düne** einen großen **Sandstrand** vor, der zu Badefreuden in der Sonne und im Wasser einlädt.

Auf Helgoland sind **Unterkünfte** unterschiedlicher Preisklassen zu finden, vom Sternehotel bis zur einfachen Pension oder kleinen Ferienwohnung. Eine Unterkunft auf der Hauptinsel hat den Vorteil, dass man bei schlechterem Wetter bequem und schnell gute Alternativen zum Aufenthalt unter freiem Himmel finden kann, beispielsweise bei einem Besuch des **Museums** oder des **Meerwasserschwimmbads.**

Helgoland ist **von der Mehrwertsteuer befreit.** Deshalb lässt sich hier gut einkaufen. Die Geschäfte haben ihr Produktspektrum darauf ausgelegt. Viele Tagesgäste kaufen Luxusprodukte oder hochwertige Kleidung. Die vom Zoll vorgegebenen Grenzen sind beim Einkauf natürlich zu beachten. Auch **kulturell** wird einiges geboten. Es gibt besonders im Sommer ein abwechslungsreiches Veranstaltungsprogramm, aber auch das **Museum Helgoland** widmet sich vielen Themen der Inselgeschichte und -natur. Entspannen kann man gut im **Meerwasserschwimmbad,** das auch eine Sauna und einen Wellnessbereich hat. Unter **kulinarischen Aspekten** hat Helgoland für jeden Geschmack ebenfalls etwas zu bieten. Es gibt eine vielseitige Restaurantszene, Schnellimbisse, Bäcker und sogar etliche Raucherkneipen.

Anreisen sollte man am besten **auf dem Wasser,** so beginnt der Urlaub mit entspannten Stunden an Bord der Seebäderschiffe oder im eigenen Segelboot. Es gibt besonders im Sommer zahlreiche **regelmäßige Fährverbindungen** von unterschiedlichen Seehäfen aus. Die Schiffsreise lässt sich auch mit einem Flug kombinieren oder man fliegt gleich komplett. Der **Flugplatz** befindet sich auf der Nebeninsel Düne. Wer auf die Hauptinsel möchte, muss dann anschließend mit der Dünenfähre übersetzen. Die Düne ist auf jeden Fall einen Besuch wert, sodass der Gast entspannt und mit ausreichend Zeit seine persönlichen Entdeckungen machen kann.

Die Hauptinsel

Es gibt mehrere Faktoren, die Helgoland zu einem ganz besonderen Reiseziel machen. Da ist zum einen die **Architektur** mit den vielen Gebäuden aus den 1950er- und 1960er-Jahren, die in ihrer Gesamtheit ein einmaliges städtebauliches Juwel darstellen. Vom Unterland zum Oberland führen mehrere Wege und Treppen, wer es bequemer mag, kann auch den Fahrstuhl nutzen. Die Öffnungszeiten hängen aus. Wenn die Seebäderschiffe mittags anlegen, wird es schlagartig voll auf der Insel. Der ganze Trubel dauert knapp vier Stunden, dann sind die **Tagesgäste** wieder weg. Empfehlenswerter ist ein Aufenthalt mit einigen Übernachtungen.

Wer es gern rauer mag und die Natur erleben möchte, spürt bei entsprechendem Wetter die ungebremste **Kraft von Wind und Wasser.** Dann kann ein Spaziergang auf dem Klippenrandweg auch schon mal zum Outdoor-Abenteuer werden. An manchen Tagen spritzt die Gischt der Wellen an den steilen Klippen meterhoch. Erst dann hat man einen echten Eindruck davon, wie das Meer an den roten Felsen nagt und es dadurch immer wieder zu Abbrüchen kommt. Wer bei schönem Wetter besonders auch im Frühling ein erstes **Sonnenbad** genießen will, ist **an der Ostseite des Klippenrandwegs** in geschützter Lage gut aufgehoben. Dort ist es wesentlich milder als an der Westseite. Deshalb sind dort auch die Schrebergärten der Helgoländer Kleingärtner gelegen, die auf ganz kleinem Raum meist genauso viel Vielfalt zeigen, wie die großen Schrebergärten in den Städten des Festlands.

Helgoland hat aber auch eine „Unterwelt", dort befinden sich die noch verbliebenen **Bunkeranlagen** aus dem Zweiten Weltkrieg. Der Felsen ist davon durchzogen wie ein Schweizer Käse von Löchern. Es finden regelmäßig **Bunkerführungen** statt, die einen anschaulichen Einblick in das Leben zur Zeit des Zweiten Weltkriegs gibt. Man muss sich dazu vorher aber bei der Touristeninformation anmelden und dort auch den Eintritt bezahlen, weil die Anzahl der Teilnehmer begrenzt ist. Ende 2022 wurde vom Museum Helgoland ein neuer Bunkerstollen eröffnet, der in Eigenregie erkundet werden kann. Auf dem sogenannten **Mittelland** befinden sich das **Inselkrankenhaus** und der **Hundeauslaufplatz** am Kringel. Das große **Hafengebiet** wurde künstlich aufgeschüttet und entstand einst aus militärischen Gründen. Heute wird das Gelände als Gewerbegebiet genutzt.

Die Nebeninsel Düne

Eine weitere Attraktion Helgolands ist die Nebeninsel Düne, die bis zur großen Sturmflut in der Silvesternacht von 1720 auf 1721 noch **mit der Hauptinsel verbunden war.** Heute ist die Düne nur noch per Boot erreichbar. Als Verbindung dient die **Dünenfähre** „Witte Kliff", die nach regelmäßigem Fahrplan unterwegs ist. Auf der Nebeninsel liegen die vielen **Kegelrobben** und **Seehunde** so nah am Strand, wie man ihnen woanders sonst nicht kommt. Manchmal sind es nur wenige Meter. Ranger wachen zum Ärger mancher Fotografen darüber, dass ausreichend Abstand gehalten wird, 30 Meter sollten es sein. Das dient auch der eigenen Sicherheit, denn Seehunde sind ungeachtet ihres harmlos und nett wirkenden Aussehens Raubtiere. Sie können angreifen, wenn sie sich bedroht fühlen. In der Zeit von November bis Januar wird die Düne zur Kinderstube der Kegelrobben. Im Winter 2021/2022 wurden **fast 600 Junge** dort geboren. Als Naturliebhaber sollte man wissen, dass während dieser Zeit einige Abschnitte des Strandes gesperrt sein können, sodass eine Wanderung rund um die Düne nicht immer möglich ist. Auf der Nordseite der Düne gibt es einen **Bohlenweg,** der allerdings nur im Winter begehbar ist, um die Gäste des Zeltplatzes nicht zu stören. Von dort aus lassen sich die jungen Seehunde aus sicherer Entfernung gut beobachten. Einen Besuch wert ist auch der **Friedhof der Namenlosen,** auf dem die von der See auf Helgoland angespülten Toten bestattet werden. Es gibt im Inselinneren zwei kleine Süßwasserteiche. In den Büschen verstecken sich zahlreiche Singvögel. Ein Zeltplatz und ein komfortables Bungalowdorf bieten sich als Unterkunft an, einkaufen kann man am Flughafen. Dort und am Südstrand gibt es auch Gastronomie.

Attraktionen zu jeder Jahreszeit

Die **Saison** wird offiziell **im April** eingeläutet. Doch schon ab März rasten die Vögel auf ihrer anstrengenden Reise in die Brutgebiete auf Helgoland, um sich für den Weiterflug genügend Fettreserven anzufressen. Die Brutvögel wie Lummen und Tordalke und Basstölpel legen ihre **Nester in den Steilklippen** an. Eine besondere Attraktion ist der **Lummensprung** im Juni, wenn die kleinen Lummen das Nest verlassen, von den steilen Klippen springen und ihren Eltern auf die offene Nordsee folgen. Spätestens zu **Ostern** haben die meisten Restaurants und Geschäfte nach der Winterpause wieder geöffnet. Das **Frühjahr** ist eine schöne Jahreszeit, wenn die Pflanzen zu neuem Leben erwachen, es wieder milder wird und die ersten Blüten zu sehen sind. Das alles passiert jedoch **einige Wochen später** als auf dem Festland. Im Frühjahr ist es zum Baden meist zu kalt und das Wetter kann noch sehr wechselhaft sein, häufig ist das mit **großen Temperatursprüngen** verbunden.

Der **Sommerurlauber** schätzt quirliges Strandleben und das Baden im Meer. Dann sind auch die meisten sportlichen Aktivitäten unter freiem Himmel möglich, und es finden zahlreiche Veranstaltungen statt. **Während der Sommerferien** in Schleswig-Holstein und Niedersachsen herrscht auf Helgoland **Hochbetrieb,** dann kommen auch besonders viele Tagesgäste. Viele Restaurants und Geschäfte haben lange geöffnet, viele auch sonntags. Allerdings sind dann auch vor allem die Preise für die Unterkünfte am höchsten. Für die Hochsaison sollte man seinen abendlichen Tisch im Restaurant im Voraus reservieren.

Im **Herbst** wird es wieder ruhiger, dann rückt die Natur stärker in den Mittelpunkt. Es ist wieder die **Zeit der Vogelzüge,** und die Farben der Natur verändern sich. Die Saison dauert etwa bis Mitte Oktober. Im späten Herbst und im November ist vieles geschlossen, dann erholen sich die Einheimischen von der anstrengenden Saison und fahren häufig selbst in den Urlaub.

Im **Winter** liegt die Insel im Winterschlaf, der nur zwischen Weihnachten und dem Heiligen Dreikönigstag für zwei Wochen kurz unterbrochen wird. Dann herrscht wieder Hochsaison und die Insel ist gut besucht. Vor allem die Cafés und Restaurants haben in dieser Zeit großen Zulauf, wenn sich die Gäste nach einem Spaziergang in der Kälte wieder aufwärmen.

▷ Kliffkante mit dem Klippenrandweg

Tagesaktuelle Infos über Veranstaltungen und das Wetter lassen sich dem **Veranstaltungskalender** entnehmen, der überall auf Helgoland ausliegt, oder sind auf **www.helgoland.de** zu finden. Aber auch die **Tourist-Information** hilft bei Fragen gern weiter, um die passende Reisezeit und Unterkunft zu finden.

Welche Reisedauer ist ideal?

Viele Besucher kommen als **Tagesgäste.** An einem Tag, der etwa einen dreieinhalbstündigen Aufenthalt bedeutet, kann man entweder gemütlich auf dem Oberland den Klippenrandweg gehen und danach noch irgendwo einkehren. Oder einmal die kleine Nebeninsel Düne umrunden, wobei man dann immer den Fahrplan der Dünenfähre im Kopf haben sollte, um pünktlich zur Rückfahrt wieder auf dem Schiff zu sein.

Wir empfehlen einen **mehrtägigen Aufenthalt,** denn es ist deutlich entspannter, die Insel und ihre Besonderheiten besser kennenzulernen. Dann besteht auch die Möglichkeit, den **Klippenrandweg** zu unterschiedlichen Tageszeiten zu erleben – besonders schön ist er im stimmungsvollen Abendrot, wenn die Felsen magisch leuchten. Aber auch bei stürmischem Wetter macht es Spaß, die Kraft der Natur auf einem Spaziergang zu spüren. Bei einem mindestens zweitägigen Aufenthalt bleibt auch Zeit für eine **ausführliche Erkundung der Düne.** Sie bietet die Möglichkeit zur Beobachtung der Kegelrobben, Seehunde und vieler Wasser- und Singvögel.

Wer **Sommerurlaub am Strand** verbringen will – sei es mit oder ohne Familie – sollte einen längeren Aufenthalt einplanen, mindestens eine Woche. Ideal ist dann eine **Unterkunft auf der Düne,** wo man den Strand quasi vor der Tür hat. Allerdings bedeutet das, für größere Einkäufe auf die Hauptinsel fahren zu müssen. Für Familien mit Kindern ist der Sandstrand natürlich der schönste Aufenthaltsort, und bei schlechtem Wetter geht es ins Schwimmbad auf der Hauptinsel.

127he_mna

Spaziergänge auf Helgoland

Auf der **autofreien Insel** bewegt man sich auf Schusters Rappen. Die Tourist-Info bietet diverse Führungen an, die im Veranstaltungskalender aufgeführt sind. Bei den drei folgenden Vorschlägen handelt es sich um **Rundgänge,** auf denen man je nach Interessenlage besonders als Tagesgast einen ersten Eindruck von Helgoland gewinnen kann.

Spaziergang 1: Der Klippenrandweg (3,3 km, 1½ Std.)

GPS Er beginnt auf dem Oberland an der Treppe bzw. am Aufzug. Man wendet sich nach links den Falm entlang und folgt dem Weg am besten im Uhrzeigersinn. Etwa zwei Drittel sind barrierefrei, nur der nördliche Wegesteil nicht. Der **Aussichtspunkt „Berliner Bär"** bietet sich als erster Zwischenstopp an. Der Klippenrandweg verläuft danach meist **dicht an der Kliffkante** und bietet spektakuläre Ausblicke auf die roten Felsen und das Wahrzeichen Helgolands, die Felsnadel „Lange Anna", das Naturschutzgebiet „Lummenfelsen" und die weit entfernten Windparks am Horizont. Unterwegs laden zahlreiche Aussichtsplattformen und Bänke zum Beobachten und Ausruhen ein. Zudem informieren kleine Pyramiden am Wegesrand über Geschichte, Natur und Forscher, die auf Helgoland unterwegs waren. Auf der geschützten Ostseite der Insel geht es an der Vogelwarte Helgoland oder durch die Schrebergartenkolonie wieder zurück Richtung Aufzug und zur Treppe.

GPS-Tracks

Für die drei Insel-Spaziergänge stehen auf www.reise-know-how.de GPS-Tracks im Format gpx zum kostenlosen Download bereit. Sie finden die Daten auf der Produktseite dieses Titels.

Spaziergang 2: Rundgang durch das Unterland (2,7/4 km, 1 Std. 25 Min. ohne Museum)

GPS Der Rundgang beginnt auf der Promenade am Hafen und führt zunächst an den bunten **Hummerbuden** vorbei, die früher als Lager für die Fischer dienten und heute Läden, Restaurants und Galerien beherbergen. Der Weg verläuft an den Hotels am Südstrand entlang bis zum **Musikpavillon.** Von dort geht es links in den Lung Wai bis zum J.-A.-Siemens-Platz, an dessen Ende man rechts der Aquariumstraße bis zur Kurpromenade folgt und dort an der Bücherei links am Nord-Ost-Hafen entlang geht. Hinter dem Schwimmbad „mare frisicum" besteht die Gelegenheit zu einem Abstecher in den **Museumshof** und das **Museum Helgoland.** Wer möchte, biegt hinter dem Museum in den **Kurpark** ab und lässt auf einer „Teenkbeenk" seine Gedanken schweifen. Von dort aus geht es wieder zurück, am Aquarium führt der Weg nach rechts wieder zurück zum J.-A.-Siemens-Platz und weiter auf der J.-A.-Siemens-Terrasse, einer belebten Einkaufsmeile mit vielen Geschäften. Sobald die Schaufensterfronten von Wohnhäusern abgelöst werden, biegt man nach links ab und kommt wieder am **Südstrand** heraus, um rechts abzubiegen und wieder zurück zum Hafen zu kommen.

Spaziergang 3: Auf der Nebeninsel Düne (3/4,2 km, 1½ Std.)

GPS Vom Dünenhafen führt der Weg in südöstlicher Richtung am Hafenbecken entlang, an dessen Ende man links zum **Friedhof der Namenlosen** kommt, der einen Besuch wert ist. Danach geht es zum **Südstrand,** wo sich neben den Urlaubern oft auch Seehunde und Kegelrobben in der Sonne aalen. Hinter dem Dünenrestaurant und dem Leuchtturm kurz vor der Landebahn des Flugplatzes führt der Weg ins Innere der Düne zum Grillplatz; rechts geht es zum **Aussichtspunkt „Johnnys Hill".** Von dort kann man auf die Süßwasserteiche und das Grün hinabschauen. Dann weiter bis zum Flugplatz und dort nach links ostwärts zurück bis zum Dünenhafen. Wer mag, kann auch nach dem Flugplatz rechts in Richtung FKK-Strand abbiegen und über den Nordstrand zurück bis zum Dünenhafen gehen.

LEGENDE

Winter
Frühling/Herbst
Sommer

Vogelbeobachtung
Von März bis Mai bestehen ideale Bedingungen zur Vogelbeobachtung.

Gedenktag
Der alljährliche Gedenktag anlässlich der Freigabe Helgolands 1952 duch die Briten ist der 1. März.

Marathon
Alljährlich im Mai zu wechselnden Zeiten findet der Helgoland-Marathon statt.

Internationaler Helgoländer Treppenlauf
Im Mai, zwei Wochen vor dem Marathon, findet ein Spendenlauf statt. Man kann sich als Läufer sponsern lassen und pro Runde einen Betrag aushandeln, der dann für einen guten Zweck eingesetzt wird.

Nordseewoche
Vom 29. Mai bis 1. Juni mit großer Segelregatta.

JAN FEB MÄR APR MAI JUN

Saisoneröffnung
Am 1. April wird offiziell die Saison eröffnet. Die Helgoländer Flagge wird zu diesem Anlass zur Düne gebracht.

Camping
Am 1. Mai wird der Zeltplatz auf Helgoland-Düne geöffnet.

Scheibenhafenfest
Traditionsreiches Volksfest Mitte Juni.

Gedenktag „Big Bang“
Mit der bis zum damaligen Zeitpunkt größten nicht-nuklearen Sprengung der Weltgeschichte beseitigten die Briten die Bunkeranlagen auf der Insel. Alljährlich wird am 18. April an dieses Ereignis erinnert.

Punkrock
Um den 1. Mai herum findet alljährlich das Punkrock-Festival „Rock'n'Roll Butterfahrt“ statt.

Lummensprung
Das Naturereignis ist von Anfang Juni bis Anfang Juli zu beobachten.

St. Martin
Großer St.-Martins-Umzug am 10. November.

Kegelrobben
Zwischen November und Dezember bekommen die Kegelrobben Nachwuchs.

Ruderregatta
Jeweils am 1. Samstag im Juli findet auf Helgoland die „Börteboot-Ruderregatta" statt.

„Störtebeker Opti-Cup"
Schon seit 2003 findet die Regatta für Optimisten im Juli oder August statt. Die gesamte Veranstaltung wird von freiwilligen Helfern organisiert.

„Omloopen"
Am 5. Dezember ziehen verkleidete Kinder und Jugendliche von Haustür zu Haustür und singen das Lied: „Lasst uns froh und munter sein …". Dafür gibt's viel Süßes.

JUL AUG SEP OKT NOV DEZ

Helgolands Wechsel der Staatszugehörigkeit
Der 10. August ist auf Helgoland der Gedenktag an den Wechsel der Staatszugehörigkeit von Großbritannien zu Deutschland.

Zugvogelbeobachtung
In dieser Zeit legen viele Vögel einen Stopp ein, um sich Reserven für den weiteren Flug anzufressen.

Camping
Am 15. Oktober wird der Zeltplatz auf Düne geschlossen.

Vogeltage
Mitte Oktober finden jedes Jahr die Helgoländer Vogeltage statt.

Fünf kulinarische Entdeckungen

he_006 mna

Das Emma James | 93

Der Name leitet sich von James Krüss und seiner Möwe Emma ab. Im Café lassen sich leckere Kuchen, Kakao- und Kaffeespezialitäten probieren, aber auch die handgemachten Trüffel. Im vorgelagerten Verkaufsraum gibt es feinste Schokoladen, passend dazu ausgesuchte Weine, und Bücher, in denen es um Schokolade geht.

he_007 mna

Aquarium Restaurant | 92

„Genießen können ist eine Kunst." Daher sollten sich die Gäste etwas Zeit nehmen, um die frischen Fisch- und Fleischgerichte in gemütlicher Umgebung zu verspeisen. Empfehlenswert ist die vegetarische Linsenbolognese.

161he_mna

Flamingo | 92

Das Lokal bietet leckeres selbstgemachtes Eis, aber auch saisonale Gerichte. Empfehlenswert ist der Blick auf die Tageskarte. Frischen Fisch gibt es täglich und das Preis-Leistungs-Verhältnis stimmt auch. Das Flamingo liegt im Unterland zentral am Lung Wai.

he_008 mna

Mocca-Stuben | 89

Das alteingesessene Lokal auf dem Oberland wartet mit exquisiter internationaler Küche auf. Alles wird frisch und mit den besten Zutaten zubereitet. Besonders die Fisch- und Fleischspeisen machen schon beim Lesen der Karte Appetit auf mehr.

he_009 mna

Atlantis | 89

Die hausgemachte Fischsuppe sollte unbedingt probiert werden und ist einer der Bestseller auf der Speisekarte, die feine regionale und internationale Speisen verzeichnet. Für die superleckere Scampi-Pfanne sollte man allerdings etwas Schärfe vertragen können.

Fünf interessante Aktivitäten

Vogelwarte Helgoland | 45

Von Mitte April bis Ende Oktober gibt es zweimal wöchentlich eine Führung durch den Fanggarten der Insel. Zu bestaunen sind dabei nicht nur der Garten, der verschiedene Lebensräume der Vögel abdeckt, sondern auch die Helgoländer Reusen, die für ähnliche Anlagen weltweit als Vorbild dienen.

he_010 nf

Museum Helgoland | 47

Etwas abseits auf dem Unterland liegt das Inselmuseum. Dort wird Wissenswertes über die Geschichte, Kultur und Geologie der Insel anschaulich präsentiert. Die bunten Nachbauten der Hummerbuden im Museumshof zeigen u. a. kleine Ausstellungen zum Autor James Krüss sowie dem Inselfotografen Franz Schensky.

he_011 rs

Inselrundfahrt mit dem Börteboot | 55

Von April bis Oktober täglich ab der Landungsbrücke lässt sich die Insel vom Wasser aus erkunden, spektakuläre Blickwinkel eingeschlossen. Die Erfahrung der Kapitäne macht es möglich, sehr nah an den Lummenfelsen oder die Lange Anne und weitere Helgoländer Sehenswürdigkeiten heranzufahren.

he_012 mna

Der neue Bunkerstollen | 48

Seit Ende 2022 gibt es auf Helgoland eine neue Attraktion: einen 250 Meter langen Bunkerstollen, der zum Museum Helgoland gehört. Der Eingang befindet sich auf dem Unterland im Durchgang zum Fahrstuhl. Ohne Führung werden sehr eindrucksvoll die Schrecken der „Fremdarbeiter" und der Bewohner während des Zweiten Weltkrieges sowie eine Aussicht auf die Zukunft der Insel vermittelt.

he_013 mna

Rundgang um die Helgoländer Düne | 57

Vom Dünenhafen aus beginnt der Weg am Hafenbecken nach Norden zum Nordstrand. In den Wintermonaten bietet ein Bohlenweg schöne Ausblicke. Später führt der Weg an der Wasserkante entlang und folgt dem Weststrand bis zum kleinen Leuchtturm am Südstrand und weiter an der Wasserkante und den Seehunden vorbei zurück.

he_014 mna

Fünf Lieblingsorte

165he_mna

Klippenrandweg | 35

Wer die Natur zu schätzen weiß, wird den Klippenrandweg als einen Helgoländer Höhepunkt betrachten. Er führt über knapp drei Kilometer hoch auf den windigen Klippen um das Oberland, zwei Drittel davon sind barrierefrei. Es geht vorbei an den Vogelkolonien, dem Lummenfelsen, der Langen Anna und entlang der geschützteren Ostseite der Insel.

164he_mna

Friedhof der Namenlosen | 52

Ein schöner Ort der Stille ist der Dünenfriedhof, der vermutlich im 19. Jahrhundert auf der Düne für die unbekannten Toten errichtet wurde, die im Laufe der Zeit auf Helgoland angespült wurden. Es gibt einige Gedenksteine und eine Glocke, die an den Tag der Freigabe Helgolands am 1. März 1952 erinnert.

he_015 mna

Der Kurpark | Karte Umschlag vorne

Im Kurpark, der eher an verwildertes Dünengebiet erinnert als an eine gepflegte Gartenanlage, stehen viele Bänke. Sie laden ein, dort ein gutes Buch zu lesen oder auch einfach nur die Sonne zu genießen und die Gedanken schweifen zu lassen. Vögel lassen sich gut beobachten, und es herrscht abseits des Trubels eine herrliche Stille.

163he_mna

Südstrand der Düne | 126

Am Südstrand der Düne tummeln sich Kegelrobben und Seehunde, im Sommer ist er ein Eldorado für die Badegäste, denn *der* Badestrand von Helgoland ist auf der Nebeninsel. Im Sommer kann man Strandkörbe mieten und im Dünenrestaurant einkehren, während die Kinder begeistert ihre Sandburgen bauen.

166he_mna

Museumshof | 47

Vor dem Museum Helgoland stehen aufgereiht bunte Holzhütten. Jede Hütte hat ein anderes Thema, beispielsweise den Schriftsteller James Krüss. In weiteren Buden befinden sich Informationen zum Helgoländer Postwesen sowie eine Ausstellung über den Inselfotografen Franz Schensky. Im kleinen Leuchtturm wird über die Seenotrettung berichtet.

Fünf besondere Geschäfte

Zigarrenspezialist Oswald | 84

Der Duty-Free-Shop Oswald direkt neben der Cohibar am Lung Wai ist das Mekka für Liebhaber feiner Zigarren. In dem begehbaren Humidor wird unter besten klimatischen Bedingungen die größte Zigarrenauswahl Deutschlands präsentiert, darunter über 100 verschiedene Havannas und weitere teilweise äußerst rare Sorten aus anderen Ländern.

159he_mna

Juwelier Kaufmann | 80

Neben feinen Schmuckstücken und edlen Mitbringseln wie Tetrapoden aus Metall bietet Juwelier Kaufmann eine sehr gute Auswahl an optischen Geräten wie Kameras und Ferngläser aller Preisklassen an. Die fachkundige Beratung hilft bei der Entscheidungsfindung, und vielseitiges Zubehör rundet das Angebot ab.

156he_mna

Mailänder Shop | 82

Ein herrliches Gemisch von Waren, die unterschiedlicher nicht sein könnten, erwartet den Besucher: Von Süßem über herzhafte Snacks bis hin zu Spirituosen, aktuellen Bestsellern und Helgoland-Krimis, Zeitungen, Stofftieren, Spielen, duftenden Parfüms, Tee, Senf, Gewürzen und verschiedensten Mitbringseln.

he_044 rs

Boutique Okka | 84

In der belebten J.-A.-Siemens-Terrasse liegt dieser kleine Laden, der vor allem eins ist: zum Bersten voll mit Lederwaren, Koffern und schönen Wollprodukten. Hinzu kommen Schmuck aus Bernstein und feine Strickwaren, oft in auffallend schönen Farben. Wer nicht findet, was er sucht, sollte unbedingt fragen, denn fast immer ist es irgendwo versteckt.

158he_mna

Heiner's Duty Free Shop | 80

Whisk(e)ykenner pilgern zu „Helgoheiner" aufs Oberland. In seinem kleinen Laden hat er über 1000 Whiskysorten, darunter milde bis sehr starke, günstige und auch teure Raritäten. Die Beratung ist kompetent, im Sommer finden donnerstags und im Winter freitags jeweils um 16.30 Uhr empfehlenswerte Whisky Tastings statt.

155he_mna

GALAXY

236he mna

1 Sehenswertes

» Helgoland – so klein
und doch erstaunlich vielseitig.
Man kann die Insel durchaus als
Gesamtkunstwerk betrachten.
Hier lassen sich Orte und Dinge entdecken,
die unter verschiedenen Aspekten
etwas Besonderes bieten.
Die nachfolgenden Empfehlungen sind so
beschrieben, dass jeder Besucher ein
lohnenswertes Ziel findet –
sei es unter der Erde, auf dem Felsen,
auf der Nachbarinsel Düne oder
auf dem Wasser.

‹ Münzfernrohr auf dem Oberland

Hummerbuden

Bunte Holzhäuschen

Nach dem Zweiten Weltkrieg dienten die bunten Holzhäuschen zunächst als Schuppen für die Fischer und boten den Menschen, die beim Wiederaufbau halfen, ein Dach über dem Kopf. Doch inzwischen hat sich die im skandinavischen Stil gebaute bunte Häuserzeile aus 41 Hütten entlang der Promenade nach dem Motto „Kunst, Kultur, Knieper" zu einem **kleinen kulturellen Zentrum** entwickelt. Die Hummerbuden mit typischen Giebelprofilen und Holzverschalungen wurden in den 1950er-Jahren vom Hamburger Architekten *Georg Wellhausen* entworfen. Heute sind dort überwiegend Galerien, verschiedene Läden mit Maritimem, Antiquitäten und gastronomischen Kleinigkeiten untergebracht. In der Hummerbude Nr. 38/39 heißt der **Förderverein des Museums Helgoland** Interessierte herzlich willkommen. Das ebenfalls dort befindliche **Standesamt** erfreut sich bei Brautpaaren großer Beliebtheit. In Nr. 35 befindet sich der **Verein Jordsand** mit Informationen zur Inselnatur; er bietet naturkundliche Führungen an.

114he_mna

Besonders bei gutem Wetter lässt sich an den Hummerbuden ein farbenfrohes Inseltreiben beobachten. Wer die hübschen Fassaden im Sonnenlicht aufnehmen möchte, sollte morgens unterwegs sein, denn nachmittags liegen sie größtenteils im Schatten.

Seenotrettungskreuzer Hermann Marwede

Größter deutscher Seenotrettungskreuzer

Aufgrund Helgolands geografischer Lage besitzt das Eiland eine **Schlüsselposition** in der stark befahrenen Deutschen Bucht. Am 27. Juni 2003 wurde der **größte deutsche Seenotrettungskreuzer** zu Ehren des langjährigen Förderers der Deutschen Gesellschaft zur Rettung Schiffbrüchiger (DGzRS) und langjährigen

☑ Unverzichtbar: Hummerbuden am Binnenhafen

214he mna

Gesellschafters der Brauerei Beck & Co. auf den Namen *Hermann Marwede* getauft, und das Tochterboot *Verena* erhielt seinen Namen nach dessen Kind. Der 46 Meter lange Seenotrettungskreuzer wurde bei der Fassmer-Werft in Berne an der Unterweser gebaut. Seit Juli des selben Jahres ist er auf Helgoland stationiert. Ein Seenotrettungskreuzer ist größer als ein Seenotrettungsboot. Er hat auch entweder ein motorisiertes Arbeits- oder Tochterboot an Bord. Die *Hermann Marwede* ist mit fest angestellten Seenotrettern besetzt, die auf dem Schiff leben und arbeiten. Neben den Seenotrettungskreuzern gibt es noch die kleineren **Seenotrettungsboote,** die kein Arbeits- oder Tochterboot an Bord haben. sondern selbstständig aufblasbare Rettungsinseln. Die Rettungsboote werden von freiwilligen Seenotrettern gefahren.

Nach wie vor ist das Schiff im aktiven Rettungsdienst und kann deshalb nur nach frühzeitiger Voranmeldung bei der Zentrale der DGzRS in Bremen (Tel. 0421/53 707 412) besichtigt werden. Aber ein interessantes Fotomotiv ist es in jedem Fall, sofern die *Hermann Marwede* im Hafen liegt und die Seenotretter nicht auf See zur Hilfe eilen müssen. Einmal wöchentlich steuert die *Hermann Marwede* auch Cuxhaven an, um die Besatzung zu wechseln, Wasser, Lebensmittel und Brennstoff zu bunkern und die Ausrüstung zu ergänzen. Während ihrer Abwesenheit vertritt sie jeweils ein anderer Seenotrettungskreuzer auf Helgoland. Die *Hermann Marwede* ist **rund um die Uhr einsatzbereit.** Jeder, der seine Freizeit oder auch seinen Beruf auf See verbringt, kann sicher sein, dass die Seenotretter im Notfall schnell zur Stelle sind. Darauf können sich auch all die Gäste verlassen, die Helgoland auf dem Seeweg besuchen.

Leuchtturm (Insel)

Auf dem Oberland

Der Helgoländer Leuchtturm ist auf dem rund 50 Meter hohen Oberland gelegen und aus zwei Gründen sehenswert. Zum einen sendet aus **83 Metern Höhe über dem Meeresspiegel** das **stärkste Leuchtfeuer Deutschlands** seine Strahlen mehr als 50 Kilometer weit hinaus in das Revier Elbe-Nordsee. Zum anderen

☒ Seenotrettungskreuzer Hermann Marwede am Morgen

Das Schiffsunglück mit der „Adolph Bermpohl"

Mitte der 1960er-Jahre bekam die Deutsche Gesellschaft zur Rettung Schiffbrüchiger (DGzRS) eine Serie von drei baugleichen Schiffen, die nach den drei Gründervätern der DGzRS benannt wurden: die **„Georg Breusing"** mit Tochterboot **„Engelke"**, die **„Arwed Emminghaus"** mit Tochterboot **„Alte Liebe"** und die **„Adolph Bermpohl"** mit Tochterboot **„Vegesack"**. Die erste Dienststation des letzteren Schiffs war Helgoland. Es war nach dem Gründungsmitglied der Gesellschaft *Adolph Bermpohl* benannt, das Tochterboot nach seiner Hauptwirkungsstätte, dem Bremer Stadtteil *Vegesack*.

Am 23. Februar 1967 kam es in einem Orkan mit Windgeschwindigkeiten bis zu 200 Stundenkilometern zu **mehreren Schiffsunglücken,** die rund 80 Seeleuten zum Verhängnis wurden. Der Sturm türmte über Stunden **Wellen von acht bis zehn Metern Höhe** auf. Auch der Seenotrettungskreuzer „Adolph Bermpohl" war ausgelaufen, weil ein niederländischer Fischkutter acht Seemeilen nördlich von Helgoland „Mayday" funkte, das Signal für unmittelbare Lebensgefahr. Der Havarist befand sich bei Ankunft des Kreuzers bereits in einer verzweifelten Lage. Nur noch das Abbergen der drei Besatzungsmitglieder kam in Frage, was mit Hilfe des kleinen Tochterboots auch gelang. Doch der hohe Seegang verhinderte, dass die „Vegesack" vom Mutterschiff wieder aufgenommen werden konnte. Doch die beiden Schiffe kamen nicht wie geplant nach Helgoland, denn die Natur war gewaltiger als der Mensch. Ursprünglich war von der Besatzung des Seenotrettungskreuzers geplant worden, nach Absetzen der niederländischen Fischer auf Helgoland wieder auszulaufen, um dem Motorschiff „Ruhr" zu helfen, das südlich der Insel ebenfalls in Seenot geraten war. Mehrere Rettungsversuche scheiterten aufgrund der widrigen Wetterlage, schlussendlich sank die „Ruhr" und alle sechs Besatzungsmitglieder kamen ums Leben.

Am nächsten Morgen wurde die „Adolph Bermpohl" **schwer beschädigt** mit laufenden Motoren in der Nordsee gefunden, einen Tag später die „Vegesack" – **kieloben** treibend. Von der Mannschaft fehlte jede Spur. Monate später wurden drei der Seemänner tot geborgen, der vierte Mann wurde nie gefunden.

Die genaue Unglücksursache konnte nicht vollständig aufgeklärt werden. Es wird jedoch vermutet, dass die „Adolph Bermpohl" und die „Vegesack" beim Versuch, in den Helgoländer Nordhafen einzufahren, auf Höhe des Sellebrunn-Riffs, wo sich bei schwerem Sturm regelrechte Wasserwände auftürmen können, in eine **Grundsee** geraten sind, bei der alle sieben Seemänner umkamen. Der Orkan ging später als „Adolph-Bermpohl-Orkan" in die Geschichte ein. Auch heute noch gedenken die Halunder alljährlich am 23. Februar der bei dem Unglück Verstorbenen. Auf dem „Friedhof der Namenlosen" auf der Helgoländer Düne erinnert ein Gedenkstein an die Besatzungsmitglieder.

Alle Seenotrettungskreuzer und Tochterboote werden seitdem als **„Selbstaufrichter"** gebaut, das heißt, sie sind so konstruiert, dass der Schiffsteil oberhalb des Wassers einen größeren Auftrieb hat als der unterhalb der Wasserlinie liegende – daher richten sich die Kreuzer und Boote aus jeder Lage, auch kieloben, wieder von selbst auf.

ist der Turm das **älteste Gebäude der Insel** und hat erstaunlicherweise sowohl als Flak-Leitstand den Zweiten Weltkrieg als auch die Bombardements der Royal Air Force und den Big Bang nach dem Krieg überstanden (siehe Kapitel „Inselgeschichte Helgoland“). Er ist von innen aus Sicherheitsgründen nicht zu besichtigen, weil er sich im aktiven Dienst befindet.

Der viereckige Turm aus Stahlbeton wurde **1941 von der Wehrmacht errichtet** und im Zweiten Weltkrieg stark beschädigt. Da jedoch der alte Leuchtturm total zerstört war, funktionierte man den ehemaligen Flak-Leitstand nach der Befreiung Helgolands 1952 kurzerhand zum provisorischen Leuchtturm um. Später wurde die alte Technik ersetzt und der Leuchtturm konnte seine Aufgabe nach neuestem Standard erfüllen. In der Zeit des Kalten Kriegs wurde der untere Teil des Turms zu einem **Atomschutzbunker** für das Betriebspersonal ausgebaut, dort befinden sich zur Tarnung Scheinfenster. In dieser Zeit ummauerte man den Turm auch mit Klinkersteinen. Die Anlagen für Radar, automatischen Schiffsidentifikation (AIS), Flugfunk sowie See- und Richtfunk wurden später ergänzt. Insgesamt verfügt der Leuchtturm über 14 Etagen und ist mit UKW-Peilermast 49 Meter hoch.

Betrieben wird der Leuchtturm vom Wasser- und Schifffahrtsamt in Tönning. Mit 165.000 Schiffsbewegungen jährlich ist das **Fahrwasser in der Deutschen Bucht eines der am stärksten befahrenen der Welt.** Zur Sicherung des Seeverkehrs befindet sich im Inneren des Leuchtturms eine hochprioritäre verkehrstechnische Außenstelle. Da die technischen Anlagen aufgrund ihrer geografischen Lage weit im Meer eine Sonderstellung einnehmen, werden sie für den Fall eines Feuers zusätzlich durch Löschanlagen geschützt.

Kennung

Die redundant, also doppelt, aufgebaute Lichtanlage des Turms wurde 1964 modernisiert. Drei geschliffene Fresnel-Linsen drehen sich um eine Xenon-Hochdrucklampe und erzeugen dadurch die **individuelle Kennung.** Das Helgoländer Leuchtfeuer ist eindeutig zu identifizieren: In jeder fünften Sekunde schickt die Anlage für 0,1 Sekunden einen strahlend weißen Blitz in den Nachthimmel. Seine Lichtstärke entspricht rund 320.000 gleichzeitig eingeschalteten Glühbirnen. Eine Astrozeitschaltfunktion schaltet automatisch eine Stunde vor Sonnenuntergang die Lampe ein und eine Stunde nach Sonnenaufgang wieder aus. Das Leuchtfeuer Helgolands ist selbst auf den südwestlich gelegenen Ostfriesischen Inseln und an weit entfernen Stellen der nordfrie-

215he mna

sischen Küste und deren Inseln zu sehen. Bei klarem Wetter kann das Licht, über den Horizont hinaus, in weit entfernten Lufträumen gesehen werden.

Antennenträger

Neben dem Leuchtturm steht ein 115 Meter hoher **Antennenträger** der Deutschen Telekom, er bildet die Nabelschnur der Insel. Aufgrund der Lage Helgolands mitten in der Nordsee befinden sich dort, neben weiteren Komponenten der verkehrstechnischen Außenstelle, auch viele Anlagen weiterer Dienste wie zum Beispiel Flugsicherung, Norddeutscher Rundfunk, Zoll sowie Behörden und Organisationen mit Sicherheitsaufgaben (BOS). Der Funkturm empfängt auch zahlreiche Meeresdaten für wissenschaftliche Zwecke und die Daten der Offshore-Windparks zur Weiterleitung an das Festland.

Klippenrandweg

Spektakuläre Ausblicke

Eigentlich sollte man zu Beginn eines jeden Aufenthaltes auf Helgoland mit einer Wanderung über den etwa drei Kilometer langen Klippenrandweg beginnen. Dort bekommt man auf einfachem Weg die **spektakulärsten Ausblicke der Insel** geboten. Weil zahlreiche Aussichtspunkte und Bänke zum Ausruhen und Beobachten einladen, sollten mindestens 1½ bis zwei Stunden Zeit dafür eingeplant werden. Zudem säumen **zahlreiche Informationstafeln und -pyramiden** den Weg. Am besten beginnt man auf dem Oberland am Aufzug oder der Treppe und wendet sich nach links. Im Uhrzeigersinn führt der Weg meist dicht am Klippenrand einmal um das Felsplateau herum. Zahlen auf dem Boden zeigen an, welche Strecke man bereits zurückgelegt hat.

Er beginnt mit einer leicht ansteigenden Passage Am Falm entlang mit Blick auf das Unterland, den Hafen und die Nebeninsel Düne. Dann folgt der Aussichtspunkt **Berliner Bär.** Der kleine Platz ist unübersehbar, weil dort zum einen eine Bärenfigur steht und zum zweiten angegeben ist, wie weit beispielsweise die Leuchtfeuer von Hörnum auf Sylt, Amrum, dem Westerhever Sand und Neuwerk oder die Feuerschiffe Elbe 1 und Weser

☒ Der Leuchtturm mit dem stärksten Leuchtfeuer Deutschlands

entfernt sind. Es geht einige Stufen hinauf und dann geht man im Süden des Oberlands mit Blick auf das Mittelland und den Hafen, später links vorbei am Richtfunkmast und dem Helgoländer Leuchtturm, Richtung Lummenfelsen und Lange Anna.

UNSER TIPP: Ein gutes **Fernglas** ist hilfreich. Wer keines dabei hat, kann sich auf der Insel mehrwertsteuerfrei eines kaufen, was durchaus eine Überlegung wert ist, denn eine gute Optik hat ihren Preis. Die Fachgeschäfte haben wegen der vielen naturinteressierten Besucher meist eine große Auswahl.

Schon von Weitem ist die Felsnadel der Langen Anna zu sehen. Vorher geht es aber noch vorbei am 61,30 Meter hohen **Pinneberg** mit Gipfelkreuz und Gipfelbuch, in das man sich eintragen kann, wenn es nicht gerade mal wieder entwendet wurde. Am **Lummenfelsen** trennt ein Drahtzaun die Nester vom Weg. Die Vögel brüten in schwindelerregender Höhe direkt am Klippenrand oder abenteuerlich in den Steilfelsen. Näher als hier kann man den Tieren kaum kommen.

213he mna

Weiter geht es auf der Ostseite, die wesentlich geschützter ist. Hier spürt man den Wind nicht mehr so stark, dafür sind nun Heidschnucken und Rinder zu sehen, die auf den Wiesen grasen. Ein sehr alter Holunderstrauch, der im Herbst und Winter ohne Leben scheint und von einem Holzgerüst vor dem Umfallen gestützt werden muss, zeigt im Frühjahr seine Blüten und zieht erstaunte Blicke auf sich. Von hier aus sieht man in der Tiefe das **Nord-Ost-Land** liegen und in der Ferne die Düne. An der **Vogelwarte Helgoland** vorbei geht es durch die **Schrebergartenkolonie** wieder zurück zum Aufzug und zur Treppe.

Unser Tipp: In der **Helgoland Touristik** gibt es **Karten mit vier verschiedenen Touren** zur Geschichte, Kultur, Natur und Architektur Helgolands, die hauptsächlich entlang des Klippenrandwegs führen. Eine weitere Route beschreibt Sehenswertes auf der Düne. Nur wenige Stationen liegen im Unterland.

^ Der rot gepflasterte Klippenrandweg

Lummenfelsen

Der Lummensprung

Eine der großen Sehenswürdigkeiten von Helgoland ist der nach den **Trottellummen** benannte Lummenfelsen. Das kleine Naturschutzgebiet mit der Kennung NSG 62 und der **größten Brutvogeldichte Deutschlands** ist nur knapp über einen Hektar groß. Es wurde 1964 eingerichtet. Hier brüten hauptsächlich Dreizehenmöwen, Trottellummen, Basstölpel, Eissturmvögel und Tordalke (siehe Kapitel „Helgolands Natur").

Lummen sind pinguinähnliche schwarzweiß gefiederte Vögel, die bis zu einer Tiefe von 180 Meter tauchen können. Mit etwas Glück lässt sich im Juni meist während der Abend- und Nachtstunden der **Lummensprung** bestaunen. 2017 wurde ein Rekord aufgestellt: An einem einzigen Tag sprangen 98 kleine Lummen. Gelockt durch die Rufe ihrer Eltern stürzen sich die noch flugunfähigen Küken bis zu 50 Meter in die Tiefe, ein weiches Skelett

und Daunenfedern puffern den Sturz ab, sogar wenn die Lummenbabys auf der Mole aufkommen, landen sie in der Regel unverletzt. Die Weibchen bleiben noch etwa zwei Wochen auf dem Brutplatz zurück, während die Küken mit ihren Vätern auf dem Meer leben, bis sie flügge sind. Nur zur Fortpflanzungszeit halten sich Lummen an Land auf. Sie sind standorttreu und kehren jedes Jahr in ihre Nester zurück.

Am besten zu beobachten sind die **Basstölpel,** die erst seit 1991 auf dem Lummenfelsen brüten. Viele der Nester liegen unmittelbar hinter dem Zaun am Klippenrandweg. Sie sind aus Algen und Ästen gebaut, zunehmend wird aber auch Plastikmüll aus dem Meer als Nestbaumaterial verwendet. Für die Tiere endet das nicht selten tödlich, wenn sie sich darin verfangen und dabei selbst erdrosseln. Die Opfer baumeln manchmal noch wochenlang weit sichtbar am Felsen.

Der rote Lummenfelsen voller Vögel

217he mna

Lange Anna

Das Wahrzeichen Helgolands

Rund 200 Meter weiter nördlich befindet sich die Lange Anna, ein **47 Meter hoher Brandungspfeiler** ganz im Nordwesten. Sie ist das Wahrzeichen Helgolands und entstand am 16. Mai 1860, als eine Felsbrücke, die sie mit den benachbarten Felsen verband, ins Meer stürzte. Fast schon eine offizielle Auszeichnung ist die Tatsache, dass die Lange Anna und die sie umgebende Felsengruppe im März 2011 die 1,45-Euro-Briefmarken der Deutschen Post zierte.

Den besten Blick auf die charakteristische Felsnadel hat man entweder bei einer **Inselrundfahrt** vom Wasser oder vom **Klippenrandweg** am Ende des Oberlands aus, denn der Felsen selbst ist nicht zugänglich. Seinen sprechenden Namen erhielt die Lange Anna, die auf Friesisch eigentlich **Nathurn Stak** heißt, vom Volksmund. Es heißt, dass in einem beliebten Ausflugslokal und Café aus der Kaiserzeit auf dem Oberland eine **sehr große weibliche Bedienung** namens Anna arbeitete. Nach ihr wurde der Felsen aus Buntsandstein angeblich schon bald mit Spitznamen benannt.

Die Lange Anna hat eine Grundfläche von nur 180 Quadratmetern und man schätzt das Gewicht auf rund 25.000 Tonnen. Da Buntsandstein sehr witterungsanfällig ist, wird der Felsen mit einer Mauer vor den Kräften der Nordsee geschützt (siehe Kapitel „Inselgeschichte Helgoland"). Der südliche Teil dieser Küstenschutzmaßnahme wird **Preußenmauer** genannt, er entstand zur Kaiserzeit zwischen 1910 und 1913. Bis in die 1930er-Jahre verlängerte man diesen Wellenbrecher an der Nordspitze Helgolands weit in das Meer hinaus. Bis heute dient er als Schutz des Felsensockels an der gesamten Westseite.

50 Meter weiter östlich der Langen Anna liegt die weniger bekannte und mit dem Oberland verbundene **Kurze Anna,** die sich erst Ende Januar 1976 bildete, als sich ein großer Gesteinsbrocken löste und nach unten fiel. Auf und an den steilen Inselfelsen liegen die einzigen **Seevogelkolonien** Deutschlands.

[>] Begehrter Nistplatz – die Lange Anna

218he mna

Die Tradition der „Helgoländer Dampferbörte“

Das traditionelle Börten, also das **Ein- und Ausbooten der Fahrgäste aller Schiffe, die nicht an der Landungsbrücke anlegen konnten,** ist 2020 abgeschafft worden, weil es die heute üblichen Anforderungen an barrierefreies Reisen nicht mehr erfüllt. Doch die „Börteboote“ bleiben eines der **Wahrzeichen Helgolands,** und es werden Inselrundfahrten und Fotosafaris angeboten (siehe S. 125). Die offenen Boote aus massivem Eichenholz sind hochseetüchtig, meist zehn Meter lang, drei Meter breit und acht Tonnen schwer. Der Tiefgang beträgt etwa 1,10 Meter. Nach Aussage eines Börte-Kapitäns sind sie mit einer drei Zentimeter dicken Beplankung unsinkbar und das sicherste Verkehrsmittel Deutschlands. Die Börteboote werden auch zum Hummer- und Knieperfang und zum Angeln eingesetzt.

Doch woher kommt der Begriff „Börteboot“? Schon im 18. Jahrhundert hingen die Einkünfte der Helgoländer Seeleute zum größten Teil vom Lotsendienst auf Elbe, Weser und Eider oder von

219he mna

der Berge- und Hilfeleistung in Seenot geratener oder gestrandeter Schiffe ab. 1714 fiel Helgoland an Dänemark und der Insel wurden hohe Steuern aufgebürdet. An die königliche Kasse musste weiterhin ein Zehntel des Lotsgeldes abgeführt werden. Um eine gerechte Regelung zu finden, wurde die **Lotsenfahrten in Reihenfolge ausgelost.** Dieses Verfahren nannte man **„Börten".** Das Wort wurde wahrscheinlich aus der Flussschifffahrt übernommen, denn „Reihenschifffahrt" nannte man Beurt-(Bört)schifffahrt, es bedeutete also, **„an der Reihe zu sein".** Auf Halunder heißt das *„Ik ben uun'e beert"* (Ich bin jetzt dran). So gelangte es in den Helgoländer Wortschatz und in den alltäglichen Sprachgebrauch. Allmählich wurde der Begriff für alles mögliche verwendet, „wenn man dran war" und etwas erledigen oder einen ausgeben musste. Ab Gründung des Seebads Helgoland 1826 wurde der Begriff dann auch für das Ausbooten übernommen – und dabei ist es geblieben. Die Seelotsen benutzen das Wort „Börte" ebenfalls.

Die ersten Börteboote des heute gebräuchlichen Typs wurden **seit 1952** gebaut und während der Zeit des Wiederaufbaus nach dem Zweiten Weltkrieg für den Transport von Menschen und Material eingesetzt. Börteboote haben einen innenliegenden Dieselmotor mit bis zu 180 PS. Sie erreichen eine Geschwindigkeit von etwa 14 Knoten. Wer einen Eindruck von der Wendigkeit und Geschwindigkeit der Boote bekommen möchte, sollte sich die jährlich am 10. August stattfindende **„Börteboot-Regatta"** auf der Helgoländer Reede nicht entgehen lassen. Auch schon in den Wochen davor sieht man die Mannschaften beim Training.

Die meisten noch im Einsatz befindlichen Boote sind 40 bis 50 Jahre alt. Viele davon wurden in der Werft Hatecke in Freiburg an der Elbe gebaut, die seit 1861 auf den Bau von Holzschiffen spezialisiert ist. Während der Wintermonate werden dort die Ausbesserungsarbeiten an vielen Börtebooten durchgeführt, damit die Schiffe im Sommer, wenn die meisten Gäste kommen, mit Glanz und Schönheit punkten. Alle zehn Jahre wird der alte Lack im Trockenen der Werfthallen abgebrannt und anschließend wieder neu aufgetragen. Zu viele übereinander liegende Lackschichten würden abplatzen. Zu den Arbeiten während der Winterpause gehört auch die Wartung oder Grundüberholung der Motoren, also das Einstellen der Ventile, das Wechseln der Filter, das Prüfen der Keilriemen, Ölwechsel etc.

Dem „Verein zum Erhalt der Helgoländer Börteboote e. V." liegt es am Herzen, den Einsatz der traditionellen Eichenholzboote zu bewahren. Deshalb hat er 2017 hat den offiziellen Antrag gestellt, die Helgoländer Dampferbörte in die **Liste des immateriellen Kulturerbes der UNESCO** aufzunehmen. Um dem Ganzen Nachdruck zu verleihen, organisierte die Gemeinde Helgoland eine Reise nach Berlin. Dafür fuhren Mitglieder und Freunde des Vereins zum Erhalt der Helgoländer Dampferbörte Ende September 2018 mit insgesamt **zehn Börtebooten nach Berlin bis zum Bundeskanzleramt.** Das sorgte für Aufsehen und zeigte die gewünschte Wirkung. Die Kommission entschied sich am 11. Dezember 2018 dafür, die Helgoländer Dampferbörte in die Liste des nationalen immateriellen Kulturerbes aufzunehmen. Das nächste Ziel ist es nun, den Status eines internationalen **UNESCO-Weltkulturerbes** zu erhalten.

[<] Ein voll besetztes Börteboot legt nach einem Ausflug an

Schrebergärten

Gartenkolonie mit dem schönsten Ausblick

Der „Kleingartenverein Helgoland e. V." ist wohl die **Gartenkolonie mit dem schönsten Ausblick** Deutschlands: auf das weite Meer und die Nachbarinsel Düne hinaus. Die malerische Anlage liegt auf dem Helgoländer Oberland. Kommt man aus dem Aufzug oder über die danebenliegende Treppe, geht es Am Norderfalm rechts entlang des Klippenrandwegs und nach wenigen Minuten schon steht man inmitten der gärtnerischen Idylle. Rund 80 Parzellen gibt es, allerdings sind diese viel kleiner als üblicherweise auf dem Festland. Auf je 60 bis 150 Quadratmetern wird hier angebaut, was schmeckt und schön aussieht. Aber nur dann, wenn der Garten so angelegt ist, dass er vor den heftigen Stürmen geschützt ist. In den milden Wintern und kühlen Sommern, die die **einzigartige Lage als Hochseeinsel** mit sich bringt, wachsen klassische Gemüsesorten, Obst, Kräuter und Blumen – nur große Bäume nicht. Jeder Quadratzentimeter wird genutzt. Etwa eineinhalb Meter dick ist die Erdschicht, dann kommt der Fels.

Ackerbau und Viehzucht spielten auf Helgoland schon im 17. Jahrhundert eine Rolle. Während die Männer als Fischer und Lotsen auf den Weltmeeren unterwegs waren, kümmerten sich die Frauen um die Äcker und leisteten damit einen wichtigen Beitrag zur Ernährung der Familie. Im Zweiten Weltkrieg und in der Zeit der Besatzung wurde das Ackerland Helgolands völlig verwüstet. Beim **Big Bang 1947** flog ein Teil der ehemaligen Südspitze in die Luft – und damit auch die dort befindlichen Gärten. Nach der Freigabe der Insel 1952 musste das Ackerland mühselig von Bombensplittern und Kriegsschutt befreit werden. Erst zwei Jahre später wurden die ersten Äcker abgesteckt. Weil das Festland weit und Waren durch die Transportkosten teuer waren, versorgen sich die Helgoländer Gärtner bis heute dank des fruchtbaren Bodens auch mit frischem, selbst angebauten Obst und Gemüse. Auf vielen Parzellen stehen neben niedrigen Hütten Gewächshäuser und Wintergärten. Hier gedeihen zum Beispiel Tomaten, Weintrauben und Gurken, während in den Beeten Kohlsorten, Wurzelgemüse, Salate und Rüben wachsen. Für seinen Garten verwendet der Helgoländer selten das friesische Wort „Gooar", sondern er spricht stattdessen ganz traditionsbewusst von seinem „Akker". Dort hat er alles, was er braucht: Grün, Sonnenlicht und die frische Meeresbrise.

Institut für Vogelforschung

Die zweitälteste Vogelwarte der Welt

Der Ornithologe und Maler **Heinrich Gätke** (1814–1897) lebte ab 1841 auf Helgoland. Seine Beobachtungen über die große Bedeutung der Insel für den Vogelzug veröffentlichte er 1891 in seinem Buch „Die Vogelwarte Helgoland". Sechs Jahre danach verstarb er. Fast 20 Jahre später, am 1. April 1910, wurde das heutige Institut für Vogelforschung „Vogelwarte Helgoland" gegründet. Es ist die **zweitälteste Vogelwarte der Welt** und auf dem östlichen Oberland in einer windgeschützten Senke beheimatet, der sogenannten Sapskuhle. Sehenswert ist besonders der **Fanggarten** mit seiner Mischung aus Bäumen, Büschen und Teichen, die Vögel zur Rast einladen (siehe auch Exkurs „Die Vogelberingung auf Helgoland").

Der erste Leiter des Instituts, *Hugo Weigold* (1886–1973), entwickelte speziell für die Vogelzugforschung in den 1920er-Jahren die **Helgoländer Trichterreusen,** mit denen sich Vögel unverletzt fangen und wissenschaftlich untersuchen lassen.

434 Vogelarten sind auf Helgoland nachgewiesen worden, so viele, wie an keinem anderen Ort in Mitteleuropa; rund 40 davon brüten regelmäßig auf der Insel. Das Institut für Vogelforschung (IfV) ist eine außeruniversitäre Forschungseinrichtung

☑ Gemüseanbau in der Kleingartenkolonie

he_016 nf

des Niedersächsischen Ministeriums für Wissenschaft und Kultur und hat seinen Hauptsitz in Wilhelmshaven. Dort ist auch die Beringungszentrale für die nordwestdeutschen Bundesländer Niedersachsen, Bremen, Hamburg, Schleswig-Holstein, Nordrhein-Westfalen und Hessen angesiedelt. Auf Helgoland wurden **seit 1910 annähernd eine Million Zugvögel beringt.** Diese Arbeit erledigen zwei festangestellte Mitarbeiter zusammen mit bis zu 15 Gastwissenschaftlern und Freiwilligen. Zu den Zugzeiten finden täglich sieben, im Sommer und Winter zwei mal täglich Fangtriebe statt. Dabei werden die im Fanggarten rastenden Vögel in die Trichterreusen gescheucht, sodass sie an deren Ende in einem Fangkasten landen. Sie werden dort behutsam entnommen, beringt, vermessen, gewogen und wieder freigelassen. Die Vogelwarte Helgoland veranstaltet vom 15. März bis 31. Oktober informative Führungen durch den Fanggarten.

- **Standort:** Institut für Vogelforschung „Vogelwarte Helgoland", In der Sapskuhle 511, 27498 Helgoland, Tel. 04725/640 20, www.ifv-vogelwarte.de.
- **Öffentliche Führungen:** Jeweils dienstags und freitags um 16:30 Uhr, die kostenfreien Führungen beginnen pünktlich am Eingang zur Inselstation. Eine Anmeldung ist nicht erforderlich. Freiwillige Spenden an das IfV werden gern entgegengenommen. Gruppen ab acht Personen können nicht an den öffentlichen Führungen teilnehmen, sondern müssen gesonderte Termine vereinbaren.
- **Hinweis:** Der Fanggarten ist nicht barrierefrei.

Denkmäler auf der Insel

- Das Denkmal für **Jacob Andresen Siemens** (1794–1848), den Gründer des Seebads Helgoland, liegt etwas versteckt im Unterland zwischen den Büschen rechts vom Fußweg zwischen Nord-Ost-Hafen und Kurpark.
- Gleich bei der Landungsbrücke steht recht präsent das Denkmal mit einer Büste von **Hoffmann von Fallersleben** (1778–1874), dem Dichter der Deutschen Nationalhymne.
- Ganz in der Nähe ist im Boden eine Gedenktplatte für **Heinrich Heine** (1797–1856) eingelassen, der oft Gast auf der Insel war.
- Auf dem Klippenrandweg im Oberland steht ein Gedenkstein zur Erinnerung an **Werner Heisenberg** (1901–1976), der im Juni 1925 auf der Insel entscheidende Fortschritte in der Quantenphysik machte.

Museum Helgoland

Naturkundliches und Wissenswertes

Bereits am 20. August 1899 wurde auf Helgoland im alten Konversationshaus das Helgoländer Nordseemuseum eröffnet. Es beherbergte unter anderem die **Vogelsammlung** des Ornithologen und Kunstmalers *Heinrich Gätke* (1814–1897), die **Algensammlung** der Königlichen Biologischen Anstalt sowie Ausstellungsstücke zu weiteren naturwissenschaftlichen Themen. Bomben zerstörten es am 18. Oktober 1944 vollständig. Erst 1996 wurde das heutige Museum Helgoland als Teil der Stiftung Nordseemuseum Helgoland neu gegründet.

Es zeigt heute in erster Linie in festen und wechselnden Ausstellungen **Naturkundliches und Wissenswertes über Geschichte und Kultur der Insel.** Das Museum Helgoland ist in der Nordseehalle untergebracht und wird auf dem Außengelände durch den **Erich-Nummel-Krüss-Museumshof** mit 18 Hummerbuden und einem kleinen hölzernen Leutturm ergänzt. Die bunten Hütten dienen als Ausstellungsräume und sind verschiedenen Themen wie etwa dem Helgoländer Postwesen gewidmet. Weitere zeigen Leben und Werk des **Kinderbuchautoren James Krüss** (1926–1997) und des **Inselfotografen Franz Schensky** (1871–1957). Vor dem Eingang zum Museum steht die Replik einer alten **Steinkiste** aus der Bronzezeit, die 1893 bei archäologischen Grabungen auf Helgoland entdeckt worden und bis 2008 in Berlin verschollen war.

Zum Museum gehören auch zwei **Hummerbuden** (Nr. 38 und 39) am Binnenhafen, in der jährlich rund 100 Trauungen stattfinden. Als Urlaubsziel hat sich das Museum längst etabliert, es wurde 2016 mit dem Gütesiegel „Zertifiziertes Museum“ ausgezeichnet.

- **Standort:** Nordseehalle, Kurpromenade 8, 27498 Helgoland, Tel. 04725/12 92, www.museum-helgoland.de
- **Öffnungszeiten:** Die Öffnungszeiten variieren nach Saison und werden auf der Homepage bekannt gegeben. In der Regel ist das Museum ab 14.30 Uhr geschlossen. Preise Erw. 4 €/Kinder 2 €.
- **Hinweis:** Nicht alle Museumsbereiche sind barrierefrei.

Der neue Bunkerstollen: Helgolands Unterwelten

Verbindungsstollen

Das **Museum Helgoland,** mit 35.000 Besuchern pro Jahr eines der meistbesuchten Museen Schleswig-Holsteins, ist um eine beeindruckende Attraktion reicher. Im Gegensatz zur Zivilschutzbunkeranlage auf dem Oberland (s.u.) handelt es sich bei der seit Ende 2022 geöffneten neuen Bunkeranlage um einen rein militärisch genutzten Verbindungsstollen **von der sogenannten Spirale zur Raumanlage,** die es beide nicht mehr gibt. Bereits im Jahr 2009 wurden die Nutzungsrechte an dem 276 Meter langen Verbindungsstollen mit mehreren Räumen an das Museum Helgoland vergeben. Dafür mussten beim Fahrstuhl ein **neuer Eingangstunnel** gebaut und zwei Notausgänge geschaffen werden. Im Bunkerstollen herrschen ganzjährig 12° C.

Ausstellung

Die Ausstellung, die in Eigenregie besucht werden kann, spannt einen Bogen zwischen den Geschehnissen, die **während des Zweiten Weltkriegs und kurz danach** auf der Insel, an Land und in der Welt passiert sind. Dies geschieht über die im Stollen hängenden **Bilder,** die bewusst kontrastarm und schwarzweiß gehalten sind, um die Fantasie des Besuchers anzuregen. Hinzu kommen **Bildcollagen** zu den jeweils dargestellten Themen, die unter Verwendung modernster Museumstechnik projiziert werden. Der Verbindungsstollen ist auch bewusst **sparsam beleuchtet,** um die Bildprojektionen zu ermöglichen und die Bedrückung körperlich spürbar zu machen.

Die Ausstellung beginnt mit dem Thema **Zwangsarbeit.** Viele Hundert Zwangsarbeiter waren vor und während des Zweiten Weltkriegs auf der Insel in drei Lagern untergebracht, um von Hand die weitläufigen Bunkeranlagen in den Fels zu schlagen. Der zweite Raum thematisiert die **Luftangriffe** und die Todesangst der Menschen während dieser Angriffe. Der dritte Raum widmet sich dem **Thema „Zuflucht",** der vierte der Geschichte des **U-Bootes UC-71.** In einer „Zeitkapsel" berichten elf Menschen, was sie am 8. Mai 1945 machten, dem „Tag der Befreiung" und dem Kriegsende. An den Wänden des anschließenden Stollenteils wird das **Thema „Was bleibt"** aufgegriffen, indem Reste von Trümmerfundstücken ausgestellt werden. Auch die Geschichte von Helgoländer Widerständlern wird erzählt, **Stolper-**

steine im Boden erinnern an sie. Gegen Ende des Stollens werden die Themen positiver. Nachdem die Insel am 1. März 1952 wieder freigegeben wurde, konnten die Helgoländer auf ihre völlig zerstörte Insel zurückkehren, die mit viel Mühe wieder bewohnbar gemacht werden musste.

Maulbeerbaum

Danach führt der Stollen auf das **erste Farbbild** der Ausstellung zu: den auf dem Oberland befindlichen Maulbeerbaum, der den Zweiten Weltkrieg und die Zeit der britischen Besatzung nebst aller Übungsbombenabwürfe überstanden hat. Seine Geschichte kann auf einer daneben befindlichen Tafel nachgelesen werden. Ab jetzt wird im Ausgangsstollen die Ausstellung farbig. Vor dem Hintergrund des Forschungsstandorts Helgoland beschäftigt sich das **Thema „Future Lab“** mit der Zukunft und aktuellen Forschungsprojekten.

■ An den Exponaten befinden sich **QR-Codes** zum Scannen, mit denen sich mehrsprachige Informationen abrufen lassen. **Eintritt:** 7 € pro Person. Die **Öffnungszeiten** orientieren sich an denen des Fahrstuhls zum Oberland, der Bunkerstollen ist ganzjährig täglich geöffnet.

Der neue Bunkerstollen – ein beeindruckender Geschichtenerzähler

he_013 mna

Bunkeranlagen

18 Meter tiefes Tunnelsystem

Für die begehrten Führungen durch die historischen **Zivilschutzbunkeranlagen** auf dem Oberland muss man sich bei der Helgoland Touristik rechtzeitig anmelden, denn der Andrang ist groß. Helgoland wurde im Zweiten Weltkrieg zur **Seefestung** ausgebaut. Neben älteren militärischen Bunkeranlagen – die erste wurde 1908 angelegt – entstand während des Zweiten Weltkriegs auch ein ziviler **Luftschutzbunker,** in dem sich mehrere Tausend Menschen vor gegnerischen Angriffen in Sicherheit bringen konnten. Als am 18. April 1945 britische Bomber die Bebauung auf Helgoland mit einem Vernichtungsschlag komplett zerstörten, überlebten dies mehr als 2000 Menschen nahezu unbeschadet in dem **18 Meter tiefen Tunnelsystem.** Mit rund **350 Metern Länge** ist heute nur noch ein Teil zugänglich.

Die **Führungen** beginnen auf dem Oberland und führen über die Kirchstraße zum neben dem Kindergarten gelegenen Eingang des Schulbunkers. Über zwei gegenläufige breite Treppenanlagen geht es jeweils 92 Stufen hinab in die Unterwelt. Während der etwa zweistündigen Tour erfährt man Wissenswertes

Die Lampenflora im Bunker auf Helgoland

Der Bunker weist eine weltweit einzigartige biologische Besonderheit auf, die sich erst auf den zweiten Blick als bemerkenswert erweist: Seine Wände zeigen einen grünen Bewuchs aus Algen und Cyanobakterien, der hier nur dank der von der Jahreszeit unabhängigen konstanten Temperatur von 15 °C existieren kann. Die Lampenflora gewinnt ihre Energie aus Licht (phototrop) und hat sich perfekt an die unwirtlichen und extremen Bedingungen angepasst. Im Bunker herrschen Nährstoffmangel, hoher Konkurrenzkampf und geringe, sehr unterschiedliche Lichtmengen vor. Teilweise kommt die Lampenflora mit 99 Prozent weniger Lichtstärke aus als andere Pflanzen. Die Algen sind erstaunlicherweise sogar noch nach einer Dunkelphase von acht Monaten wachstumsfähig. Mehr als 15 verschiedene Arten sind hier beheimatet, darunter auch solche, die bisher nur in der Antarktis oder im malaysischen Regenwald gefunden worden waren. Aber keine Angst: Die Lampenflora ist, anders als Schimmelpilze, für den Menschen unbedenklich.

über die frühgeschichtliche Entstehung der Insel, Veränderungen an Düne und Hauptinsel, die Militärgeschichte zur Kaiserzeit und während des Nationalsozialismus sowie über den Big Bang, die bis dahin größte nichtnukleare Detonation der Weltgeschichte (siehe Kapitel „Inselgeschichte Helgoland"). Über den Fuchsbau und den nur 1,30 Meter breiten **Weddigenstollen** kommt man am Ende wieder in der Von-Aschenstraße ans Tageslicht.

- **Anmeldung:** Für die Bunkerführungen muss man sich bei der Helgoland Touristik anmelden, Lung Wai 28, 27498 Helgoland, Tel. 04725/803-13, www.helgoland.de, Preise Erw. 12,50 € pro Person, nicht für Kinder unter zehn Jahren.
- **Termine:** Aktuelle Termine sind unter www.museum-helgoland.de auf der Website des Museums Helgoland zu finden; Mindestteilnehmerzahl 6 Personen; Sonderführungen für Gruppen nach Absprache.
- **Hinweis:** Die Besichtigung der Bunkeranlagen ist nicht barrierefrei.

☐ Bunkerwand mit grünen Algen

223he mna

Friedhof der Namenlosen

Ort der Stille

Er wurde vermutlich im 19. Jahrhundert auf der **Nebeninsel Düne** für all die **unbekannten Toten** angelegt, die im Lauf der Zeit auf Helgoland angespült wurden. Weil der Friedhof der Namenlosen an seinem ursprünglichen Standort durch Wanderung der Dünen regelmäßig überdeckt wurde, verlegte man ihn mehrfach, bis er schließlich seinen heutigen Standort fand. Die Stelle südöstlich des Bungalow-Dorfs liegt durch umliegende Gehölze relativ geschützt.

Zu sehen sind dort neben einfachen Holzkreuzen auch Denkmäler und Grabsteine für die Toten des Seegefechts vor Helgoland von 1864. Gedacht wird hier auch der Besatzungen der 1912 und 1913 untergegangen Boote der Kaiserlichen Marine und des vor Helgoland abgestürzten Marineluftschiffs LZ 14/L 1 am 9. September 1913. Zudem sind dort verschiedene Gedenksteine für die Besatzung des Seenotrettungskreuzers Adolph Bermpohl (siehe Exkurs „Das Schiffsunglück mit der Adolph Bermpohl"), weitere auf See gebliebene Rettungsmänner der Deutschen Gesellschaft zur Rettung Schiffbrüchiger (DGzRS) und drei Meeresforscher zu finden. Hinzu kommt eine Stele, die

115he_mna

an verstorbene Mitglieder des Vereins „Rock'n'Roll Butterfahrt" erinnert, damit diese für alle Ewigkeit weiterhin auf der Düne an diesem jährlich dort stattfindenden Musikfestival teilnehmen können. Zum Gedenken an den Tag der Freigabe Helgolands am 1. März 1952 schenkte die Glockengießerei J. F. Weule aus Bockenem im Harz Helgoland eine **Glocke,** die 2004 restauriert wurde und nun in einem stählernen Glockenturm unter der Patenschaft der SAR-Hubschrauberstaffel Helgoland auf dem Friedhofsgelände der Düne steht. Ihre Inschrift lautet:

Das Meer mag wütend wallen,
mag auch der Fels hinfallen,
die Gnade Gottes wanket nicht,
das bleibet meine Zuversicht.

Der Friedhof der Namenlosen ist ein Ort der Stille und wird liebevoll gepflegt. Wer ihn besucht, sollte sich ein wenig Zeit zum Verweilen und Gedenken nehmen.

St.-Nicolai-Kirche

Evangelisch-lutherisch

Passend zur Lage auf einer Insel ist Helgolands evangelisch-lutherische Kirche dem **Schutzpatron der Seefahrer und Kaufleute** gewidmet, dem Heiligen *Nikolaus von Myra.* Während des Zweiten Weltkrieges wurde am 18. April 1945 die alte Steinkirche von 1685 zerstört, denn die schweren Bombenangriffe der britischen Royal Air Force auf die Insel im April 1945 verschonten kein Gebäude. Zur erneuten Besiedlung der Insel ab 1952 wurden zwei Glocken gestiftet. Die kleinere befindet sich heute auf dem Friedhof der Namenlosen auf der Nebeninsel Düne. Die große Helgolandglocke hängt im Glockenturm der am 18. November 1959 eingeweihten neuen Kirche. Sie wurde nach einem Wettbewerb im Jahr 1956 nach dem Entwurf dreier Architekten aus Hannover gebaut. Der **Grundstein** für das neue Gotteshaus wurde am 1. Advent 1958 gelegt. Die **Innenausstattung** stammt zum Teil noch aus dem Vorgängerbau: Ein Kronleuchter, eine Taufschale und zwei Altarleuchter wurden übernommen. Das **Kirchenschiff** ist mit zwei Orgeln ausgestattet, die große Haupt-

☒ Glocke auf dem Friedhof der Namenlosen

315he mna

orgel stammt aus dem Jahr 1970, und im Altarraum befindet sich eine zusätzliche kleine Orgel. Das Bronzeportal und das Taufbecken gestaltete der Bildhauer *Fritz Fleer* im zeitgenössischen Stil der 1950er-Jahre. Auffällig sind auch die kleinen farbigen **Dallglasfenster** in der nördlichen Außenmauer. Dallglas ist ein nicht klar durchsichtiges Gussglas, das nach wie vor von Hand in einem aufwendigen Prozess gegossen werden muss. Die Außenansicht dominiert der von Weitem sichtbare spitze Kirchturm. Helgolands St.-Nicolai-Kirche ist auch Veranstaltungsort im Rahmen des **Kammermusikfestivals** „Klanginsel Helgoland". Von Mitte Juni bis Anfang September organisiert die evangelische Kirchengemeinde zahlreiche **Sommerkonzerte,** die ebenfalls in St. Nicolai stattfinden.

Im Boot rund um die Insel

Gegen den Uhrzeigersinn um die Insel

Je nach Wetterlage und Schiffsführer geht die Tour um die Felseninsel **meist gegen den Uhrzeigersinn.** Die Preise variieren je nach Anbieter und liegen in der Regel zwischen 25 und 35 Euro. Gestartet wird je nach Anbieter von der Landungsbrücke oder dem Nordosthafen aus. Wetterfeste Kleidung und Kopfbedeckungen wie Mütze oder Sonnenschutz können sinnvoll sein. Beim **Ablegen an der Landungsbrücke** sieht man bei der Ausfahrt das ehemalige Hotel Atoll, in dem nun langfristig Mitarbeiter der Windkraftbetreiber untergebracht sind. Anschließend geht es vorbei an der Kurpromenade und am Nord-Ost-Hafen, in dem vorwiegend Sportschiffe liegen. Weiter führt die Fahrt entlang der Kaimauer des Nord-Ost-Lands, wo das Meerwasserschwimmbad mare frisicum und das Kurmittelhaus liegen. Am Ende der Spundwand kommt Helgolands Jugendherberge Haus der Jugend in Sicht, die im Juni 1957 eröffnet wurde und direkt

☒ Innenansicht St.-Nicolai-Kirche mit Orgel

he_018 mna

am Nordstrand und dem Helgoländer Felswatt (siehe „Helgolands Natur") liegt. Kurz darauf kommt der Treppenaufgang Jägerstieg hinauf zum Oberland in den Blick. Am nördlichsten Punkt der Bootsfahrt **kann es ordentlich schaukeln und auch spritzen.** Von hier aus belohnt die Aussicht auf das Helgoländer Felsplateau aus Buntsandstein. Im Vordergrund liegt die 47 Meter hohe Felsnadel Lange Anna. Davor ragen einzelne Betonelemente der Schutzmauer als stille Zeitzeugen der Geschichte aus dem Wasser. Weiter geht die Fahrt entlang der Westseite der Insel, wo sich der Blick auf den Lummenfelsen offenbart. Weiter südwärts kommen auf dem Oberland der Leuchtturm und der große Antennenträger in Sicht. Gut zu erkennen ist der Übergang des Oberlands in das wellige Mittelland, das erst durch Sprengungen nach dem Zweiten Weltkrieg entstand (siehe „Inselgeschichte Helgoland"). Die Bereiche am sogenannten Kringel sind mit einem betonierten Ufer und vielen Tetrapoden vor der rauhen Nordsee geschützt. Die Fahrt geht weiter zum künstlich aufgeschütteten Hafengebiet, in dem es noch Molen aus der Kaiserzeit gibt. An den Schutzmauern des Vorhafens entlang fährt man zur Landungsbrücke zurück. Vom Wasser aus bietet sich ein letzter seeseitiger Blick auf Helgolands Südstrand und die Hotelbauten der 1950er-Jahre.

Sehenswertes

Die Düne

Eigener Lebensraum

Der Lebensraum auf der Düne **unterscheidet sich komplett von dem auf der Hauptinsel.** Das ist besonders an Flora und Fauna zu sehen. Es gibt jede Menge Pflanzen, deren Namen mit „Strand" beginnt: Strandquecke, Strandhafer, Strandroggen, Stranddistel und Strandplatterbse, um nur ein paar zu nennen. Nicht nur sie lohnen eine Erkundung. Am Nordstrand findet man mit etwas Glück Fossilien, Bernstein und Roten Feuerstein.

Besondere Attraktion sind die unter Artenschutz stehenden **Kegelrobben und Seehunde,** denen man hier so nah wie mancherorts nicht einmal im Zoo kommen kann. Auch wenn sie niedlich aussehen, so sind es doch wilde Raubtiere, deren Biss so kräftig ist wie der eines Bären. **Genügend Abstand** sollte man deshalb zur eigenen Sicherheit halten und somit auch auf das Ruhebedürfnis der Tiere eingehen.

Die Helgoland Touristik hat einen **Naturlehrpfad** für die Düne ausgearbeitet, das Symbol eines Austernfischers weist den Weg. Ein Faltblatt führt Naturliebhaber über 14 Stationen mit Informationstafeln auf befestigten und unbefestigten Wegen einmal über und rund um die Düne oder abhängig von der Route auch über das Innere. Mitten auf der Sandinsel steht **„Jonnys Hills",** eine nach dem früheren Düneninspektor *John Krüß* (1938–2003) benannte, künstlich aufgeschüttete Anhöhe, die einen perfekten Ausblick auf die gesamte Düne offenbart. Weil das Betreten der Weiß- und Graudünen nicht gestattet ist, kann man sie zumindest von dort aus der Höhe betrachten. Man sieht die beiden künstlich – als früheres Wasserreservoir – angelegten Dünenteiche, das neue Bungalowdorf, Camping- und Flugplatz, die Dünengebiete und den Strand. **Naturkundliche Führungen** bietet der Verein Jordsand e. V. an, der in den Hummerbuden Nr. 34 und 35 am Binnenhafen von Helgoland ein Informationszentrum unterhält. Dort liegen Terminpläne für Touren aus, zu denen man sich anmelden kann.

Zu Helgolands Nachbarinsel kommt man mit der **Dünenfähre Witte Kliff** (Abfahrt wetterabhängig von der Landungsbrücke oder vom Nord-Ost-Hafen). Preise und Fahrplan werden per Aushang oder auf www.helgoland.de bekannt gegeben.

☐ Klein, aber fein: Die Düne ist nur 0,7 km² groß und ein Strandidyll

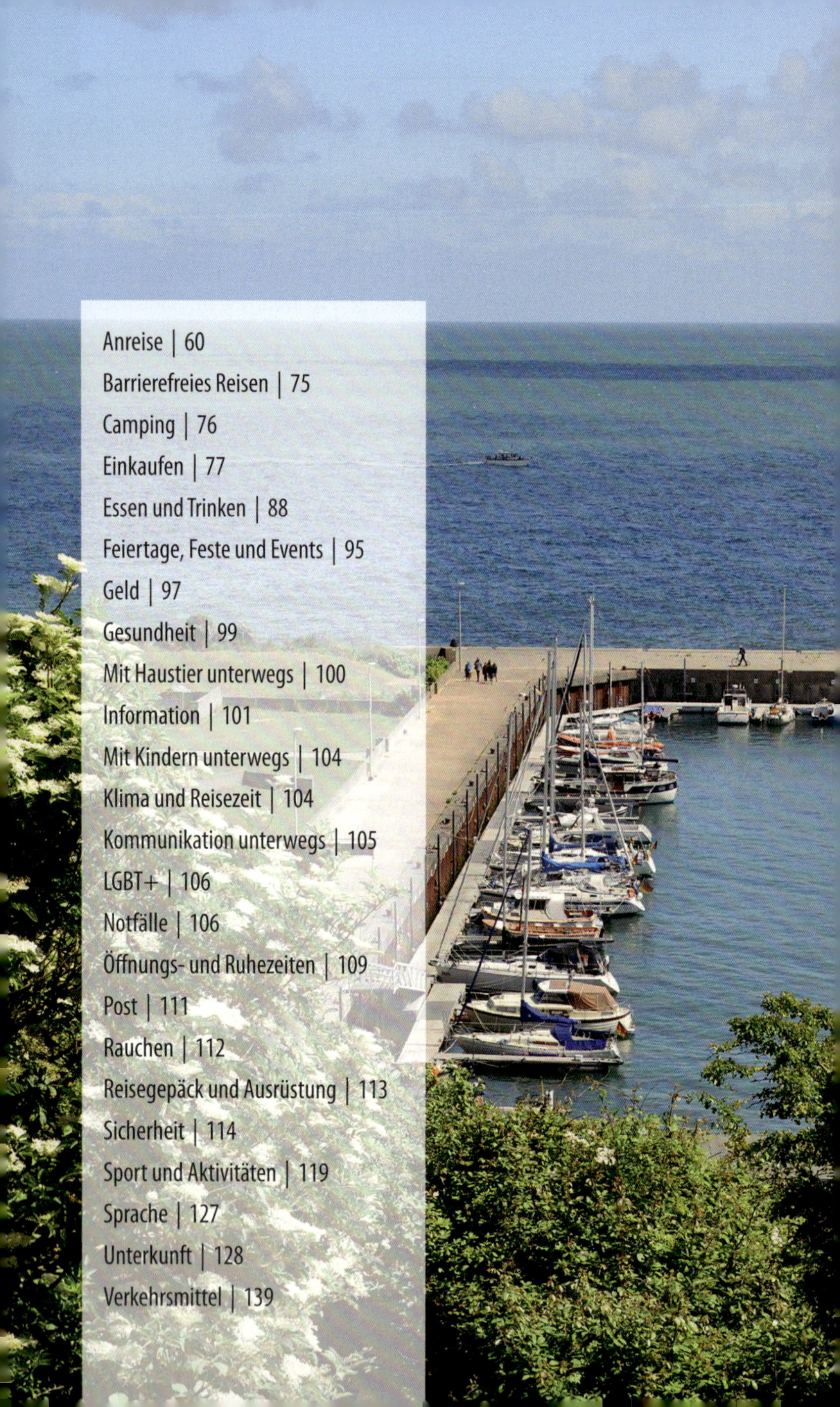

288he mna

2 Insel-Info A–Z

»Gibt es hier Toiletten?
Haben Sie noch Karten für die Bunkerführung?
Das sind die beiden Fragen,
die der Helgoland-Touristik am häufigsten
gestellt werden. Das folgende Kapitel
gibt nützliche Hinweise
rund um die Reiseplanung.

‹ Der Nord-Ost-Hafen

Anreise

→ Verkehrsmittel

Mit dem Schiff

Seebäderschiffe, Katamarane

Insgesamt laufen **mehrere Reedereien** die Insel regelmäßig an. Es verkehren etliche Seebäderschiffe, Katamarane sorgen für Schnellverbindungen. Die einzige ganzjährige Verbindung besteht von Cuxhaven aus, alle anderen werden von Ostern bis Oktober oder nur an ausgewählten Tagen im Sommer angeboten. Die Website **www.helgoland.de** verfügt über einen praktischen **Anreiseplaner,** mit dem sich die beste Verbindung leicht finden lässt. Die Fahrzeit ist abhängig vom Abfahrtshafen und dauert zwischen 75 Minuten und knapp vier Stunden. Während der Saison, in den Ferien und am Wochenende ist es sinnvoll, sich seine Fährtickets rechtzeitig zu kaufen, denn dann kann es schnell zu Engpässen kommen. Wenn der Wind kräftig bläst – das ist besonders im Winterhalbjahr der Fall –, können Verbindungen auch ausfallen. Die „MS Helgoland" ist mit **Stabilisatoren** ausgestattet, sodass sie auch bei kräftigen Winden auf der Fahrt noch vergleichsweise ruhig im Wasser liegt. Die „MS Fair Lady", die „MS Funny Girl" und die „MS Lady von Büsum" sind älter und fahren noch ohne Stabilisatoren, sodass sie windanfälliger sind. Die Schnell-Katamarane liegen anders im Wasser und schweben mit ihrem Doppelrumpf mehr oder weniger darüber hinweg, wodurch sie mit **bis zu 65 Kilometern pro Stunde** wesentlich schneller unterwegs sind als die Seebäderschiffe. Alle Fährhäfen mit Ausnahme von Hooksiel haben einen **Bahnanschluss.**

Die älteren Seebäderschiffe „MS Fair Lady", „MS Funny Girl" und „MS Lady von Büsum" legen inzwischen direkt an den Molen im Helgoländer Hafen an, die Passagiere werden nicht mehr mit den traditionellen **Börtebooten** an Land gebracht.

[>] Seereise nach Helgoland

Ab Hamburg

Der **„Halunder-Jet"** der Reederei FRS legt an der Brücke 3 bzw. 4 der St. Pauli Landungsbrücken ab, dem Wasserbahnhof von Hamburg. Der **Highspeed-Katamaran** bringt seine Gäste mit einem Zwischenstopp in Cuxhaven in insgesamt drei Stunden und 45 Minuten mit rund 35 Knoten pfeilschnell nach Helgoland (für die genauen Fahrpläne und weitere Informationen besuchen Sie bitte die Website www.helgoline.de). Die Preise variieren nach Saison, Tagesfahrten sind günstiger als Mehrtageskarten. Der „Halunder-Jet" bietet Platz für **680 Passagiere** und verfügt über spezielle Rollstuhlplätze sowie Aufzüge. Vor Ort ist das Aussteigen direkt am Anleger möglich, sodass man seine Unterkunft zu Fuß gut erreichen kann. Aber Achtung: Es können keine elektrischen Rollstühle transportiert werden, sondern **ausschließlich Klapp-Rollstühle** gegen Voranmeldung. Für **Hunde** gilt an Bord eine Maulkorb- und Leinenpflicht. Es gibt verschiedene Decks mit festen Plätzen, die man im Voraus buchen muss. Der Aufpreis für die komfortableren Sitze liegt zwischen 20 und 38 € (Tagesfahrt: Erw. ab 78–99 €, Kinder 4–14 J. ab 40–50 €, Familien ab 190–240 €, Hunde 28 €; Mehrtagesfahrt: Erw. ab 96–122 €, Kinder 4–14 J. ab 48–71 €, Familien ab 233–296 €). Die Strecke wird von **April bis Mitte Oktober** täglich nach festem Fahrplan bedient. Ein Stück Handgepäck bis 8 kg pro Person ist

239he mna

frei. Koffer- und Reisetaschen bis 20 kg müssen aufgegeben werden, die Kosten für ein Gepäckstück sind bei einer Mehrtagesfahrt bereits im Preis enthalten. Für **Übergepäck** werden pro Kilo 5 € berechnet. Für **Autofahrer** stehen mehrere gebührenpflichtige **Parkplätze** und Parkhäuser in der Nähe zur Verfügung, beispielsweise die Michel-Garage oder Apcoa Parking. Die Preise variieren je nach Anbieter, aber da sie vergleichsweise hoch sind, lässt sich viel sparen, wenn die Anreise zu den St.-Pauli-Landungsbrücken mit den öffentlichen Verkehrsmitteln erfolgt. Die S-Bahnen 1, 2 und 3 sowie die U-Bahn-Linie 4 halten in unmittelbarer Nähe des Anlegers. Zusätzlich stoppen dort auch jede Menge Buslinien. Die genauen Streckenführungen und Fahrpläne sind auf der Website der Hamburger Hochbahn zu finden.

- **Förde Reederei Seetouristik (FRS):** Tel. 0461 86444, www.helgoline.de
- **Hamburger Hochbahn:** www.hochbahn.de

Ab Cuxhaven

Ab Cuxhaven gibt es ganzjährig Verbindungen mit der **„MS Helgoland“** der Reederei *Cassen Eils*, die von einem umweltfreundlichen Flüssiggasmotor (LNG) angetrieben wird. Bis zu 1040 Gäste nutzen diese Möglichkeit in acht Salons auf drei Decks täglich, darunter auch viele Tagesgäste (Tagesfahrt: Erw. 64 €, Kinder 4–14 J. 32 €, Familienticket 165 €, Mehrtagesfahrt: Erw. 74 €, Kinder 4–14 J. 36 €, Familienticket 185 €, Hunde 20 €). Ein Stück Handgepäck bis 10 kg pro Person ist frei und kann mit

he_019 mna

Flug- und Fährverbindungen nach Helgoland

an Bord genommen werden. Koffer und Reisetaschen bis 20 kg müssen aufgegeben werden, die Kosten von Pier zu Pier betragen für Hin- und Rückfahrt 5 €. Wer sich das Gepäck in die Unterkunft transportieren lassen möchte, zahlt für diese Bequemlichkeit 15 € pro Stück. Das ist empfehlenswert, wenn man auf dem Oberland Quartier beziehen möchte. Die „MS Helgoland" legt direkt an der **Südkaje im Helgoländer Vorhafen** an. Von

☐ Die „Funny Girl" an der Mole im Vorhafen

dort aus lassen sich die Unterkünfte leicht zu Fuß erreichen, aber es gibt auch **Elektrotaxen,** die neben dem Empfangsgebäude halten und möglichst im Voraus bestellt werden sollten. Die Reederei *Cassen Eils* bietet in den Sommermonaten auch eine Schnellverbindung mit dem Katamaran „MS Nordlicht" an.

Cassen Eils – ein Leben für die Seefahrt

Kurz nach der Freigabe am 1. März 1952 begann die Erfolgsgeschichte der **ältesten noch existierenden Helgoland-Reederei.** Der auf Norderney geborene Kapitän und Reeder *Cassen Eils* (1923–2010), dessen Verbundenheit zur Seefahrt schon seit Generationen in der Familie lag, fuhr die Insel zum ersten mal im April des selben Jahres an. Seitdem fühlte er sich mit Helgoland sehr verbunden und empfand es schon bald als zweite Heimat. Schnell hatte *Cassen Eils* viele Kontakte geknüpft, was ihn dann zu einem „Moat" (Freund) und zu einem Teil der Insel machte. Von den Insulanern lernte er auch das zu den friesischen Sprachen gehörende Halunder, dass er fließend beherrschte.

Seine Tochter *Georgina C. Eils* bezeichnete ihn als „draufgängerischen Freigeist, der mit einem unerschütterlichen Optimismus ausgestattet war", und so plante er, umgehend einen **regelmäßigen Liniendienst nach Helgoland** einzurichten. Unterstützt wurde er dabei von *Henry Peter Rickmers* (1919–2013), dem späteren Bürgermeister von Helgoland. Kurz darauf, am 15. Juni 1952, nahm der Seebäderdienst mit *Cassen Eils'* Schiff MS Rudolf von Cuxhaven aus seinen Anfang. Damals transportierte das Schiff hauptsächlich Arbeiter und Material für den Wiederaufbau.

Der sogenannte **Seebäderdienst,** also regelmäßige Fahrten nach Helgoland, wurde für *Cassen Eils* zur Lebensaufgabe. Selbst den regelmäßigen **Winterverkehr** zwischen Cuxhaven und der Insel unter widrigen Wetterbedingungen hielt er aufrecht. Denn ihm ging es darum, die einzige und deshalb für die Insulaner lebenswichtige Fährverbindung das ganze Jahr über sicherzustellen. Geschäft machte er im Winter keines. Ihm war es wichtiger, seine Unabhängigkeit zu bewahren und die Geschicke der Reederei gut zu lenken.

Bereits am 19. Mai 1953 konnte *Cassen Eils* seine 100. Fahrt nach Helgoland feiern. Insgesamt kamen allein zwischen 1952 und 1956 mehr als 500 Fahrten zusammen. Als Anerkennung für sein Lebenswerk und sein Engagement für den Tourismus an Nord- und Ostsee wurde *Cassen Eils* „als Institution der deutschen Seebäderschifffahrt" im Februar 2009 mit dem **Bundesverdienstkreuz** ausgezeichnet.

Von 1970 bis 1999 erlebte die Reederei ihren Höhepunkt. Die Schiffsflotte umfasste zeitweise bis zu sieben Schiffe, die Helgoland mit verschiedenen Häfen an der Nordseeküste verbanden. Nach dem Tod des Reeders am 6. Januar 2010 wurde sein Seefahrtsunternehmen an die Emder Firmengruppe AG Ems verkauft.

Der Katamaran **„Halunder-Jet“** der Reederei FRS legt auf seiner Fahrt von Hamburg nach Helgoland in Cuxhaven einen **Zwischenstopp** ein. Die Strecke wird von **April bis Mitte Oktober** täglich bedient, die Überfahrt dauert von Cuxhaven nur 1 Stunde und 15 Minuten. Der Aufpreis für die komfortableren

128he_mna

119he_mna

Plätze liegt zwischen 12 und 25 €, die Preise variieren nach Saison, in der Hauptsaison liegen sie um rund 20 € höher als in der Vorsaison (Tagesfahrt: Erw. ab 78–99 €, Kinder 4–14 J. ab 40–50 €, Familien ab 190–240 €, Hunde 28 €; Mehrtagesfahrt: Erw. ab 96–122 €, Kinder 4–14 J. ab 48–71 €, Familien ab 233–296 €).

Autofahrern mit Ziel Helgoland stehen in Cuxhaven mehrere Parkmöglichkeiten zur Verfügung. Das Auto kann auf dem Großraumparkplatz direkt am Anleger geparkt werden, wo der Schlüssel einem Parkwächter übergeben wird, der es dann für 5 bzw. 6 € je nach Anbieter pro Tag im Parkhaus unterbringt. Dieser Service wird auch im benachbarten Parkhaus angeboten und mit 7 € berechnet. Nachteil ist, dass sich die **Parkplätze vor dem Deich** befinden. Im Falle einer Sturmflut kann es passieren, dass das Auto nicht mehr rechtzeitig flutsicher umgeparkt werden kann. In diesem Falle haftet der Halter des Fahrzeugs selbst für die Folgen – im schlimmsten Fall für einen Totalschaden. Es ist daher empfehlenswert, vor der Reise zu klären, ob solche Elementarschäden in der Versicherung enthalten sind. Um ganz sicher zu gehen, dass das Auto nicht durch Hochwasser beschädigt wird, kann auf den **Service des Autohostels Cuxhaven** zurückgegriffen werden. Es liegt am Bahnhof, wo die Fahrzeuge sturmflutsicher und überdacht auf einer abgeschlossenen Parkfläche für 6 € pro Tag untergebracht sind. Von dort aus lässt sich der Anleger für die Fährschiffe mit einem kostenlosen **Bus-Shuttle** erreichen. Wer es bequemer mag, kann bei telefonischer Voranmeldung auch direkt am Anleger sein Fahrzeug einem Mitarbeiter des Autohostels übergeben, der es dann umparkt. Dieser Service kostet 6 € zusätzlich.

- **Reederei Cassen Eils:** Tel. 04721 667600, www.cassen-eils.de
- **Aquaparks Böse:** Tel. 0160 91501091, www.helgoland-garagen-cuxhaven.de
- **Autohostel Cuxhaven:** Tel. 0171 2100515, www.autohostel-cuxhaven.de
- **1A Parkservice Fehlau:** Tel. 04721 33650 und 0170 7565537, www.helgoland-parkservice.de

Ab Bremerhaven/ Hooksiel

Die Reederei *Cassen-Eils* fährt mit der **„MS Fair Lady"** Helgoland von **Ende Mai bis Mitte September** zusätzlich noch von Bremerhaven aus an. 800 Gäste haben Platz an Bord des Seebäderschiffs, das an ausgewählten Terminen auch vom **Hooksieler Außenhafen** nach Helgoland fährt. An diesen Tagen finden in Bremerhaven keine Abfahrten statt. Die Fahrt ab Bremerhaven beginnt an der **Seebäderkaje** und führt am größten zusammenhängenden Containerterminal der Welt vorbei. Entlang der Fahrtroute liegt auch der **Leuchtturm „Roter Sand".** Die Überfahrt dauert gut drei Stunden (Tagesfahrt: Erw. 64 €, Kinder 4–14 J. 32 €, Familienticket 165 €, Mehrtagesfahrt: Erw. 74 €, Kinder 4–14 J. 36 €, Familie 185 €, Hunde 20 €).

Bei der Anreise mit dem Auto sollte im **Navigationssystem** als Adresse **„Willy-Brandt-Platz, Bremerhaven",** eingegeben werden. Aber man kommt auch ohne elektronische Unterstützung ans Ziel, wenn man den Hinweisschildern zu den „Havenwelten" folgt. **Geparkt** werden kann im Parkhaus der Havenwelten, dafür fallen 7 € pro Tag an.

Katamaran der Adler-Reederei im Südhafen Helgolands

142he_mna

■ **Reederei Cassen Eils:** Tel. 04721 667600, www.cassen-eils.de
■ **Parkhaus Klimahaus Bremerhaven:** H.-H.-Meier-Straße 1, 27568 Bremerhaven

Ab Büsum

Von Ostern bis Ende Oktober fährt die **„MS Funny Girl"** der Reederei *Adler-Eils* in 2½ Stunden **ab Helgolandkai** in Büsum ohne Zwischenstopp mit bis zu 800 Passagieren nach Helgoland. Mit dem **Katamaran „MS Nordlicht"** fährt man ebenfalls nur im Sommer in rund 1¾ Stunden an zwei Tagen die Woche. **Geparkt** werden kann für 5 € pro Tag auf einem Großraumparkplatz direkt am Anleger. Tagesfahrt mit dem Seebäderschiff: Erw. 53 €, Kinder 4–14 J. 25 €, Familienticket 129 €; Mehrtagesfahrt: Erw. 60 €, Kinder 4–14 J. 27 €, Familie 149 €, Hunde 20 €. Tagesfahrt mit dem Katamaran: Erw. 69 €, Kinder 4–14 J. 36 €, Familien 175 €; Mehrtagesfahrt: Erw. 79 €, Kinder 4–14 J. 36 €, Familien 199 €, Hunde 18 €; bei allen Tickets fällt ein Dieselzuschlag von 5 € an.

■ **Reederei Adler-Eils:** Tel. 04834 3612, www.adler-eils.de

Ab Hörnum/ Sylt über Wittdün/ Amrum

Die auf Sylt beheimatete Reederei *Adler-Schiffe* fährt mit dem **Schnell-Katamaran „Adler Cat"** ab Hörnum mit einem kurzen Zwischenstopp auf Amrum in knapp zweieinhalb Stunden im Rahmen einer Tagesfahrt nach Helgoland. Die Fahrten finden dreimal wöchentlich von **Ostern bis Mitte Oktober** statt (Erw. ab 73 €, Kinder 4–14 J. 43 €, Familie 190 €). Die Tickets sind platzgebunden, und für Sitze am Fenster und auf dem Oberdeck wird ein Aufpreis erhoben. **Rollstühle** werden dann transportiert, wenn die Person aufstehen und während der Fahrt auf einem fest installierten Sitz Platz nehmen sowie nötigenfalls 13 Treppenstufen überwinden kann, da je nach Wasserstand das Schiff über das Haupt- oder Oberdeck verlassen werden muss. **Achtung:** E-Rollstühle werden nicht befördert. Kleine **Hunde,** die in einer Tasche transportiert werden können, fahren kostenlos mit, große Hunde dürfen nicht mitgenommen werden.

Es besteht zusätzlich die Möglichkeit, in den **Sommermonaten** mit den Adler-Schiffen von Wyk auf Föhr oder der Halbinsel Nordstrand nach Amrum zu fahren und dort auf den „Adler Cat" umzusteigen. Im Rahmen eines Tagesausflugs gibt es an ausgewählten Tagen auch Verbindungen ab Pellworm, Nordstrand und der Hallig Hooge. Die Fahrpläne sind aufeinander abgestimmt und die Schiffe warten aufeinander, sodass das Umsteigen ohne Wartezeit möglich ist.

Darüber hinaus werden **weitere Verbindungen** nach Helgoland angeboten und getestet. So gibt es im Sommer beispielsweise eine Verbindung ab Norden/Norddeich über Norderney. Ferner wird zeitweise die Verbindung ab Bensersiel über Langeoog angeboten. Fahrten ab Wilhelmshaven sind in der Testphase. Aktuelle Entwicklungen sind den Internetseiten der jeweiligen Reedereien zu entnehmen.

- **Reederei Adler-Schiffe:** Tel. 04651 9879888, www.adler-schiffe.de

Gepäckdienst

Wer sein Gepäck nicht selbst transportieren möchte, kann über den Kooperationspartner der **Deutschen Bahn,** den **Hermes Gepäckservice** oder über die DB-Verkaufsstellen den Transport desselbigen bestellen und es **kostenpflichtig nach Helgoland verschicken.** Allerdings sollte man seine Sachen dann gut verpacken und eventuell auch mit ramponierten Gepäckstücken rechnen. Die Transportdienste gehen erfahrungsgemäß mit den Koffern nicht gerade zimperlich um, Schäden werden häufig billigend in Kauf genommen. Der Transport dauert mindestens zwei Tage und muss rechtzeitig vorher angemeldet werden.

Besser ist es, das den **Reedereien** zu überlassen. Sie bieten gegen Gebühr den Transport des Gepäcks vom Anleger bis zur Unterkunft an.

147he_mna

Vom **Flugplatz** können Passagiere und Gepäck mit dem Kleinbus oder Taxi zum Anleger der Dünenfähre fahren. Danach sind sie selbst für den Transport zuständig.

Auch der **Gepäckdienst Helgoland** bietet einen kostenpflichtigen Service an und arrangiert den Transport von der Unterkunft zur Landungsbrücke, zur „MS Helgoland" oder zum „Halunder-Jet", in der Sommersaison auch bis zum Zielhafen, zum Heimatbahnhof oder von Haus zu Haus. Am Tag vor der Abreise sollte angerufen werden, das Gepäck wird am nächsten Morgen abgeholt.

- **EMT Gepäckdienst Helgoland,** Tel. 04725 313, www.emt-helgoland.de
- **Deutsche Bahn,** Tel. 01806/996633 (0,20 €/Anruf vom Festnetz, 0,60 €/Anruf über Mobilfunk), oder online buchen über www.bahn.de
- **Hermes Gepäckservice,** Tel. 01806/3111211 (0,20 €/Anruf vom Festnetz, 0,60 €/Anruf über Mobilfunk), oder online buchen über www.myhermes.de.

Überfahrt und Möwen

Nicht nur aus eigenem Interesse wird darum gebeten, die Seevögel, welche die Schiffe während der Überfahrt ständig umkreisen, nicht zu füttern. Auch wenn man selbst essen möchte, kann die Mahlzeit schnell durch einen gefiederten Räuber verschwinden: Besonders die **Möwen** habe keine Scheu, einem das Fischbrötchen oder sonstiges Essen mit einem akrobatischen Flugmanöver zu entwenden. Hinzu kommt die Gefahr, von Vogelkot erwischt zu werden – und das ist gar nicht so selten der Fall. Jeder ist selbst verantwortlich und sollte sich entsprechend verhalten.

Die meisten Möwen sind Allesfresser und werden immer frecher. Je nach Gelegenheit fressen sie lebende Nahrung, Abfälle oder Aas. Durch die Gewöhnung an menschliches Essen wie Fischbrötchen, Pommes und Eis werden die Möwen aggressiver und stürzen sich auf alles Essbare. Um eventuelle Verletzungen durch Möwenangriffe zu verhindern, ist das **Füttern in der Gemeinde Helgoland streng verboten** und bei Zuwiderhandlungen werden Ordnungsstrafen bis zu 500 € erhoben.

Bei entsprechendem Wetter ist es schön, die Überfahrt **auf dem Sonnendeck** zu verbringen (Aufpreis: 5 €). Dabei sollte bedacht werden, dass der Nordseewind schnell und unerwartet unbefestigte Gegenstände wie Servietten oder Schirmmützen und Hüte fortwehen kann – Vorsicht also!

◁ Silbermöwe auf dem Helgoländer Oberland

Tagestour oder mehr?

Rund 75 Prozent der 350.000 Inselbesucher sind **Tagesgäste,** die einen Schiffsausflug machen und nachmittags zurückfahren. Sie haben im Rahmen dieser Touren **zwischen drei und vier Stunden** Zeit, um die Insel zu erkunden. Für ein erstes Kennenlernen der Hauptinsel reicht die Zeit knapp. In diesem Zeitfenster lässt sich ein Spaziergang auf dem Klippenrandweg entlang der Seevogelkolonien auf dem Oberland machen, man kann eine Kleinigkeit essen gehen, und ein wenig Zeit bleibt dann noch für mehrwertsteuerfreies Shopping. Eine Fahrt mit der Dünenfähre MS Witte Kliff zur Nachbarinsel wagen nur wenige Tagesgäste. Viele haben Bedenken, nicht rechtzeitig zur Abfahrt ihres Ausflugsschiffes zurückzukehren. Es lohnt sich jedoch, mehr Zeit auf Helgoland zu verbringen, denn die Insel hat trotz ihrer geringen Größe eine **hohe Dichte an Sehenswertem** zu bieten. Am besten ist es daher, sich ein paar Tage Zeit zu nehmen.

Grünkohlfahrten

UNSER TIPP: Zwischen November und Ende März bietet die Reederei *Cassen Eils* sogenannte Grünkohlfahrten als **Tagesausflug** an. Im Preis von 77 € für das Ticket inkl. Platzreservierung ist ein Frühstück an Bord enthalten. Nach einem vierstündigen Aufenthalt auf der Insel geht es wieder zurück nach Cuxhaven; während der Rückfahrt wird ein Grünkohlgericht serviert.

- Mehr **Informationen und Buchung** unter www.cassen-eils.de.

Mit dem eigenen Boot

Helgoland als zentrale Insel in der Hochsee hat einen der **bekanntesten** und **tidenunabhängigen Sportboothäfen** in der Deutschen Bucht. Der mittlere Tidenhub beträgt auf Helgoland 2,40 Meter. Bei der An- und Abfahrt ist zu beachten, dass die **Naturschutzgebiete** (NSG) rund um Helgoland nicht befahren werden dürfen. Offiziell hat er den Status eines **Bundeschutzhafens,** bei schlechtem Wetter dürfen keine Boote abgewiesen werden, sondern dürfen hier ganzjährig 24 Stunden Schutz suchen. Morgens und abends herrscht dort reger Verkehr durch die zahlreichen **Crew-Tender,** also die Katamarane, die die Windpark-Mitarbeiter an ihren Arbeitsort bringen, Offshore-Taxis und sonstige Versorgungs-Schiffe.

Um die Anzahl von jährlich mehr als **10.000 Sportbooten** unterzubringen, steht der Hafenmeister jeden Tag vor einer logistischen Herausforderung. Im Südhafen können bis zu 320 Gastboote liegen, zur Hochsaison in engen Päckchen. Die Westkaje ist der **Berufsschifffahrt** vorbehalten. Dort gehen zum Beispiel die Schnellfähren der Adler-Reederei längsseits. Es kommt häu-

hel_43 mna

fig vor, dass an der Hafeneinfahrt zwei senkrechte rote Lichter anzeigen, dass sämtliche Plätze belegt sind. Nur bei gutem Wetter ist im Vorhafen Platz für weitere 100 Boote. Dünenhafen und Binnenhafen sind **für Sportboote gesperrt.** Weitere Kapazitäten bietet der Nord-Ost-Hafen. Dort stehen 30 bis 35 Liegeplätze für Boote bis zu einer Länge von 11 Metern zur Verfügung. Bitte rechtzeitig vorher mit dem Hafenmeister klären, ob für das eigene Boot ein Liegeplatz vorhanden ist.

Hafenmeister

Die **Hafenmeisterei** des Wasser- und Schifffahrtsamtes (Tel. 04725 81593583) befindet sich an der Westkaje des Südhafens (www.wsa-toenning.wsv.de), hier ist auch das **Hafengeld** (plus Kurbeitrag) zu bezahlen. Liegeplätze werden bei **Funkanmeldung** zugewiesen (Helgoland Port Radio, UKW-Kanal 16 und 67). Toiletten und Duschen sind an der Nordkaje; Schiffshändler, Ausrüstung und Proviant am Binnenhafen. Der **Hafenmeister des Wassersportclubs Helgoland** (www.wsc-helgoland.de) im Südhafen ist am besten per E-Mail erreichbar: stegwartsuedhafen@wsc-helgoland.de. Der **Hafenmeister des Clubs im Nord-Ost-Hafen** ist nur erreichbar von 17 bis 19 Uhr und am Wochenende von 10 bis 11 Uhr (Tel. 0170 7845480). Außerhalb der Telefonzeiten bitte eine SMS mit Angabe der Länge und Brei-

Flugplatz Helgoland mit Landebahn und Tower

te des Bootes sowie der An- und Abreisedaten schicken und bestätigen lassen, damit ein Liegeplatz gesichert ist.

Achtung: Die Naturschutzgebiete (NSG) rund um Helgoland dürfen ganzjährig nicht befahren werden.

Mit dem (eigenen) Flugzeug

Anreise mit Flugdiensten

Auf der **Nebeninsel Düne** befindet sich der **Flugplatz Helgoland,** auf die Hauptinsel geht es weiter mit der Dünenfähre „MS Witte Kliff". Zwei Fluggesellschaften fliegen die Insel regelmäßig an (es gibt auch Kombitickets für Schiff und Flug): Der **Ostfriesische Flugdienst (OFD)** fliegt ab Cuxhaven-Nordholz und Heide-Büsum nach Fahrplan, während der **Frisia-Luftverkehr** Helgoland nur auf Nachfrage von Harle, Wangerooge oder Langeoog ansteuert (mind. acht Personen).

- **Ostfriesischer Flugdienst (OFD): Flugplatz Harle,** 26409 Wittmund, Tel. 04921/89920, www.fliegofd.de (einfacher Flug Erw. 169 €, Kinder bis 11 J. 75 €, Kinderwagen 12–20 €, Hunde 14–30 €, Gepäck bis 10 kg Erw./5 kg Kinder frei, Übergepäck 2 €/kg; Kombiticket Schiff & Flug Erw. 149 €); **Flugplatz Heide-Büsum,** Am Flugplatz 7, 25761 Oesterdeichstrich (einfacher Flug Erw. 169 €, Kinder bis 11 J. 75 €, Kinderwagen 12–20 €, Hunde 14–30 €, Gepäck bis 10 kg Erw./5 kg Kinder frei, Übergepäck 2 €/kg; Kombiticket Hin- und Rückfahrt per Schiff & Flug Erw. 149 €). Charterflüge von verschiedenen norddeutschen Flughäfen auf Anfrage.
- **Frisia-Luftverkehr (LFH):** Tel. 04931 93320 (Cuxhaven-Nordholz) und Tel. 04464 94810 (Harle), www.inselflieger.de. **Flughafen Cuxhaven-Nordholz** (Walter-Carstens-Straße 1, 27637 Wurster-Nordseeküste, Tagesausflug nach Helgoland: Erw. 182 €, Kinder bis 11 J. 131 €), Tagesflug von Harle (**Flugplatz Harle,** 26409 Wittmund) oder Wangerooge nach Helgoland (Erw. 156 €, Kinder bis 11 J. 110 €, Kinderwagen 13–20 €, Hunde 12–25 €, Gepäck bis 10 kg Erw./5 kg Kinder frei, Übergepäck 2 €/kg), die Preise ab Langeoog liegen höher (Erw. 210 €, Kinder bis 11 J. 165 €).

Anreise mit dem eigenen Flugzeug

Auf Helgolands Flugplatz dürfen selbstverständlich auch Privatflugzeuge landen. Die Landebahn ist recht kurz, der Wind erschwert häufig die Landung. Das **Landeentgelt** richtet sich nach dem Höchstfluggewicht, der Flughafen ist ganzjährig geöffnet (siehe www.flughafen-helgoland.de). Gelandet werden kann nur unter **Sichtflugwetterbedingungen (VFR),** daher unbedingt vor Flugantritt eine ausführliche Flugvorbereitung inklusive Wetterbericht durchführen. Die Webcam auf der Website oder ein Anruf bei der Flugleitung (Tel. 04725 311) können dabei helfen. **Piloten** benötigen mindestens 100 Stunden Erfahrung als verantwortlicher Flugzeugführer. Für Flüge mit Motorseglern und Ultraleichtflugzeugen muss vorab ein Flugplan angegeben werden. Auf der Insel lässt sich AVGAS-Kraftstoff zoll- und steuerfrei tanken.

Barrierefreies Reisen

→ Anreise

Kein ideales Reiseziel

Helgoland ist für barrierefreies Reisen nicht das ideale Reiseziel, was bei der **Reisevorbereitung** beachtet werden sollte. Die Tourist-Information berät mobilitätseingeschränkte Gäste aber gern bei der Planung. Falls die Anreise mit der Bahn mit verschiedenen Betreibern geplant ist, sollte mindestens einen Tag vor Reiseantritt die bundesweite **Mobilitätszentrale** unter der Rufnummer 0180 6512512 kontaktiert werden. Zusätzlich wird geraten, sich mindestens 24 Stunden vor Reiseantritt bei der jeweiligen Bahngesellschaft zu melden, wenn Hilfe beim Ein-, Um- und Aussteigen benötigt wird. Bei der Anreise sollte man sich erkundigen, welche Fährschiffe barrierefrei sind. **Barrierefrei** sind sowohl der **Katamaran „Halunder-Jet"** ab Hamburg als auch die **Fähre „Helgoland"** ab Cuxhaven. Die Reedereien helfen bei der Planung gern weiter.

Auf Helgoland selbst sind die **Bordsteinkanten** nur an wenigen Stellen abgesenkt. Der Klippenrandweg ist zwar zu etwa zwei Dritteln barrierefrei, aber durch die Steigungen braucht ein Rollstuhlfahrer an einigen Stellen jemanden, der beim Schieben hilft, weil sie aus eigener Kraft kaum zu bewältigen sind. Die Tourist-Information hat auf ihrer Internetseite **barrierefreie Unterkünfte** ausgewiesen.

Auf der Düne (am Anlegergebäude) können mobil eingeschränkte Gäste einen **Strandbuggy** ausleihen (zwei gibt es).

Camping

→ Unterkunft

Im Norden der Düne

Der Campingplatz im Norden der Düne hat **etwa 100 Stellplätze** und ist von Mai bis Mitte Oktober geöffnet. Stellmöglichkeiten für Wohnmobile und Caravans sind auf der **autofreien Insel** selbstverständlich nicht vorhanden. Dünen- und Flugplatzrestaurant liegen in nächster Nähe, zum Badestrand sind es nur wenige Schritte. Wegen des Sandbodens sollte man stabile Sandheringe mit einer Länge von bis zu 30 cm in ausreichender Menge und wegen des häufig kräftigen Windes auf der Düne genügend Abspannleinen dabeihaben. Im gut sortierten Kiosk am Flugplatz kann man (nicht nur) solches Zubehör kaufen. Zur Ausstattung des Campingplatzes gehört auch eine **Handy-Aufladestation** mit abschließbaren Fächern. Die sanitären Einrichtungen befinden sich in einem zentralen Gebäude. Es ist empfehlenswert, sich rechtzeitig einen Platz zu **reservieren,** Gruppen müssen sich auf jeden Fall vorher anmelden. Kinder und Jugendliche dürfen nur in Begleitung von Erwachsenen kommen.

2019 wurden am Campingplatz zwei sogenannte **Wikkelhouses** gebaut (siehe Bild auf S. 138). Die Häuser folgen dem minimalistischen Tiny-House-Trend; die Gäste müssen die sanitären Einrichtungen des Campingplatzes nutzen, da die Häuschen, die aus den Niederlanden stammen, kein Badezimmer haben. Sie bestehen im Kern aus 24 Schichten **Pappe** und sind zu 100 Prozent recycelbar. Sie werden nur wochenweise vermietet und sind sehr beliebt, man sollte weit im Voraus buchen.

2 **Campingplatz,** Karte S. 94, Düne Helgoland, Infos unter www.helgoland.de.
■ **Camping-Preise:** HS Mitte Juni bis Mitte September, VS/NS April bis Mitte Juni/Mitte September bis Mitte Oktober, die Preise variieren je nach Größe des Stellplatzes: HS 16–20 €, VS/NS 9–18 €, plus pro Person und Nacht: Erw. 6 €, Kinder über 14 J. 3 €.
■ **Preise für die Wikkelhouses:** Anmietung nur wochenweise, Anreise samstags; Typ 1 (2 Pers.): NS/VS 450 €, HS: 550 €, Typ 2 (2 Erw./2 Kinder): NS/VS 550 €, HS: 690 €; Bettwäsche und Handtücher sind im Preis enthalten.

Schlafstrandkorb

Ein ganz besonderes Erlebnis ist die **Übernachtung** im Schlafstrandkorb, die **auf dem Nordstrand der Düne** angeboten wird (bis zu zwei Personen in der Zeit vom 15. Juni bis 15. September für eine Nacht). Im Übernachtungspreis von rund 80 € sind zwei

Schlafsäcke mit separaten Inlets und ein Picknickkorb mit einem Piccolo-Sekt enthalten, Leckereien muss man selbst beisteuern. Buchung ausschließlich über die Campingplatzverwaltung, Kontakt: Tel. 04725 808753 oder per E-Mail camping@helgoland.de. Die sanitären Anlagen des Campingplatzes dürfen mitbenutzt werden. Wegen der großen Nachfrage müssen die Schlafstrandkörbe sehr weit im Voraus gebucht werden.

Einkaufen

Höhere Preise als auf dem Festland

Das Leben auf einer Insel, wo alles, was es zu kaufen gibt, aufwendig per Schiff oder Flugzeug transportiert werden muss, ist logischerweise **teurer als auf dem Festland.** Die Preise für allgemeine Verbrauchsgüter sind deshalb in der Regel höher, besonders bei Frischeprodukten sind die Aufpreise zu spüren. Da auf Helgoland aber **keine Mehrwertsteuer** erhoben wird, sind manche Waren wie Zigaretten, Parfümerieartikel, Alkohol und Bekleidung oftmals deutlich günstiger. Die meisten Geschäfte haben sich spezialisiert und man sollte auf der Suche nach einem „Schnäppchen" durchaus die Preise vergleichen. In vielen Geschäften ist **keine Kartenzahlung** möglich, deshalb wird empfohlen, immer genug Bargeld dabeizuhaben.

Green Anna und de green steer

Unter dem Motto „Einweg ist kein Ausweg" bieten verschiedene Geschäfte und andere Einrichtungen auf Helgoland für drei Euro eine auffällige grüne **Kunststoff-Tragetasche** an, die sich mehrfach verwenden lässt und aus recycelten Plastikflaschen besteht. Das Ganze ist eine Aktion gegen den vielen Plastikmüll in den Meeren, die von der Meeresbiologin *Dr. Rebecca Ballstaedt* ins Leben gerufen worden ist. Ein weiteres Projekt („de green steer") zielt darauf ab, die zunehmende **Meeresvermüllung** zu verlangsamen und zu einem ressourcenschonenderen und nachhaltigeren Umgang anzuregen sowie die Projektteilnehmer miteinander zu vernetzen und sich gegenseitig anzuregen und auszutauschen.

- **Informationen** unter www.green-anna.de und greensteer.de.

In der nachstehenden Liste beziehen sich die vorangestellten **Ziffern** auf die Verortung der Betriebe im **Plan auf S. 78.**

Helgoland Einkaufen

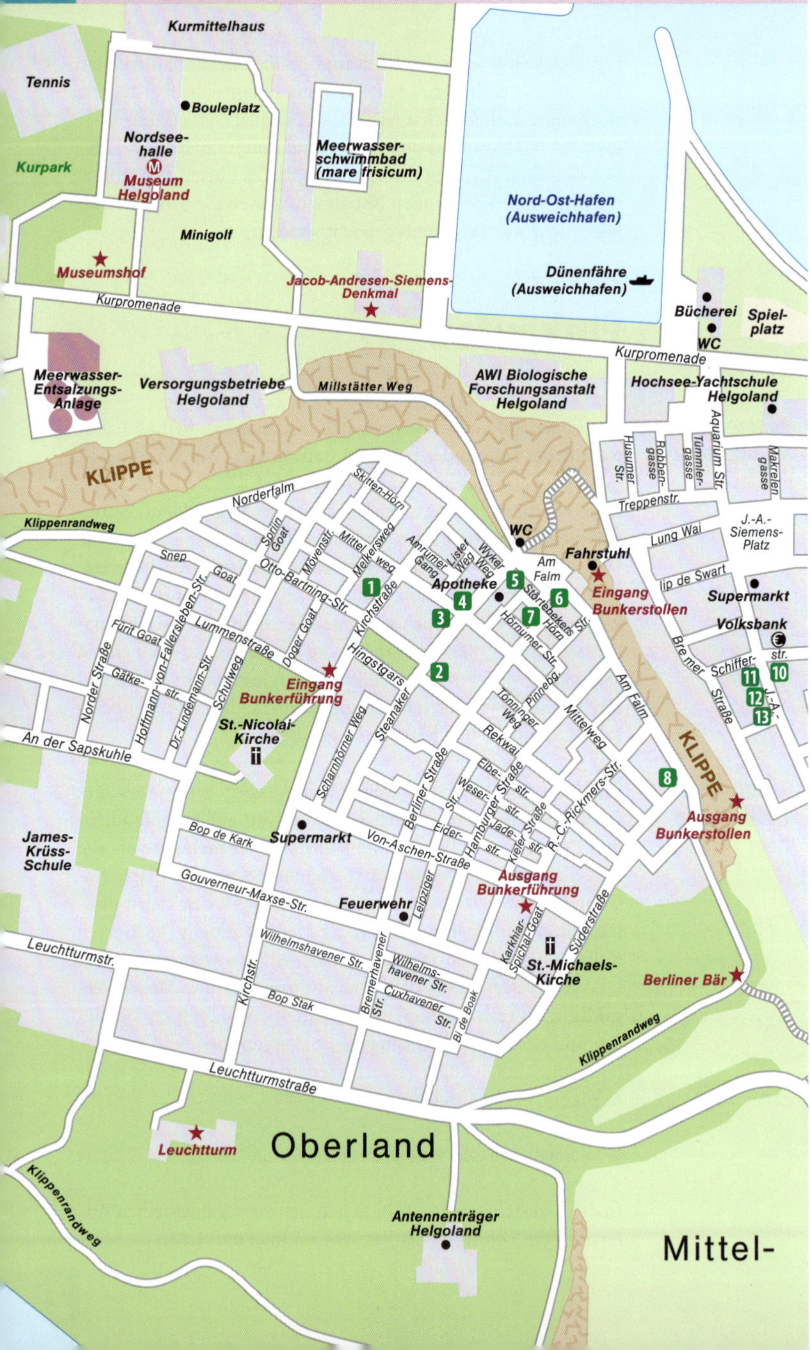

Einkaufen

Oberland

1 Heiner's Duty Free Shop
2 Finn-Shop
3 Nordic Feeling
4 Mode-Truhe
5 Juwelier Kaufmann
6 Mailänder Shop
7 Elektro Radio Würtz
8 Kleinod Helgoland

Unterland

9 Zigarrenspezialist Oswald
10 Juwelier Kaufmann
11 Juwelier Kaufmann
12 Wellensteyn-Store Helgoland
13 Boutique Okka
14 Helgoländer Treibgut
15 Galerie Tiiner Buud
16 Bude31
17 Jörn Rickmers
18 Baumarkt Karl Meyer

Oberland

Juwelier Kaufmann

UNSER TIPP: Nicht nur Vogelliebhaber wissen eine gute Auswahl und fachkundige Beratung in Sachen Sport-Optik zu schätzen. Juwelier *Henry Kaufmann* ist sowohl auf dem Unterland als auch auf dem Oberland vertreten und **Spezialist für Ferngläser** mit einer großen Auswahl für jeden Geldbeutel.

- **Juwelier Kaufmann,** dreimal auf Helgoland vertreten: 10 J.-A.-Siemens-Terrasse 162 und 11 163, 5 Am Falm 316; www.juwelier-kaufmann.de.

Whisky bei „Helgoheiner"

UNSER TIPP: Whiskykenner pilgern gern zu „Helgoheiner". In seinem Laden **Heiner's Duty Free Shop** auf dem Oberland hat er mehr als 1000 Whiskysorten zur Auswahl, von mild bis stark und von günstig bis zur teuren Rarität ist alles dabei. Besonders empfehlenswert sind seine **„Whisky Tastings"**, die im Sommer donnerstags und im Winter freitags um 16.30 Uhr stattfinden. Die 25 Euro pro Person sind gut angelegt, zwei bis drei Stunden Zeit sollte man mitbringen. Unter fachkundiger Anleitung werden jeweils fünf verschiedene Whiskys vorgestellt, anschließend entscheiden die Teilnehmer über ihren geschmacklichen Favori-

Flaschen bei einem Whisky Tasting auf dem Oberland

102he_nf

ten. Zwischendurch gibt es Schokolade und Knabbereien und viel Informatives rund um den Whisky, seine Herstellung und die Aromenvielfalt. Da sich die Veranstaltung auch bei Einheimischen großer Beliebtheit erfreut, sollte man sich unbedingt rechtzeitig vorher anmelden.

1 Heiner's Duty Free Shop, *Heiner Stepper,* Kirchstraße 341, Tel. 04725 1225 und 0175 5621454, aktuelle Termine auf Facebook unter „helgoheiner".

Kleinod – Meerfrauenschätze von Helgoland

Der **Werkstattladen** „Kleinod – Meerfrauenschätze von Helgoland" von *Claudia Edmund* auf dem Oberland bietet neben einzigartigem Feuersteinschmuck viele Produkte an, die mit Idealismus, Mut und Ideen auf Helgoland und in Europa in Handarbeit entstehen. Hinzu kommen weitere fair gehandelte Dinge aus der ganzen Welt, die in Kooperativen oder von körperlich beeinträchtigten Menschen angefertigt werden, oftmals aus recyceltem Material. So werden soziale Projekte gestützt, die Natur geschützt und traditionelles Handwerk erhalten.

8 Kleinod Helgoland, Am Falm 303, 27498 Helgoland, Tel. 0173 2935760, www.kleinod-helgoland.com.

Fußgänger im belebten Lung Wai auf dem Unterland

105he_mna

Nordic Feeling

Das kleine Geschäft auf dem Oberland ist voll mit **skandinavischer Homeware** und **Accessoires.** Wer etwas Dekoratives sucht, wird hier auf jeden Fall fündig.

3 **Nordic Feeling,** Steanaker, Tel. 04725 811081.

Elektro Radio Würtz

Hier bekommt man **klassische Haushaltswaren und -geräte** sowie das entsprechende Zubehör. Das Geschäft ist etwas versteckt am Falm gelegen.

7 **Elektro Radio Würtz,** Hörnumer Straße 315, Tel. 04725 811081, www.wuertz.tv.

Mailänder Shop

Das Geschäft gegenüber vom Aufzug auf dem Oberland führt ein **buntes Sortiment:** Stofftiere, Spiele, Bücher, Parfüm, Schokolade, Spirituosen usw.

6 **Mailänder Shop,** Am Falm 313, Tel. 04725 7320, www.mailaender-shop-helgoland.de.

Mode-Truhe

Die Inhaberin *Birgit Krüss* bietet eine schöne Auswahl an **Kleidung für Wind und Wetter** und die **Kinderbücher** von *James Krüss* an.

4 **Mode-Truhe,** Steanaker 357, Tel. 04725 670.

Finn-Shop

Schöne Deko-Artikel und Homeware, skandinavisch schlicht gehalten. Wer schöne Geburtstags- oder Weihnachtsgeschenke sucht, wird hier fündig.

2 **Finn-Shop,** Steanaker 438, Tel. 04725 7724.

Unterland

Bude31

Hier gibt es Schmuck und Accessoires mit echtem **Helgoländer Rotem Feuerstein** zu kaufen. Während der Öffnungszeiten kann man mit seinen Funden zur „Feuerstein-Sprechstunde“ kommen und erfährt, ob man wirklich eines dieser seltenen Exemplare auf der Düne aufgelesen hat.

16 **Bude31,** Hafenstraße 1011, Tel. 04725 640991 oder 0175 5654157, www.bude31-helgoland.de.

Galerie Tiiner Buud

In der Galerie stellen verschiedene bildende Künstler der **Künstlergruppe Paradox** abwechselnd ihre Werke aus, die dort auch verkauft werden. Vorbeischauen lohnt sich.

15 **Galerie Tiiner Buud,** Hummerbude 33, Hafenstraße 1009, Tel. 0171 4504413, www.paradox-online.de.

Baumarkt Karl Meyer

Der Baumarkt sieht von außen unscheinbar aus, aber hinter den Türen öffnet sich eine wahre Wunderwelt. Man bekommt alles, was zum **Bauen und Renovieren** gebraucht wird, Schrauben und Beschläge, sogar Wäscheständer. Was es nicht gibt, wird gern bestellt.

18 **Baumarkt Karl Meyer,** Hafenstraße 1068, Tel. 04725 417, www.karl-meyer.de.

Jörn Rickmers

Wassersportmode, Outdoor-Bekleidung, Schiffsausrüstung und die Bootstankstelle sind hier zu finden. Während der Bauarbeiten im Binnenhafen ist eine Betankung derzeit nur nach telefonischer Voranmeldung möglich.

17 **Jörn Rickmers,** Hafenstraße 1105, Tel. 04725 8008980, www.rickmers-online.de.

Bunte Ware in der Boutique Okka

he_020 mna

Zigarren-spezialist Oswald

In dem **gut sortierten Geschäft** gibt es Spirituosen, Pafüms, Süßes, Zigaretten und eine sensationelle Auswahl an Zigarren im begehbaren Humidor.

9 **Zigarrenspezialist Oswald,** Lung Wai 23, Tel. 04725 813121, www.onlineshop-helgoland.de.

Helgoländer Treibgut

Im Laden duftet es intensiv nach Kräuter-, Schwarz-, Früchte- und Grüntees. Es werden auch viele **Sanddornspezialitäten** angeboten sowie Bilder und Postkarten mit Motiven des Fotografen *Yngve Torben Lange* (www.fotogalerie-helgoland.de).

14 **Helgoländer Treibgut,** J.-A.-Siemens-Terrasse 140, Tel. 04725 8008676, www.helgolaender-treibgut.de.

Boutique Okka

Neben einer fantastischen Auswahl an schönen Strickwaren, beispielsweise feine **Merinowoll-Produkte** aus Deutschland von Invero, gibt es eine mindestens ebenso schöne Auswahl an **Schmuck.** Passend zur Insel ist Bernsteinschmuck im Schaufenster sehr präsent.

13 **Boutique Okka,** J.-A.-Siemens-Terrasse 159, Tel. 04725 251, www.helgolaender-treibgut.de.

Wellensteyn-Store Helgoland

Das Geschäft wirbt damit, der **günstigste Wellensteyn-Shop Deutschlands** zu sein, was nicht schwierig ist, weil die Mehrwertsteuer entfällt. Es gibt hier topmodische Funktions- und Outdoor-Jacken des deutschen Herstellers mit Sitz in Norderstedt.

12 **Wellensteyn-Store Helgoland,** J.-A.-Siemens-Terrasse 167, Tel. 04725 8007502, www.bestwave.de.

▷ Die Auswahl an Spirituosen ist riesig

Zollfreigebiet

Helgoland gilt als **Zollfreigebiet,** mit anderen Worten lässt sich hier preisgünstig einkaufen, denn die Mehrwertsteuer entfällt. Diese Regelung galt bereits zur Zeit, als die Insel unter englischer Herrschaft stand, also bis 1890. Bei der Übergabe an das Deutsche Reich wurde festgelegt, dass diese Sonderregelung weiterhin Bestand haben sollte. Die Händler haben sich darauf eingerichtet. Demnach ist in den vielen Geschäften das Angebot an hochwertiger Markenkleidung, Parfüms, exquisiten Spirituosen, Kosmetik, Schmuck, Tabak- und Süßwaren entsprechend groß.

Der Reisende sollte jedoch darauf achten, dass die **Höchstmengen nicht überschritten** werden und auch der **Warenwert die Freigrenze nicht sprengt.** Wer mit seinen Einkäufen die Freigrenze und -mengen überschreitet, muss diese vor der Abfahrt auf Helgoland beim **Zollamt** anmelden. Diese Anmeldung ist ausschließlich vor Ort möglich. Ansonsten wird bei einer Kontrolle auf dem Festland **Strafzoll** erhoben.

150he_mna

Für Reisende in der privaten, nicht gewerblichen Luft- und Seeschifffahrt liegt der von der Mehrwertsteuer befreite Warenwert bei insgesamt **300 Euro.** Passagiere der gewerblichen Luft- und Seeschifffahrt dürfen Waren bis zu einem Wert von **430 Euro** unversteuert mit nach Hause nehmen. Wer beispielsweise mit dem Kauf einer neuen Digitalkamera, einem hochwertigen Fernglas oder einem schicken Outdoor-Outfit liebäugelt, kann auf Helgoland sparen und hat die Kosten für die Überfahrt und die Fähre vielleicht schon wieder herausgeholt.

Die Zollvorschriften im Überblick

Tabakwaren (nur für Personen ab 17 Jahren)

- 200 Zigaretten oder
- 100 Zigarillos oder
- 50 Zigarren oder
- 250 g Rauchtabak oder
- eine anteilige Zusammenstellung dieser Waren.

Alkohol und alkoholhaltige Getränke (nur für Personen ab 17 Jahren)

- 1 Liter Alkohol und alkoholische Getränke mit einem Alkoholgehalt von mehr als 22 Vol.-% oder
- 2 Liter Alkohol und alkoholische Getränke mit einem Alkoholgehalt von höchstens 22 Vol.-% oder
- eine anteilige Zusammenstellung dieser Waren und
- 4 Liter nicht schäumende Weine und
- 16 Liter Bier.

he_021 mna

Arzneimittel

- Die dem persönlichen Bedarf des Reisenden entsprechende Menge.

Andere Waren

- Für Reisende in der privaten nichtgewerblichen Luft-/Seeschifffahrt bis zu einem Warenwert von 300 €;
- Passagiere in der gewerblichen Luft-/Seeschifffahrt bis zu einem Warenwert von insgesamt 430 €;
- Reisende unter 15 Jahren bis zu einem Warenwert von insgesamt 175 €.

Es ist gut, beim Einkauf darauf zu achten, dass der einzelne Warenwert unteilbarer Waren wie Schmuck, Kleidungsstücke oder optische Geräte die 300 Euro nicht überschreitet. Ansonsten muss er **verzollt** werden, hierbei wird der **volle Warenwert** zur Berechnung der Abgabenhöhe angesetzt. Auskünfte über die Höhe der Abgaben, die bei einer Überschreitung der Freimengen fällig werden, erteilt das **Zollamt auf Helgoland** (Am Südstrand 1, neben dem Binnenhafen, Tel. 04725 304). Dort bekommt man übrigens auch **Briefmarken** für die Deutsche Post. Öffnungszeiten Mo bis Sa 7–12 Uhr und So 8–12 Uhr. Das Postamt im Zollamt ist Mo bis Sa 8.30–11 Uhr geöffnet.

Eine Zollabfertigung an der Landungsbrücke, am Nord-Ost-Hafen und im Südhafen am Zollcontainer ist **nicht möglich.** Wer sich vorab über mögliche Zolltarifnummern erkundigen möchte, findet die notwendigen Informationen im Internet unter www.zolltarifnummern.de.

Auch **Bürger aus der Schweiz** haben nur die Reisefreimenge frei. Sollten sie Waren aus Helgoland importieren, die über der Reisefreimenge liegen und diese in die Schweiz ausführen, müssen sie eine **Sicherheit** (Kaution) leisten, die bei der Ausfuhr aus Deutschland zurückerstattet wird. Das geschieht an dem Zollamt, an dem sie erhoben wird. Ware, die in Deutschland verbleibt und über der Reisefreimenge liegt, muss versteuert werden.

◁ Dünenfähre „Witte Kliff“ kurz nach dem Ablegen an der Landungsbrücke

Essen und Trinken

Rund 50 Gaststätten

Das gastronomische Angebot auf Helgoland ist **abwechslungsreich** und jeder dürfte etwas für seinen Geschmack und in verschiedenen Preisklassen finden. Vom **Fischimbiss** bis zum **Spitzenrestaurant** reicht das kulinarische Angebot, und auch für Veganer und Vegetarier sollte in fast jedem Restaurant etwas auf der Karte stehen. Wegen der begrenzten Kapazitäten auf der Insel empfiehlt es sich, besonders für den Abend einen **Tisch zu reservieren,** denn für die 2700 Gästebetten der Insel stehen nur 800 Plätze in den Restaurants zur Verfügung. Oft sind nur bestimmte **Zeitfenster** möglich, da mehrere Gäste hintereinander speisen müssen. In der Nebensaison und im Winter haben etliche Betriebe geschlossen, sei es für Renovierungsarbeiten oder dass die Besitzer selbst Urlaub machen. Wichtig zu wissen ist auch, dass man nicht überall mit Geldkarte bezahlen kann, daher sollte immer ausreichend **Bargeld** zur Hand sein.

Die nachfolgende Liste der gastronomischen Betriebe ist **ständigen Veränderungen** unterworfen. Auch die **Öffnungszeiten** variieren nach Saison und werden deshalb bewusst nicht erwähnt. In der nachstehenden Liste beziehen sich die vorangestellten **Ziffern** auf die Verortung der Betriebe im **Plan auf S. 90.**

he_022 mna

Oberland

1 Terrassencafé am Falm, Am Falm 322, Tel. 04725 811163. Kaffeegarten mit Speiseangebot und grandioser Aussicht Richtung Düne.

2 Zum Seehund, Mittelweg 349, Tel. 04725 811111. Gutbürgerliche Küche und Fischgerichte in durchschnittlicher Qualität.

3 Mocca-Stuben, Hingstgars 447, Tel. 04725 1253, www.mocca-stuben.de. Bar, Bistro und Restaurant mit sehr gutem gastronomischen Angebot aus besten frischen Zutaten und erlesenen Weinen. Empfehlenswert sind besonders die Steaks.

4 Atlantis, Hingstgars 444, Tel. 04725 640716, www.atlantis-helgoland.de. Feine regionale und internationale Küche in gemütlicher Atmosphäre, besonders gut ist die hausgemachte Fischsuppe.

5 Düne 2 – das Oberstübchen, Steanaker 364, Tel. 04725 640895. Pub im Oberland.

6 Zum Freibeuter Störtebeker, Steanaker 365, Tel. 04725 8007839, 0159 01988460, www.zumfreibeuterstoertebeker.de. Fischgerichte und gutbürgerliche Küche.

7 Freibeuter Diner-Pub, Steanaker 363, Tel. 04725 8007839, 0159 01988460, www.zumfreibeuterstoertebeker.de. Frühstück, mittags gibt es Salat, Beefburger und Currywurst, belegte Baguettes und Schnitzel, abends wird der Pub zur gemütlichen Bar.

8 Hanse Kogge, Am Falm 312, Tel. 04725 800995, www.hansekogge-helgoland.de. Gutbürgerliche Küche in gemütlichem Ambiente mit schönem Blick über die Helgolander Reede.

9 Der Inselbäcker, Rekwai 427, Tel. 04725 420. Brot und Gebäck aus der solitären insularen Backstube zu zivilen Preisen. Sogar hausgemachtes Knäckebrot gibt es hier.

10 Restaurant Isola Bella, im Hotel Meeresblick, Am Falm 305, Tel. 04725 81 11 80, www.meeresblick-helgoland.com. Hier werden italienische Fisch- und Fleischspezialitäten, schmackhafte Pizzen, Helgoländer Spezialitäten und köstliche Desserts angeboten.

10 Zum Hamburger, Am Falm 304, Tel. 04725 811180. Das Restaurant wird derzeit vom danebenliegenden Restaurant Isola Bella bewirtschaftet.

< Gastronomie in den Hummerbuden – die Bunte Kuh, benannt nach dem Schiff des legendären Seeräubers Klaus Störtebeker

Helgoland Gastronomie

Essen und Trinken

Oberland

1 Terrassencafé am Falm
2 Zum Seehund
3 Mocca-Stuben
4 Atlantis
5 Düne 2 – das Oberstübchen
6 Zum Freibeuter Störtebeker
7 Freibeuter Diner-Pub
8 Hanse Kogge
9 Der Inselbäcker
10 Restaurant Isola Bella und Zum Hamburger

Unterland

11 Felsenkrug
12 Knieper
13 Flamingo
14 Aquarium Restaurant
15 Düne-Süd
16 Der Inselbäcker
17 KaffeeKlatsch
18 Cohibar
19 Bruns Pizza & Pasta
20 Helgoländer Fisch-Eck
21 Café Kogge
22 Bei Plum
23 Café Hinrichs
24 Pinkus Eiergrogstube
25 Weddigs Fischerstube
26 Inselkrug
27 Windjammer
28 Das Emma James
29 Barracuda
30 Rickmers Galerie Restaurant
31 Bunte Kuh
32 2 Blaue Buden
33 Krepp-Bude
34 Kaffee & Rösterei Helgoland

152he_mna

Unterland

11 Felsenkrug, Bremer Str. 235 (links vom Fahrstuhl), Tel. 04725 7245. Hier herrscht echte Kneipenatmosphäre, es gibt Snacks zum kleinen Preis. Der Laden wird von den Helgoländern auch „Endstation" genannt.

12 Knieper, Lung Wai 208, Tel. 01522/6309990. Bar, Bistro und Sportsbar. Cocktails direkt am Fahrstuhl zum Oberland.

13 Flamingo, Lung Wai 207, Tel. 04725 8007333. In diesem Bistro-Eiscafé gibt es selbstgemachtes Eis und frische regionale Küche mit Tageskarte nach Saison, sowie Salate und Pasta.

Unser Tipp: **14 Aquarium Restaurant,** Aquariumstr. 186, Tel. 04725 640339, www.aquariumcafe-helgoland.de. Das geschmackvoll eingerichtete Restaurant serviert sehr leckere Gerichte. Die Qualität ist hervorragend, es gibt eine gute Auswahl an vegetarischen und Fischgerichten, die Küche ist fein und experimentell. Ein sensationelles Gericht ist die vegetarische Linsenbolognese.

20 Helgoländer Fisch-Eck, J.-A.-Siemens-Terrasse 176, Tel. 04725 800666, Facebook: Helgoländer Fisch Eck inh Rolf Grünewald. Hier gibt es die wohl besten Fischbrötchen der Insel.

Gemütlicher Außenbereich von Weddigs Fischerstube

23 **Café Hinrichs,** J.-A.-Siemens-Terrasse 168, Tel. 662, Tel. 04725 662, www.cafehinrichs.de. Kaffee und Kuchen, bei schönem Wetter auch draußen. Wer nach dem Genuss eines Eiergrogs noch stehen kann, bekommt eine Urkunde.

28 **Das Emma James,** J.-A.-Siemens-Terrasse 146, Tel. 04725 8006648, www.das-emma-james.de. Schokolade und Café am Meer – angeboten werden Kuchen und Torten, eine exzellente Auswahl an handgefertigten Trüffeln und Schokolade. Besonders die Trinkschokoladen sollten probiert werden.

15 **Düne-Süd,** Lung Wai 41, Tel. 04725 811031, www.duene-sued.com. Brasserie, Bar und Café, Mittagstisch und nachmittags gibt es Kuchen, abends werden Drinks gereicht. Es ist die einzige Nichtraucherbar auf der Insel.

16 **Der Inselbäcker,** Lung Wai 45, Tel. 04725 800654. Brot und Gebäck, s.o.

24 **Pinkus Eiergrogstube,** Schifferstraße 67, Tel. 04725 8009855. Traditioneller Betrieb, der gern von Einheimischen besucht wird.

18 **Cohibar,** Lung Wai 23, Tel. 04725 8131310, www.seehotel-helgoland.de. Raucherlounge im Seehotel Helgoland. Der Name deutet auf edle Zigarren hin – und die gibt es auch aus dem gut gefüllten Humidor und dazu jede Menge Cocktails und Drinks.

Unser Tipp: **17** **KaffeeKlatsch,** Lung Wai 27, Tel. 04725 81300, www.facebook.com/KaffeeklatschHelgoland. Kaffeespezialitäten nahe der Landungsbrücke, zu kaufen gibt es verschiedene Kaffeesorten, Coffee-to-go-Becher aus Porzellan zum Mitnehmen und leckeres dänisches *„Lakrids"*. Die Kuchen sind alle selbst gebacken und schmecken gut.

19 **Bruns Pizza & Pasta,** Mellinstr. 47, Tel. 04725 640274, www.facebook.com/Pizza-Pasta. Leckere Pizza und Nudelgerichte in Imbissatmosphäre, gern auch zum Mitnehmen. Spezialität ist die Knieper-Pizza.

21 **Café Kogge:** Siemens-Terrasse 174. Hier gibt es Café, Süßes und belegte Brötchen, gern auch frisch gemacht und nach Wunsch belegt.

22 **Bei Plum:** Siemens-Terrasse 173, Tel. 04725 8006439. Bayerische Gerichte in der entsprechenden Atmosphäre. Das Ambiente passt zwar nicht auf eine Nordseeinsel, aber die Gäste lieben den Stil ganz offensichtlich.

25 **Weddigs Fischerstube,** Friesenstr. 61, Tel. 04725 7235, www.fischerstube-helgoland.de. Gastwirt *Angelo Bras* serviert stets gut gelaunt und äußerst aufmerksam köstlich zubereitete Fischgerichte in behaglich-maritimer Umgebung.

26 **Inselkrug,** Friesenstr. 63, Tel. 04725 6404538, www.facebook.com/BarInselkrug. Nachmittags gibt es Kaffee und Kuchen, aber keine Speisen, zudem reichhaltige Whisky- und Rumkarte.

27 **Windjammer,** J.-A.-Siemens-Terrasse 150, Tel. 04725 403. Klassische Kneipe auf dem Unterland, die auch gern von Insulanern besucht wird.

29 **Barracuda,** J.-A.-Siemens-Terrasse 148, Tel. 04725 2910640, www.barracuda-helgoland.de. Restaurant mit Loungebar. Man kann auch draußen sitzen und das geschäftige Treiben auf der Einkaufsstraße betrachten. Gelegentlich finden Events statt.

30 **Rickmers Galerie Restaurant,** Am Südstrand 2, Tel. 04725 814125, www.rickmers-galerie-restaurant.de. Gourmet-Oase inmitten einer einmaligen Gemäldesammlung mit klassischer Seebad-Küche oder aktueller internationaler Küche.

31 **Bunte Kuh,** Hafenstraße 1013–1018, Tel. 04725 811343, www.buntekuh-helgoland-de.jimdo.com. Die Bunte Kuh hat Kultstatus bei den Rock'n'Roll-Butterfahrern. Direkt am Binnenhafen inmitten der Hummerbuden gelegen, kann man entweder draußen sitzen oder drinnen in gemütlicher Atmosphäre kleine Gerichte und Cocktails genießen.

33 **Krepp-Bude,** Hummerbuden, Inhaber ist *Thorsten Probst-Engelhardt.* Frisch gemachte leckere Crêpes, alles von Hand hergestellt zu fairen Preisen. Die Öffnungszeiten variieren sehr. Wenn geschlossen ist, steht im Fenster, wann wieder geöffnet ist. Das Warten lohnt sich.

32 **2 Blaue Buden,** klassischer Imbiss, der Backfisch, Fisch & Chips und Fischbrötchen anbietet. Vorsicht beim Verzehr: Die Möwen sind immer hungrig und sehr (!) angriffslustig.

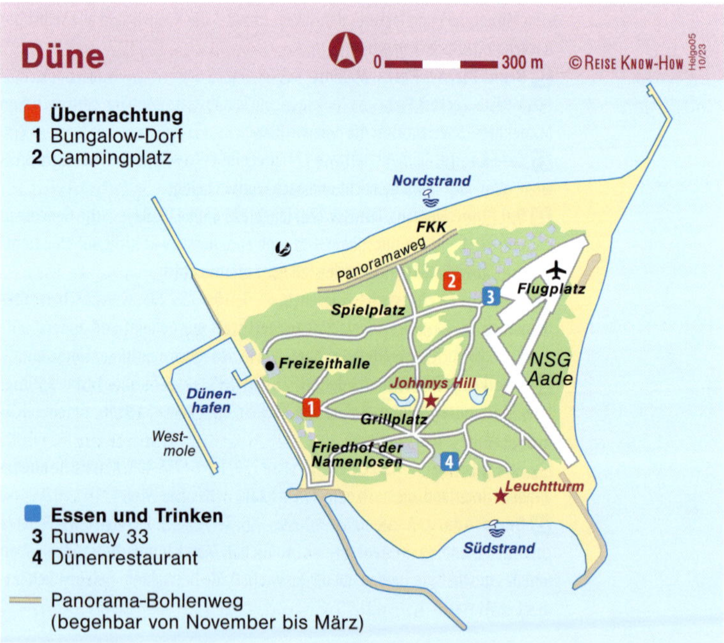

UNSER TIPP: 34 **Kaffee & Rösterei Helgoland,** Rickmer-Bock-Wai 1225. Direkt im Südhafenterminal gelegen mit Blick auf die Kaje erwartet die Gäste frisch gebrühter Kaffee und hausgemachter Kuchen. Der selbst geröstete, sehr aromatisch schmeckende Kaffee kann auch abgepackt gekauft werden.

Düne

Siehe Karte links

3 **Runway 33,** Tel. 04725 7123, www.flughafen-helgoland.de. Restaurant mit großer Speisenauswahl inmitten des Flugplatzbetriebs inkl. Shop mit Lebensmitteln. Hier können sich die Gäste der Ferienbungalows ihre Waren vorbestellen.

4 **Dünenrestaurant,** Düne Südstrand, Tel. 04925 544, www.facebook.com/Duenenrestaurant. Nettes Personal serviert von April bis Oktober kleine Gerichte am Strand mit atemberaubenden Blick aufs Meer. Empfehlenswert ist der Sanddorn-Punsch. Die legendären Barbecue-Abende sind ein kulinarischer Magnet für viele Inselgäste. Die Eltern können ein kühles Getränk genießen und ihren Kindern beim Spielen am Strand zusehen – besser geht es nicht!

Feiertage, Feste und Events

Termine und Veranstaltungen

Die genauen Termine für Feste, Gedenktage und Events sind tagesaktuell im **Veranstaltungskalender** auf **www.helgoland.de** aufgeführt. Er lässt sich nach verschiedenen Themen filtern und erleichtert so die Suche nach dem passenden Angebot. Zusätzlich gibt es eine gedruckte Version sowie Aushänge. Weitere Hinweise in der täglich erscheinenden **Gästezeitung „Iip Lunn"**, die man auch im Abo als Mail bekommen kann, sowie auf den Websites von Veranstaltern.

Die Gemeinde Helgoland bietet Besuchern und Einheimischen ein **buntes Unterhaltungsprogramm für jeden Geschmack** – mehr als 100 Veranstaltungen gibt es im Jahr. Besonders viel tut sich natürlich während der Saison, dann wird z. B. der Musikpavillon zum **Kino,** und in der Nordseehalle gibt es ein digitales Hochseekino, zudem **Chanson-, Lieder- und Kabarettabende.** Der Musikpavillon ist im Sommer die perfekte Freilichtbühne, vor allem die Konzerte mit Seemannsliedern des traditionellen **Shanty-Chors „Helgoländer Karkfinken"** sind empfehlenswert (www.karkfinken.de). Tanzdarbietungen finden im Sommer gelegentlich auch in der Nordseehalle (Museum) statt, die Helgoländer Trachten- und Volkstanzgruppe führt regelmäßig **traditionelle Tänze** auf (auch im Musikpavillon).

- **1. Januar:** „Wensken", Kinder (vormittags) und Erwachsene (nachmittags) wünschen den Frauen von Freunden und Verwandten ein gutes neues Jahr.
- **23./24. Februar:** Untergang der „MS Adolph Bermpohl": siehe entsprechenden Exkurs.
- **1. März:** Gedenktag anlässlich der Freigabe der Insel im Jahr 1952 mit Helgoländer Abend in der Nordseehalle – traditionelles Fest der Einheimischen.
- **März/April:** Am Ostersamstag Osterfeuer auf der Düne.
- **1. April:** Offizielle Saisoneröffnung bei Wind und Wetter, dann wird die Flagge zur Düne gebracht und gehisst.
- **18. April:** Gedenken an den „Big Bang", den Versuch der Zerstörung der Insel.
- **Ende April/Anfang Mai:** Punkrock-Festival „Rock'n' Roll Butterfahrt" auf der Düne (www.rocknrollbutterfahrt.de).
- Immer **zwei Wochen vor dem Marathon** im Mai findet der Internationale Helgoländer Treppenlauf statt: Am Sonntag von 10–12 Uhr kann jeder mitmachen, der für sich einen Geldspender gesucht und gefunden hat, der pro gelaufener Treppenrunde mindestens 1 € spendet. Pro Runde gibt es ein Gummiband ums Handgelenk, am Ende wird gezählt. Wie viele Runden jeder läuft, bleibt ihm selbst überlassen. Das erlaufene Spendengeld ist für einen guten Zweck.
- **Mai:** Helgoland-Marathon, Anmeldung beim VfL Fosite Helgoland (www.helgolandmarathon.de).
- **Mai:** „Klanginsel Helgoland", ein Kammermusikfestival in der Inselkirche St. Nicolai, die vom Verein *Klanginsel* veranstaltet wird (www.kirche-helgoland.de). „Klanginsel" findet immer von Christi Himmelfahrt bis zum darauffolgenden Sonntag statt, kann also auch in den Juni fallen.
- **Pfingsten:** Traditionelle „Nordseewoche", seit mehr als 100 Jahren Segelregatten für Hochseesegler nach und um Helgoland (www.nordseewoche.org).
- **Anfang Juni:** Alle drei Jahre findet das traditionelle Friesentreffen statt, wo sich alles um die friesische Sprache dreht – gelegentlich auch auf Helgoland.
- **Mitte Juni:** „Scheibenhafenfest" im Bereich der Hummerbuden.
- **1. Samstag im Juli:** Börteboot-Ruderregatta.
- **Juli:** Tag der Seebäderdienste, ein traditionelles Fest für die Einheimischen.
- **Ende Juli:** Gastspiel des Theater „Schenefeld" in der Nordseehalle an zwei Abenden.
- **Ende Juli und Mitte August:** Sandburgenbau-Wettbewerbe auf der Düne.
- **Juli oder August:** „Opti-Cup", das weltweit einzige Hochseeregatta-Format für die Jüngsten im Optimistensegeln (www.opti-helgoland.de).
- **10. August:** Gedenktag anlässlich des Wechsels der Staatsangehörigkeit von Großbritannien zum damaligen Deutschen Reich 1890 mit Börteboot-Regatta.
- **Mitte August:** gelegentlich „James-Krüss-Kinderfest" auf dem Rathausplatz.

[>] Der Shanty-Chor eröffnet das legendäre Punkrock-Festival „Rock 'n' Roll Butterfahrt"

- **August/September:** „Helgoländer Pappbootrennen", verschiedene Mannschaften mit selbst gebauten Booten treten am Südstrand und an der Landungsbrücke gegeneinander an.
- **Mitte/Ende Oktober:** Helgoländer Vogeltage der Ornithologischen Arbeitsgemeinschaft Helgoland mit Vorträgen, Informationen rund um den Vogelzug, geführte Touren und mehr für Vogelkundler und Interessierte (www.oag-helgoland.de).
- **31. Oktober:** Offizielles Saisonende, bei Wind und Wetter wird die Flagge wieder von der Düne gebracht.
- **31. Dezember/1. Januar:** kurz nach Mitternacht beginnt ein Höhenfeuerwerk (gute Aussichtspunkte sind der Falm auf dem Oberland und die Landungsbrücke im Unterland).

Geld

→ Notfälle

Bargeld

Auf Helgoland akzeptieren etliche gastronomische Betriebe, Dienstleister und Geschäfte weder Debit- noch Kreditkarten. Man sollte also immer ausreichend Bargeld dabeihaben. **Banken und Geldautomaten** sind nur im Unterland zu finden. Es besteht die Möglichkeit der Bargeldauszahlung bei *Edeka* auf dem Unterland ab einem Einkaufswert von 10 €.

- **Helgoländer Sparkasse,** Friesenstraße 59, Tel. 04321 4084444
- **Volksbank Helgoland,** J.-A.-Siemens-Terrasse 169, Tel. 04725 81510

he_024 rs

Preisniveau

Generell kann man sagen, dass die **Preise** auf Helgoland – wie auf allen Nordseeinseln – **überdurchschnittlich hoch** sind. Jedes Produkt muss per Schiff auf die Insel transportiert werden, später geht der Müll zurück aufs Festland – diese Kosten werden auf den Preis aufgeschlagen. Auch die Unterkünfte sind vergleichsweise teuer, dafür aber in der Regel sehr hochwertig ausgestattet.

Kurtaxe und Helgoland-Card

Egal, ob ein Urlaub der Grund für einen Besuch der Insel Helgoland ist oder eine Rehabilitationsmaßnahme, wie heute die frühere Kur genannt wird: **Jeder muss Kurtaxe zahlen** – ausgenommen sind beruflich bedingte Aufenthalte, für die sich bei der Helgoland-Touristik eine Befreiung von der Zahlungspflicht beantragen lässt. Dort bekommt man auch die **Helgoland-Card,** wie die Kurkarte genannt wird, oder der Vermieter füllt sie aus und leitet den fälligen Betrag an die Gemeindeverwaltung weiter. Der Kurbeitrag wird verwendet, um die Badestrände zu säubern und zu bewachen, Parkanlagen zu pflegen, öffentliche Toiletten bereit zu stellen und den Urlaubern verschiedene Unterhaltungs- und Sportprogramme zu bieten. Knapp 50 Mitarbeiter der Kurverwaltung sorgen dafür, dass alles zur Zufriedenheit der Gäste funktioniert.

Die aktuellen Entgelte für die Helgoland-Card sind auf der Website www.helgoland.de zu finden. Die **Kurabgabe** müssen Erwachsene ab dem 18. Lebensjahr zahlen, während der Saison sind das 2,75 €, außerhalb 1,50 €, Schwerbehinderte ab GdB 70 sind befreit.

UNSER TIPP: Tragen Sie die **Helgoland-Card** für mögliche Kontrollen immer bei sich. Außerdem bekommt man damit bei verschiedenen Einrichtungen und Geschäften Preisnachlässe, beispielsweise in der Tourist-Information auf Shop-Artikel oder bei der Miete von Strandkörben auf der Düne. Informationen dazu gibt es in der Helgoland-Touristik.

▷ Das Schwimmbad mare frisicum

Gesundheit

→ Notfälle

- **Insel-Apotheke:** Inhaber *Carsten Hase,* Oberland, Steanaker 359 (gleich an Treppe und Aufzug), Tel. 04725 7742
- **Gesundheitszentrum Helgoland:** Spriin Goat 328, Tel. 04725 8008300, www.gz-hgl.de, Sprechstunde nach Vereinbarung

Gesundes Klima

Die Seeluft und das gesunde Klima fern ab vom Festland bieten ideale Bedingungen für einen **Kuraufenthalt** auf Helgoland. Besonders für Allergiker und bei chronisch an den Atemwegen oder der Haut erkrankten Menschen kann ein längerer Aufenthalt positive Wirkung zeigen. Die „Europäische Stiftung Allergieforschung" (ECARF) hat die Insel als allergikerfreundliche Kommune zertifiziert. Das **Kurmittelhaus** liegt unmittelbar neben dem Schwimmbad, verfügt über 36 Apartments und diverse Wellness-Einrichtungen (www.kurmittelhaus-helgoland.de).

256he mna

Mit Haustier unterwegs

Keine gern gesehenen Gäste

Hunde sind auf Helgoland nicht gern gesehen, zu dicht ist das Leben zwischen Mensch und Hund auf der kleinen Insel. Deshalb gilt genereller **Leinenzwang.** Nur am „Kringel", der unbebauten Fläche auf dem Mittelland, dem südlich davon gelegenen unbebauten Hafengelände und am Nord-Ost-Strand bei der Jugendherberge gibt es **Auslaufflächen** für Vierbeiner. Im besonders gekennzeichneten Trinkwasserschutzgebiet, am Südstrand und auf der gesamten Helgoländer Düne gilt **grundsätzliches Hundeverbot.** Wer mit dem Hund im Flugzeug anreist, muss die Düne auf dem kürzesten Weg verlassen. An zehn Standorten auf der Insel gibt es Hundetüten, um die Hinterlassenschaften zu verstauen und fachgerecht zu entsorgen. Zuwiderhandlungen werden mit hohen **Geldbußen** bis zu 250 Euro belegt. Wer die Leinenpflicht verletzt, kann mit einem Bußgeld in der selben Höhe rechnen. Viele Unterkünfte sind allergikerfreundlich. Es ist empfehlenswert, im Vorfeld zu klären, ob man als Gast mit dem Vierbeiner willkommen ist.

he_027 mna

Information

- **PLZ:** 27498, **Vorwahl:** 04725
- **Kurverwaltung Nordseeheilbad Helgoland:** Lung Wai 28 (Rathaus), Tel. 04725 81370, www.helgoland.de.
- **Helgoland-Touristik:** Lung Wai 27, Tel. 04725 808808. Hier werden Urlaubsquartiere aller Art vom Hotel bis zum Privatzimmer vermittelt und über aktuelle Veranstaltungen und Führungen informiert, ferner gibt es Tickets für die Bunkerführung und Helgoland-Mitbringsel.
- **Homepage der Insel:** www.helgoland.de, u.a. aktuelle Infos zu Abfahrtszeiten der Fähren, Veranstaltungen, Preisen und Wetter werden (auch per Aushang und über die Internetseiten der Fährgesellschaften).
- Es gibt vier elektronische **Info-Tafeln** auf der Insel: an den Fahrstühlen im Unter- und Oberland, an der Landungsbrücke, an der Anlegestelle im Dünenhafen.

Presse

Eine Insel-Zeitung gibt es auf Helgoland nicht, es sind die üblichen **Tageszeitungen und Magazine** des Festlands erhältlich. Man sollte sich jedoch darauf einstellen, nicht morgens schon zum Frühstück die tagesaktuelle Ausgabe kaufen zu können. Wie fast alle Waren kommen die Zeitungen per Flugzeug oder Schiff, und das dauert eben etwas länger.

Während der Saison liegt täglich das **Info-Blatt „Iip Lunn"** kostenlos an vielen Stellen auf der Insel aus, auch ein Abo per Mail (a.strutz@helgoland.de) ist möglich. Dort ist auch der jeweils aktuelle Veranstaltungskalender abgedruckt.

Gelegentlich erscheinen inselrelevante Berichte in der **„Niederelbe-Zeitung"**, auch die monatliche Abonnement-Zeitschrift **„Der Helgoländer"** ist eine Quelle für Informationen (mehr Infos zu beiden Publikationen auf www.nez.de).

Internetradio

Radio Ankerherz Helgoland, neben Internetradio sind auf der Website auch die aktuellen Schiffspositionen auf Helgoland zu sehen (Professor-Heinke-Straße 31, Tel. 04165 2238813, www.radioankerherz.de).

Gelegenheit zur Verschnaufpause im Kurpark

James Krüss – Poet, Geschichtenerzähler und Herausgeber

Der wohl berühmteste Inselsohn wurde als **James Jacob Hinrich Krüss** am 31. Mai 1926 auf Helgoland geboren, wo er seine Kindheit verbrachte. Die Zeit auf der Insel prägte ihn stark, er wuchs mit den beiden Muttersprachen Hochdeutsch und Halunder auf. Schon früh zeigte sich seine unglaubliche **Lust, mit der Sprache zu spielen, zu reimen und zu fabulieren.** Er selbst stellte fest, dass sich auf kleinen Inseln mit wenig Auslauf selbst das magerste Talent zur Fantasie bis an seine äußersten Grenzen ausbilden würde. „Und um das graue Gleichmaß von Ort und Zeit mit Farben zu beleben, tupft man Geschichten in den Tag. Da gedeihen dankbare Zuhörer und wirkungsvolle Erzähler ... Ich entwickelte beide Talente, das zum Zuhören und das zum Erzählen: Ohr und Auge waren geschichtengierig und ich schwindelte vollendet" (Zitat aus *Bettina Herres* Buch „James Krüss – Der Meister der Phantasie", Carlsen Verlag, Hamburg 2001). Dass er seine Insel liebte, kann man an diesen wenigen Zeilen erkennen:

„Irgendwo ins grüne Meer
Hat ein Gott mit leichtem Pinsel
Lächelnd, wie von ungefähr,
Einen Fleck getupft: Die Insel."

Nach seinem Mittelschulabschluss begann *Krüss* auf dem Festland eine Lehrerausbildung. 1944 meldete er sich freiwillig zum Kriegsdienst. Zunächst war er den Ideen des Nationalsozialismus gegenüber noch aufgeschlossen, aber spätestens nach dem Krieg änderte er seine Überzeugung vollständig. 1946 setzte er in Lüneburg sein Lehramtsstudium fort und veröffentlichte sein erstes Buch „Der goldene Faden". 1948 machte er sein Examen als Volksschullehrer, war in diesem Beruf allerdings nie tätig. Stattdessen zog er 1948 in die Nähe von Hamburg, wo er als **freier Schriftsteller und Journalist** arbeitete. Im selben Jahr noch gründete er die Zeitschrift „Helgoland. Ein Mitteilungsblatt für Halunner Moats", um bis 1951 für die auf dem Festland verstreut lebenden Helgoländer zu schreiben.

1949 zog *James Krüss* in die Nähe von München und lernte dort auch *Erich Kästner* kennen. Der erkannte sein Talent und ermutigte ihn stark, sodass er sich entschied, **Kinderbuchautor** zu werden. Er selbst sagte, dass er das „aus Spaß!" mache, weil er es liebte, seiner Fantasie freien Lauf zu lassen. So entstanden zahlreiche unterhaltsam lehrreiche Geschichten und Gedichte. *James Krüss* nahm Kinder stets ernst und wollte ihnen die Welt erklären und sie dazu ermuntern, ihren eigenen Weg zu finden. Er wollte aber keine heile Welt vorspielen, sondern auch zeigen, wann das Gute anfängt, böse zu werden. Er gibt Hoffnung, weil List und Klugheit in seinen Geschichten über Macht und Gewalt siegen. Ein schönes und kurzes Beispiel für seine „gesponnenen" Reime ist dieses Gedicht:

Wenn die Möpse Schnäpse trinken,
Wenn vorm Spiegel Igel stehn,
Wenn vor Föhren Bären winken,
Wenn die Ochsen boxen gehen,

Wenn im Schlafe Schafe blöken,
Wenn im Tal ein Wal erscheint,
Wenn in Wecken Schnecken stecken,
Wenn die Meise leise weint,

Wenn Giraffen Affen fangen,
Wenn ein Mäuslein Läuslein wiegt,
Wenn an Stangen Schlangen hangen,
Wenn der Bieber Fieber kriegt,

Dann entsteht zwar ein Gedicht,
aber sinnvoll ist es nicht!

James Krüss' erster Erzählband „Der Leuchtturm auf den Hummerklippen" erschien 1956. Richtig bekannt wurde er 1960, als er für „Mein Urgroßvater und ich" mit dem Deutschen Jugendbuchpreis ausgezeichnet wurde. 1962 veröffentlichte er sein inzwischen mehrfach verfilmtes Buch „Timm Thaler oder das verkaufte Lachen".

1966 zog *James Krüss* mit seinem Lebenspartner *Dario Francesco Perez Rodriguez* in das kleine Dorf La Calzada auf der spanischen Insel Gran Canaria. Mit diesem Schritt wollte er sich den Diffamierungen aufgrund seiner Homosexualität entziehen, die damals in Deutschland noch unter Strafe stand. Er arbeitete weiterhin als Erzähler, Übersetzer, Herausgeber und Illustrator, unternahm zahlreiche Reisen und kam häufig zu Lesungen, Preisverleihungen und Messen nach Deutschland zurück. 1984 erlitt *James Krüss* einen Herzinfarkt, der ihn zu einem ruhigeren Leben zwang. 1986 erhielt er die **Ehrenbürgerwürde Helgolands.** *James Krüss* starb am 2. August 1997 in seinem Haus auf Gran Canaria und wurde am 27. September 1997 vor Helgoland auf See bestattet.

Das **Museum Helgoland** informiert über sein Leben und Werk. Das Kernstück des schriftstellerischen Nachlasses – 700 seiner Kinderbücher in vielen Sprachen – wurde 1971 anlässlich seines 75. Geburtstages der „Internationalen Jugendbibliothek" in München übergeben. Vieles davon ist im „James Krüss Turm" des Blutenburger Schlosses zu sehen.

Mehr Informationen über James Krüss gibt es auf **www.jameskruess.de.**

Bücher von James Krüss am Museum Helgoland

222he mna

Mit Kindern unterwegs

Keine typische Kinderinsel

Es gibt **drei Spielplätze** auf Helgoland: auf dem Unterland am Südstrand, an der Lesehalle (Südstrand 248 A) beim Nord-Ost-Hafen und auf der Düne am Nordstrand. Ansonsten ist natürlich der **Strand auf der Düne** für Kinder das beste Revier zum Spielen.

Klima und Reisezeit

→ Die Nordsee/Wind und Wetter
→ Reisegepäck und Ausrüstung

Kommunikation unterwegs

Mobilfunk und WLAN

Während der Schifffahrt zur Insel ist der Mobilfunkempfang nicht immer gewährleistet und abhängig vom Mobilfunkanbieter. Das **Mobilfunknetz auf Helgoland** ist recht gut. Allerdings kann es in den Häusern, die sich auf dem Unterland direkt an der Felskante befinden, zu Problemen kommen. Die meisten Unterkünfte sind inzwischen mit **WLAN** ausgestattet. Die **Tourist-Information** stellt rund um das Rathaus und in der Gemeindebücherei ein kostenloses WLAN zur Verfügung. In verschiedenen Bereichen der Insel lässt sich für den Zugang zum Internet auch das öffentliche Netzwerk **„Freifunk Helgoland"** nutzen.

Spiel & Spaß ohne Grenzen auf dem Südstrand der Düne

141he_mna

LGBT+

Auf Helgoland ist der Umgang mit homo- und bisexuellen Menschen wie in ganz Norddeutschland relativ **entspannt.** Speziell für diese Zielgruppe ausgelegte Veranstaltungen gibt es auf der Insel jedoch nicht.

Notfälle

→ Geld
→ Gesundheit

Polizeinotruf 110

Die Polizeistation – auf Helgoland ist die **Wasserschutzpolizei** zuständig – befindet sich am Südhafen in der Hafenstraße 1078, Tel. 04725 800854-0.

- **Notruf Feuerwehr/Rettung:** 112
- **Notruf Krankenhaus** (Paracelsus-Klinik, Invasorenpfad): 04725 8030
- **Notärztlicher Bereitschaftsdienst:** 116117 (bundeseinheitliche Nummer)
- **Zahnarzt: Dr. Bert Müller,** Be de Spukkerbu 51 (Unterland), Tel. 04725 400, Sprechstunden nach Vereinbarung.
- **DGzRS – Deutsche Gesellschaft zur Rettung Schiffbrüchiger:** www.seenotretter.de, Tel. 0421 536870 (Notruf und zentrale Einwahl), UKW-Kanal 16 (Rufname: Bremen Rescue, ständige Hörwache).
- **DRK – Deutsches Rotes Kreuz:** Erste-Hilfe-Station auf der Landungsbrücke, Tel. 04725 7656. Betreuung von Seekranken und Ausgabe entsprechender Tabletten, Verleih von Rollstühlen, Gehhilfen und Kinderbuggys in der Zeit vom 1.5. bis 30.9. von 11 bis 17 Uhr.
- **Fundbüro:** Rathaus, Lung Wai 27, Tel. 04725 80303, Mo–Fr 9–12 Uhr

[>] Der Leuchtturm der Hauptinsel im warmen Abendlicht

260he mna

Karten-sperrung

Bei **Verlust oder Diebstahl** der Kredit- oder Debitkarte sollte man diese umgehend sperren lassen und zudem den Verlust oder Diebstahl bei der **Polizei** zur Anzeige bringen, damit man auch bei Lastschriftverfahren mittels Unterschrift eventuelle Ansprüche zurückweisen kann. Tipp: Die Notrufnummer mit IBAN bzw. Kreditkartennummer u.a. im Handy speichern.

- **Deutscher Sperrnotruf:** 116116

Ein beliebtes Törnziel: der Nord-Ost-Hafen auf Helgoland

he_026 mna

Öffnungs- und Ruhezeiten

Öffnungszeiten

Die Geschäfte haben **während der Hauptsaison länger** und häufiger geöffnet als im Winter. Viele verkaufen ihre Waren auch sonntags, manche haben über Mittag geschlossen. Die „normalen" Öffnungszeiten sind Montag bis Samstag von 9 oder 10 bis 12 oder 13 Uhr, von Montag bis Freitag auch nachmittags ab 15 bis 18 oder 19 Uhr. Es ist möglich, dass das ein oder andere Geschäft schon um 17 Uhr schließt, weil dann die Tagesgäste die Insel verlassen haben.

he_028 mna

Ruhezeiten

Von 22 bis 8 Uhr und zwischen 12.30 und 13.30 Uhr soll es auf Helgoland still sein – mit Ausnahme der ausgewiesenen Gewerbegebiete. Dann darf kein Bau- oder Maschinenlärm die Ruhe stören, auch Singen, Musikdarbietungen und lautes Schreien sind untersagt.

Kurze Ruhestörung: Flugzeug im Landeanflug auf der Düne

Post

Postfiliale

Helgoland hat keine eigene Postfiliale mehr, sodass Sendungen nur noch über das **Zollpostamt** (s.u.) aufgegeben werden können. Dort lassen sich auch Briefmarken kaufen.

Zollpostamt

Alle Sendungen, die über ein schlankes Briefformat hinausgehen, müssen, um Schmuggel per Post zu verhindern, über das **Zollpostamt** geleitet werden, da auf Einkäufe auf Helgoland **keine Mehrwertsteuer** erhoben wird. Die Sendung ist deshalb offen einzuliefern, wird von den Beamten inspiziert und mit einem grünen Zollsiegel versehen. In den offiziellen Broschüren ist darüber nichts verzeichnet, wer sich oder anderen jedoch eine das Briefformat überschreitende Sendung zuleiten möchte, kommt um den Zoll nicht herum und sollte deshalb darüber informiert sein. Das Zollamt (Tel. 04725 1537) befindet sich am Südstrand 1 gegenüber dem Hotel Rickmers Insulaner. Öffnungszeiten: Montag bis Samstag von 8.30 bis 11 Uhr.

Rauchen

Verboten

Auf Helgoland gilt das Nichtraucherschutzgesetz Schleswig-Holsteins. In allen öffentlichen Gebäuden, Kneipen, Cafés und Restaurants ist das Rauchen grundsätzlich verboten; **Ausnahmen** sind besonders ausgewiesene Nebenräume und reine Raucherkneipen. Zigarettenstummel dürfen nicht auf der Straße oder am Strand entsorgt werden, sondern müssen in den Hausmüll oder die öffentlichen Abfallbehälter geworfen werden.

he_025 mna

Reisegepäck und Ausrüstung

→ Die Nordsee/Wind und Wetter

Wetterfeste Kleidung

Es ist empfehlenswert, sich bei einem Inselaufenthalt mit seiner Kleidung auf **Wetterwechsel** einzustellen. In der Regel ist es am Wasser deutlich windiger als im geschützteren Inselinneren. Windfeste Kleidung und eine **Regenjacke** sollten deshalb immer dabei sein – auch im Hochsommer. Durch den sogenannten Windchill-Faktor fühlen sich besonders am Strand die Temperaturen immer ein paar Grad kühler an.

Sehr bewährt hat sich in allen Jahreszeiten das **Zwiebelprinzip**, bei dem man Kleidung in mehreren Schichten übereinander trägt und bei Bedarf auch schnell ablegen kann. Beispielsweise beginnt man im Sommer mit dünner Unterbekleidung wie einem T-Shirt und einer „Zip-off-Hose", bei der sich der untere Teil mittels Reißverschluss abtrennen lässt. Darüber trägt man ein windfestes, wärmeres Oberteil, z.B. eine Softshell-Jacke oder einen Fleece-Pullover und eine dünne, winddichte Jacke. Den Abschluss bilden Regenjacke und -hose. Ein Loopschal rundet das ganze ab, er kann flexibel als Mütze oder um den Hals getragen werden, und schon ist man auf alle Wetter bestens vorbereitet. Im Winter lassen sich mit stärker wärmenden Kleidungsstücken auch längere Strandspaziergänge sehr gut aushalten. Dann sollten natürlich Mütze, Schal und Handschuhe nicht fehlen.

☐ Frische Meeresluft und die Abwesenheit von Verbrennungsmotoren sorgen für ein gesundes Klima (im Bild Gepäcktransport mit E-Auto)

Sicherheit

Sicheres Reiseziel

Auf Helgoland gibt es **selten Gewalttaten,** noch seltener Einbruchdelikte und Diebstahl. Auf dem Campingplatz sind die Nachbarn nicht nur hilfsbereit, sondern passen in der Regel auch gut aufeinander auf. Trotzdem sollte man darauf achten, dass die **Geldbörse nicht unbewacht** am Strand verbleibt, während man sich im kühlen Nass an einem erfrischenden Bad erfreut.

Sonnen- und Windschutz – zwei Strandkörbe im hellen Sand der Düne

118he_mna

Sicherheit am Strand

Am Strand stehen lange Pfähle mit dreieckigen Schildern, die **SOS-Punkte,** auf denen sich Buchstaben befinden. Diese Hinweistafeln kennzeichnen die **Hochwasserlinie,** bis zu welcher bei normaler Tide das Wasser steigt. Beim **Strandspaziergang** sollte man diese Tafeln immer in **Sichtweite** haben. Auch auf vielen Bänken sind SOS-Punkte mit Angaben zum Standpunkt zu finden. Im Notfall ruft man 112 an und gibt die SOS-Punkt-Bezeichnung durch. Dies erleichtert den anrückenden Einsatzkräften die zielgerichtete Anfahrt und spart wertvolle Zeit.

Gefahren beim Baden

Strömungen

Beim Baden unabsichtlich in Gefahr zu geraten, ist leider ziemlich leicht, denn das Meer mit seinen Strömungen wird gern unterschätzt. Auch wenn das Wasser ruhig erscheint, tut sich unter der Oberfläche eine Menge. Deshalb ist es wichtig, die aktuellen Tidenzeiten zu kennen. Es ist (überlebens)wichtig, die örtlichen Verhältnisse genau abschätzen zu können, um gar nicht erst in eine Gefahrensituation zu kommen. Wer **nicht schwimmen kann,** geht am besten nur **mit den Füßen** ins Wasser. Aber auch wenn man schwimmen kann und zu weit hinaustreibt, besteht die Gefahr, in den Sog der Gezeiten zu geraten. Dann ist es aber in der Regel zu spät, denn gegen die starken Strömungen im Wattenmeer lässt sich nicht mehr anschwimmen. Man wird unweigerlich mitgetragen und kann weit auf das offene Meer gelangen. Dort ist die Überlebenschance gering. Selbst an warmen Tagen beträgt die Überlebenszeit maximal sechs bis zwölf Stunden.

Schwimmen geht man deshalb am besten am ausgewiesenen **Badestrand.** Die **Badezeiten** werden per Aushang bekanntgegeben. Auch die Strandkorbvermietung und die Touristinformation informieren über die aktuellen Badezeiten. Diese sind zur eigenen Sicherheit unbedingt einzuhalten. Die **Rettungsschwimmer der DLRG** halten während der Saison Wache, beobachten die Badenden und nutzen auch das Megafon, um auf Gefahrensituationen aufmerksam zu machen. Diese Ansagen sollten sehr ernst genommen werden.

Die Flaggen, die am Badestrand gehisst sind, setzen ebenfalls Signale. Weht die **rot-gelbe Flagge,** bedeutet das, dass dieser Strand gerade von Rettungsschwimmern bewacht wird. Badegäste werden also bei Gefahr in Sicherheit gebracht. Wenn diese Fahnen direkt an der Strandlinie stehen, grenzen sie die Badezone ab, außerhalb dieses Gebiets ist Baden verboten. Die **gelbe**

133he_mna

Flagge signalisiert, dass keine guten Badebedingungen herrschen und das Schwimmen sehr anstrengend werden kann. Kinder, Senioren und weniger gute Schwimmer sollten dann zu ihrer eigenen Sicherheit besser an Land bleiben. Die **rote Flagge** bedeutet, dass Schwimmen und Baden verboten sind. Sie weht bei starkem Wind oder starker Strömung. Die **schwarz-weiß karierte Flagge** markiert spezielle Zonen für Wassersportgeräte wie Kites oder Surfboards. Dort darf natürlich auch nicht gebadet werden. Weht eine **blaue Flagge,** hat das mit dem eigentlichen Baden nichts zu tun. Sie ist das Gütesiegel für besonders umweltgerechte Gewässer. Es wird vergeben, wenn eine hohe Wasserqualität vorhanden ist, hohe Sicherheitsanforderungen erfüllt werden und viele Besucherinformationen vor Ort zu finden sind.

⌃ Brandung an Helgolands Südstrand

〉 Training für die Börteboot-Regatta

Krämpfe

Eine weitere Gefahr beim Baden sind Krämpfe in **Füßen oder Beinen,** die einen überall und in jedem Moment ereilen können – das passiert auch durchtrainierten Menschen. Das beste Mittel in einer solchen Situation ist die **Rückenlage,** aus der man versuchen kann, das betroffene Bein auszustrecken und durchzudrücken. Wenn man es schafft, die Zehen mit den Fingern in Richtung Kopf heranzuziehen, ist der Krampf schnell vorbei. Falls das nicht gelingt, hilft nur Winken und Rufen, um auf sich aufmerksam zu machen und Hilfe herbeizuholen.

Quallen

Auch in der Nordsee gibt es Quallen. Einige von ihnen verursachen **juckende Ausschläge,** sofern man mit ihren **Nesselfäden** in Berührung kommt. Diese sind im Wasser kaum zu sehen und selbst wenn die Quallen tot am Strand liegen, können sie bei einer Berührung noch brennenden Hautausschlag auslösen. Deshalb sollte am besten jeder Hautkontakt vermieden werden. Besonders aggressiv reagiert die Haut auf das Sekret der Kompassqualle sowie der Gelben und Blauen Haarqualle, auch Nesselqualle genannt. Die Quallen haben einen Durchmesser von 30 bis 50 Zentimetern, aber ihre Nesselfäden sind deutlich länger. Besser ist es, um Quallen einen weiten Bogen zu machen und sie keinesfalls anzufassen.

253he_mna

he_029 rs

Kommt es doch einmal zu einer schmerzlichen Begegnung, sollte man das Wasser umgehend verlassen und die Stelle **mit reichlich nassem Sand abreiben,** dann passiert meist nicht so viel. Um den Sand nass zu machen, sollte man Meerwasser verwenden, **keinesfalls Süßwasser.** Ausgezeichnete Abhilfe schafft auch Essig. Wer vorbeugen will, kann Rasierschaum im Badegepäck mit sich tragen. Dick auf die betroffene Stelle aufgetragen, hilft er, die Schmerzen zu lindern.

Unterkühlung

Ein zu langer Aufenthalt im Wasser kühlt aus – erkennbar ist das an **blauen Lippen.** Aber auch ein langer Winterspaziergang bei Minustemperaturen oder viel Wind kann zur Auskühlung führen. Dagegen hilft nur, sich in eine warme Decke zu kuscheln und von innen Wärme zu erzeugen. Alkohol ist in diesen Momenten kein gutes Rezept. Beim Trinken wird zwar zunächst ein wärmendes Gefühl erzeugt, der Schein trügt jedoch. Durch den Alkoholgenuss öffnen sich die Hautporen, was zu weiteren Wärmeverlusten führt. Innere Wärme wird am besten mit einem **Heißgetränk** erzielt.

Start zum Helgoland-Marathon, der jedes Jahr stattfindet

Sport und Aktivitäten

→ Feiertage, Feste und Events
→ Sicherheit/Gefahren beim Baden

Angeln

Wer keinen **Angelschein** hat und mal vom Ufer aus sein Glück versuchen möchte, bekommt im Bürgerbüro eine Ausnahmegenehmigung für die Benutzung einer Handangel (Rathaus, Lung Wai 28, Tel. 04725 80303). In den **Naturschutzgebieten** (siehe Karte „Naturschutzgebiete") ist Angeln streng verboten.

Angelfahrten mit dem Boot lassen sich abhängig vom Wetter von Mai bis September in den Hummerbuden bei den Fischern buchen.

Bolzplatz

Im Grünbereich des Mittellandes (hinter der Paracelsus-Klinik) wird gekickt.

Boule

„Allez les boules" – die Kugeln rollen auf dem **Bouleplatz im Kurpark,** Gäste sind herzlich willkommen (April bis Okt. Mi und Sa ab 17 Uhr). Boulekugeln können ausgeliehen werden. Ansprechpartner, auch für private Turniere, sind *Beate* und *Dag Richter,* Tel. 04725 8008360, www.bouleaufhelgoland.de.

Bücherei

Die Gemeindebücherei ist **am Nord-Ost-Hafen** zu finden, Öffnungszeiten und Termine für Veranstaltungen hängen vor Ort aus (Tel. 04725 808308, buecherei-helgoland@t-online.de). Am Anleger auf der Düne gibt es zudem einen **Leseraum.** An der frischen Luft entspannt lesen kann man auf einer der Bänke im etwas versteckt gelegenen **Kurpark.**

Fitness und Bodybuilding

Das **im Kurmittelhaus** gelegene **Fitness-Studio „Fit & Fun"** ist ganzjährig geöffnet (genaue Öffnungszeiten siehe Aushang oder www.helgoland.de; Kurpromenade 6, Tel. 04725 800707, www.kurmittelhaus-helgoland.de). Auch der **Bodybuilding-Club Helgoland Südhafen** befindet sich Kurmittelhaus (Kurpromenade 6, Tel. 0174 1907989).

Gymnastik/ Aquafit

Von Juni bis September kann man an den Stränden der Düne und im Meerwasserschwimmbad mare frisicum an **kostenlosen Gymnastikprogrammen** teilnehmen. Die genauen Zeiten sind im Veranstaltungsprogramm zu finden (erhältlich auch in der Helgoland-Touristik, Lung Wai 17).

Minigolf

Von März bis Oktober kann im **Kurpark** im Miniformat gegolft werden. Öffnungszeiten und Preise siehe Aushang, Infos unter Tel. 0152 53567290.

Schach

Ein **öffentliches Schachbrett im Großformat** ist im Kurpark zu finden.

Schwimmbad

Helgolands Schwimmbad heißt **mare frisicum Spa Helgoland,** liegt auf dem Nord-Ost-Gelände und bietet ganzjährig ein beheiztes Innenbecken und von Mai bis Oktober auch ein Außenschwimmbecken sowie einen Plantschbereich für die Kleinsten an. Auf der Dachterrasse gibt es einen Whirlpool und die Saunalandschaft mit Ruhebereich, teilweise sogar Meerblick.

- **Informationen:** an der Schwimmbadkasse unter Tel. 04725 814611 und unter www.helgoland.de; bei Redaktionsschluss waren Schwimmbad und Sauna Mo bis Do 12–18 Uhr und Fr 12–21 Uhr geöffnet.
- **Preise Schwimmbad:** Für 2 Std. zahlen Kinder und Jugendliche bis 16 J. 3,50 €, Erw. 5,50 €, Familien (2 Erw., mind. 1 Kind) 14 €, Tageskarten kosten entsprechend 8, 10 und 26 €.
- **Preise Sauna:** Erw. 12 €, Familien (2 Erw., mind. 1 Kind) 26 €, jeweils für 4 Std., Tageskarten entsprechend 20 € und 38 €.

Heiraten auf Helgoland

Wer an einem ganz besonderen Ort heiraten möchte, kann dies auf Helgoland **in zwei Hummerbuden** des Museumsvereins Helgoland im Binnenhafen tun. „Grün ist das Land, rot ist die Kant, weiß ist der Sand. Das sind die Farben von Helgoland." Und darüber liegt das Blau des Himmels – besser geht es kaum. Nur schriftliche Anfragen werden beantwortet und Termine nach Vereinbarung getroffen. **Kontakt:** Standesamt, Lung Wai 28, 27498 Helgoland, standesamt@gemeinde-helgoland.de, www.helgoland.de. Die Helgoland-Touristik ist bei der Planung der Anreise und Unterkunft behilflich. Es gibt auch spezielle Arrangements für Hochzeitspaare. **Hochzeitsfotografen** sind:

- **Ralf Steinbock:** Kontakt über Hotel Quisisana, Am Südstrand 32, Tel. 04725 81300, www.hotel-quisisana-helgoland.de.
- **Lilo Taddday:** Hummerbude 36, Tel. 04725 217, www.tadday-foto.de.

Segeln

Aufgrund seiner Besonderheit als Hochseeinsel ist Helgoland unter Seglern ein beliebtes Ziel. **Segelkurse** bietet die Hochsee-Jachtschule Helgoland an, Tel. 04725 800777.

Surfen und Kajakfahren

Eine Surfmöglichkeit gibt es am **Nordstrand der Düne,** ansonsten ist Wassersport wegen der Naturschutzgebiete kaum möglich. Es können keine Kajaks und Surfbretter gemietet werden.

Tauchen

Aufgrund der naturschutzrechtlichen Bestimmungen ist das Tauchen rund um Helgoland und an der Düne **nicht erlaubt.**

Tennis

Zwei Tennisplätze mit Kunststoffbelag liegen etwas versteckt hinter der Nordseehalle (Museum) am Kurpark. Infos und Buchung bei *Heiner Stepper,* Tel. 04725 1225, mobil 0175 5621454. Zeiten, Termine und Preise auf Anfrage.

☐ Sport und Aktivitäten, Kunst und Kultur, Feste und Events – kleine Insel, großes Programm (im Bild Konzert von Johannes Oerding)

033he rs

Helgolands Gotteshäuser

Die **evangelische Kirche St. Nicolai** auf dem Oberland ist mit einem markanten spitzen Turm schon von Weitem zu sehen (siehe Bild unten). Die **katholische Kirche St. Michael** liegt ganz in der Nähe. Die Programme beider Kirchen werden im Veranstaltungskalender bekannt gegeben und sind auch im Internet zu finden.

■ **Ev.-luth. Kirchengemeinde St. Nicolai,** Schulweg 648, Tel. 04725 301, www.kirche-helgoland.de, Gottesdienst So 10 Uhr.
■ **Röm.-kath. Gemeinde St. Michael,** Karkiar-Spichal-Goat 584, Tel. 04725 7277, www.erzbistum-hamburg.de, Gottesdienst So 10 Uhr, Abendandacht Mi und Fr 18 Uhr, im Sommer auch Sa 18 Uhr.

247he mna

Themenweg

Ein **kulturhistorischer Themenweg** informiert über verschiedene Künstler, die im Lauf der Geschichte auf Helgoland waren. Infos dazu sowie eine Karte mit den einzelnen Stationen sind in der Helgoland-Touristik erhältlich.

Trampolinspringen

Am Minigolfplatz auf dem Nord-Ost-Gelände ist während der Saison eine **Trampolinanlage** aufgebaut. Kontakt über *Nobby Drechsler,* Tel. 0152 53925973.

Führungen und Rundfahrten

Die **Tourist-Information** bietet ein **abwechslungsreiches Programm** verschiedenster Führungen an, die Tickets müssen vorher dort gekauft werden (Preise zwischen 8 und 15 €). Tickets für die Naturführungen mit dem Verein Jordsand lassen sich vorab in der Hummerbude 35 erwerben.

Architekturführung

In unregelmäßigen Abständen finden durch die Kurverwaltung organisierte **geführte städtebaulich-historische Rundgänge zum Architekturkonzept** statt. Die aktuellen Termine sind im Aushang zu finden oder im Internet unter www.helgoland.de (10 € pro Person, Teilnahme ab 14 J.). Wer sich dem Thema auf eigene Faust nähern will, erfährt über den **Architektur-Rundweg** auf 15 Stationen Wissenswertes zur Architekturgeschichte. Den Plan dazu sowie eine kurze Beschreibung der einzelnen Stationen gibt es bei der Helgoland-Touristik im Rathaus.

☑ Börte-Bahn an der Landungsbrücke

46he mna

Bunkerführung

Eine spannende Tour durch das **weit verzweigte Tunnel- und Stollensystem** im Inneren der Felseninsel findet in der Saison täglich statt. Kartenverkauf in der Helgoland-Touristik: 12,50 € pro Person, maximal 25 Personen, Kinder unter 10 Jahren dürfen nicht teilnehmen. Die Touren erfreuen sich großer Beliebtheit, deshalb Karten rechtzeitig reservieren (siehe auch „Sehenswertes"). Die Führungen durch den Bunker können nicht von Tagesgästen gebucht werden, da die Führungszeiten nicht zu den Aufenthaltszeiten der Tagesgäste passen. (Nicht nur) Tagesgäste können sich aber im neuen Bunkerstollen auf dem Unterland einen Eindruck von Helgolands Unterwelt verschaffen.

Inselführung

Immer samstags um 11 Uhr startet auf dem Nordseeplatz beim Musikpavillon eine 1½ Stunden dauernde **allgemeine Inselführung.** Tickets dafür gibt es in der Tourist-Information (Erw. 10 €, Kinder 6–16 J. 8 €, Mindestteilnehmerzahl 8 Personen).

In Kooperation mit „de green steer", was so viel heißt wie „der grüne Stern", wird eine Inselführung angeboten, in der sich Helgoland als moderner und nachhaltiger Natur-, Forschungs-, Gesundheits- und Offshorestandort präsentiert – eben als grüne Insel. Für diese 1½-stündigen **„Green Lunn"-Touren** muss man sich vorher bei der Tourist-Information anmelden und dort auch das Ticket kaufen. Sie beginnen montags und donnerstags um 10 Uhr am Lummenfelsen (Erw. 10 €, Kinder 6–16 J. 8 €).

Naturführung

In den drei **Helgoländer Schutzgebieten** „Lummenfelsen", „Helgoländer Felssockel" und „Helgoländer Düne" lassen sich Seevögel, Kegelrobben und Seehunde sowie Tangwälder deutschlandweit einzigartig aus unmittelbarer Nähe erleben. Der **Verein Jordsand** (Hummerbude 36, Tel. 04725 7787, www.jordsand.de) bietet ganzjährig **naturkundliche Führungen** auf der Düne an. **Lummenfels-Führungen** finden von Mai bis August statt, **Zugvogelführungen** vom 1. März bis 15. Juni und vom 1. September bis 15. November. Die **Tickets** für die Führungen vom Verein Jordsand müssen vorher in der Hummerbude 36 gekauft werden (Dünenführung inklusive Fährticket: 15 € Erw., 9 € Kinder bis 18 J.; andere Führungen: Erw. 10 €, Kinder 6–16 J. 7 €). Der Verein freut sich über Spenden, mit denen er seine Arbeit finanziert. Informationen über die Termine stehen auf der Internetseite. Die **Ausstellungsräume in der Hummerbude 36** informieren über die Natur auf Helgoland, einen besonderen Schwerpunkt bildet die Vogelwelt. Geöffnet ist Di bis So 9.30–12 und 13–16 Uhr.

Der **Verein Jordsand** engagiert sich seit 1907 in heute 21 Naturreservaten für den See- und Küstenvogelschutz sowie für den Naturschutz im Großraum Hamburg und an der Küste von Nord- und Ostsee. Seine Umweltschutzarbeiten sind überwiegend praktischer Natur, er beseitigt Müll, engagiert sich im Küstenschutz und beringt Vögel. Namensgeber ist die untergegangene danische **Hallig Jordsand** zwischen der Nordspitze Sylts und dem Festland. Das erste Schutzgebiet des Vereins gehört heute zu Dänemark. Im Jahr 1909 kaufte der Verein die Hallig Norderoog (südwestlich von Hallig Hooge), die damit erste und einzige deutsche Hallig, die einem Vogelschutzverein gehört.

Die **Tourist-Information** veranstaltet im Winter **Führungen auf der Düne** (Preise: 15 € Erw., 9 € Kinder von 6–16 Jahre inkl. Fährticket).

Vogelwarte

Vom 15.3. bis 31.10. bietet das **Institut für Vogelforschung „IfV Vogelwarte Helgoland“** jeden Di und Fr um 16.30 Uhr eine **Führung** an. Treffpunkt ist am Eingang, die Führungen beginnen pünktlich! Es wird über die Beringung der Vögel und die wissenschaftliche Arbeit berichtet, ein Rundgang durch den „Fanggarten“ bildet den Abschluss. Die Führungen sind kostenlos, Spenden dafür gern gesehen. Mehr Infos auf www.ifv-vogelwarte.de oder unter Tel. 04725 64020.

Wer-weiß-denn-sowas-Tour

Mit dieser Tour können Familien und kleine Gruppen die Insel auf **spannende und spielerische Weise** entdecken. Sie erfahren historisches Wissen und unterhaltsame Geschichten auf eine außergewöhnliche Art. Die Sets dafür gibt es für 5 € in der Tourist-Information (man benötigt ein Smartphone).

Katamaran-Ausflüge

In der Saison bietet die **Reederei FRS** an ausgewählten Terminen 90-minütige Ausflugsfahrten zu den Windparks an, Erwachsene zahlen 38 €, Kinder 20 €. Aktuelle Termine unter www.helgoline.de, über die Website lassen sich auch die Tickets buchen. Tickets und Informationen auch unter Tel. 0461 86444 und an den Fahrkartenschaltern der FRS Helgoline.

Börteboote

Während der Saison legen die **traditionellen Börteboote** mehrmals täglich vom Nord-Ost-Hafen oder der Landungsbrücke aus für **Inselrundfahrten** ab. Ob man im oder gegen den Uhrzeigersinn um die Insel fährt, hängt von Wind und Wetter ab. Das Erlebnis ist seinen Preis wert: Karten ab 25 € (Erw.), Kinder ab 17 €; abendliche „Sundowner-Fahrten“ kosten 35 bzw. 30 €. Die

Preise der einzelnen Anbieter sind unterschiedlich. Karten gibt es direkt am Kai oder über die Helgoland-Touristik, Tel. 04725 8137-0, oder Inselrundfahrten Helgoland, Tel. 04725 8008605. Die Abfahrtszeiten hängen auch am Kai aus. Wasser- und windfeste Kleidung ist empfehlenswert.

Der **Verein zum Erhalt Helgoländer Börteboote e. V.** setzt sich für den Erhalt der traditionellen Eichenholzboote ein und hat den Status eines UNESCO-Weltkulturerbes erhalten.

- **Informationen** unter www.vzehb.de.

Rundflüge

Rundflüge **über die Insel** und zu den **Windparks** werden vom **OFD** ab Flugplatz auf der Nebeninsel Düne angeboten, sofern mind. sechs bis acht Personen teilnehmen. Der Inselrundflug dauert 20 Minuten und kostet 64 €, der Windparkrundflug dauert ebenfalls 20 Minuten und kostet 95 € (jeweils pro Person, zuzüglich Luftverkehrssteuer). Die Flüge werden mit einer zweimotorigen *Britten Norman Islander* durchgeführt.

- **Informationen** unter Tel. 04725 411, 04921 89920 oder www.fliegofd.de.

Strände

Badestrände auf der Nebeninsel Düne

Auf der Düne kann man an zwei Stränden plantschen und schwimmen gehen. Am **Südstrand** ist familienfreundliches und ruhiges Wasser zu finden, während am **Nordstrand** die gischtende Brandung lockt. Auch ein FKK- bzw. „Mixed"-Bereich ist ausgewiesen. Die Strände sind während der Saison bewacht, und es gelten **Badezeiten.** An beiden Dünenstränden (und auch im Schwimmbad) kann man **Strandkörbe ausleihen.** Zu beachten sind die deutlichen **Bade- und Warnsignale.**

[>] An Helgolands Promenade am Südstrand reihen sich Hotels aneinander

030he mna

Preise Strandkörbe

- Tageskarte Mai bis Mitte Juni, Mitte Sept. bis Mitte Oktober (NS): 8 €
- Tageskarte Mitte Juni bis Mitte September (HS): 9,50 €
- Mehrtageskarte bis fünf Tage: NS 40 €, HS 48 €
- Wochenkarte Mai bis Mitte Juni, Mitte September bis Mitte Oktober (NS): 44 €
- Wochenkarte Mitte Juni bis Mitte September (HS): 52 €
- Saisonkarte (übertragbar): 295 €
- Spättarif ab 15 Uhr 9 €

Sprache

Halunder

Auf Helgoland wird in der Regel **Hochdeutsch** gesprochen. Das **Inselfriesisch** heißt „Halunder", doch der Personenkreis, der die frühere Muttersprache der Insulaner aktiv beherrscht, wird immer kleiner.

→ Menschen und Kultur/Inselfriesisch

Unterkunft

→ Camping

Knapp 2800 Gästebetten

Unter den knapp 2800 Helgoländer Gästebetten in **Hotels, Pensionen, Apartments und Privatzimmern** ist für jedes Budget etwas dabei. Insbesondere zur Hauptsaison und in den Ferienzeiten empfiehlt sich eine **frühzeitige Buchung.** Die Insel verspricht **Ruhe,** sodass man auch in der Unterkunft kaum über Lärmbelästigung klagen wird. Für **Zimmer mit Seeblick** sind die Preise in der Regel höher. Die Wege sind grundsätzlich nicht weit – auf Helgoland liegt alles nah beieinander …

Eines sollte man jedoch auf Helgoland nicht erwarten: viel **Platz.** Auf dem kleinen Eiland wurde und wird versucht, so viele Zimmer wie möglich für Gäste bereitzuhalten, entsprechend eng kann es werden. Gerade ältere Unterkünfte oder Ferienwohnungen entsprechen nicht unbedingt „modernen" Standards und Zimmergrößen.

Unterkunft buchen

Gastgeberverzeichnis

Das Gastgeberverzeichnis von Helgoland bietet nicht nur eine gute Übersicht über verschiedene Übernachtungsmöglichkeiten, sondern auch jede Menge **Wissenswertes rund um die Insel.** Es ist auch als **Online-Katalog** auf www.helgoland.de erhältlich. Über die entsprechenden Kontaktdaten der Unterkünfte kann man sich vor dem Urlaub bereits informieren, ob sie im gewünschte Zeitraum noch frei sind und das Angebot den individuellen Wünschen entspricht. Es lässt sich auch direkt über die **Kurverwaltung Helgoland** buchen unter Tel. 04725 8137-0, info@helgoland.de und zimmervermittlung@kurverwaltung-helgoland.de. Die Helgoland-Touristik organisiert auf Wunsch auch die Hin- und Rückreise per Seebäderschiff, Katamaran oder Flugzeug. Viele Vermieter bieten die Buchung der Unterkunft auch über die gängigen Online-Plattformen an (siehe rechts).

Preise

Bei der Auswahl der passenden Unterkunft muss zunächst entschieden werden, ob sie auf dem **Unterland** oder dem **Oberland** liegen soll – das Helgoländer Unterkunftsangebot unterscheidet diesbezüglich sehr sorgfältig. In einem **Bungalow-Dorf** auf der Düne wohnt man in komfortablen Holzhäusern in unmittelbarer Nähe zum Strand. Auf dem Campingplatz nahe dem Nordstrand der Helgoländer Düne folgen sogenannte **Wikkelhouses** dem Tiny-House-Trend.

Unterkünfte – Preiskategorien im Buch

① **30–50 €**
② **50–70 €**
③ **70–90 €**
④ **über 90 €**

Wie überall variieren die Preise zwischen den einzelnen Saisonzeiten, am **teuersten** ist es in der Hochsaison während der Sommerferien und zum Jahreswechsel. Die Beherbergungsbetriebe handhaben die Kategorisierung unterschiedlich. Man kann sich aber daran orientieren, dass die **Hauptsaison** spätestens zum 1. Mai beginnt und im Oktober endet. Das Gastgeberverzeichnis informiert genau über Preise und Saisonzeiten. Weitere Informationen auch über www.helgoland.de. **Die hier definierten Preiskategorien beziehen sich auf die Übernachtung pro Person im Doppelzimmer während der Hauptsaison.** Sie dienen lediglich der besseren Orientierung. Bitte vor der Buchung noch einmal genau nachzufragen, was alles im Preis enthalten ist.

Überblick Buchungsportale

Als **Ergänzung** zu den sorgfältig zusammengetragenen Unterkunftsempfehlungen in diesem Buch können Buchungsportale wie booking.com, hrs.de, Agoda.com oder AirBnB.de bei der Wahl des Hotels, Apartments oder der Pension helfen. Die Plattformen arbeiten mit Unterkünften aller Art zusammen und machen diese für Reisende leicht auffindbar. **Bewertungen, Fotos und Filtermöglichkeiten** nach zahlreichen Details helfen bei der Auswahl. Auch der Kontakt zwischen Vermietenden und Unterkunftssuchenden sowie die Bezahlung können über die Plattformen abgewickelt werden.

Eine gewisse **Vorsicht** ist bei der Benutzung dennoch geboten. Wann immer möglich, sollten die Angaben mit zusätzlichen Quellen überprüft werden. Sind die Bewertungen wirklich auf allen Plattformen und Suchmaschinen so gut? Sind sie so zahlreich, dass ein Missbrauch unwahrscheinlich ist? Weshalb genau fanden die Bewertenden die Unterkunft gut und stimmt das mit meinen Interessen überein? Häufig hilft die jeweils eigene Internetseite der Unterkunft, Google Street View oder ein Anruf, um genauere Infos zu bekommen.

Wem **einzelne Aspekte** besonders wichtig sind, der sollte auf jeden Fall genau prüfen. Auch der angepriesene „Bestpreis" und die durch die Plattformen suggerierte knappe Verfügbarkeit lösen sich bei einem Anruf vielleicht in Luft auf, weil die Vermietenden einen eigenen günstigen Preis bieten, um sich die teure Vermittlungsprovision an die Plattform zu sparen.

Hotels und Pensionen

Gastgeber-verzeichnis

Die nachfolgenden Unterkünfte sind nach Alphabet geordnet und nicht gewertet. Das offizielle Gastgeberverzeichnis gibt einen guten **Überblick,** ist aber nicht unbedingt vollständig. Viele Hotels bieten auch Apartments an. Es wird zwischen Unterkünften im Unterland und im Oberland unterschieden, die im Oberland sind gelegentlich etwas günstiger.

Willkommen auf Helgoland (Landungsbrücke und Unterkünfte)!

47he mna

In der nachstehenden Liste beziehen sich die vorangestellten **Ziffern** auf die Verortung der Betriebe im **Plan auf S. 132.**

Oberland

Unser Tipp: 8 **Hotel auf den Hummerklippen**③, Am Falm 302, Tel. 04725 81400, www.hotel-hummerklippen.de. Alle Zimmer, benannt nach berühmten Autoren, die auf oder über Helgoland geschrieben haben, sind modern und geschmackvoll eingerichtet. Frühstück im Timm-Tahler-Raum. 41 Betten.

4 **Haus Felsen-Eck**③, Norderfalm 322, Tel. 04725 234, www.felsen-eck-helgoland.de. Hotel garni in wunderbarer Lage direkt am Falm mit prächtigem Blick über das Unterland und auf die Düne. Das Haus liegt am Felsenrand. 19 Betten.

6 **Hotel Meeresblick**②, Am Falm 305, Tel. 04725 811180, www.meeresblick-helgoland.com. Das Haus gehört zum danebenliegenden Hotel und Restaurant Zum Hamburger und bietet einen einzigartigen Meerblick. 30 Betten.

Helgoland Unterkunft

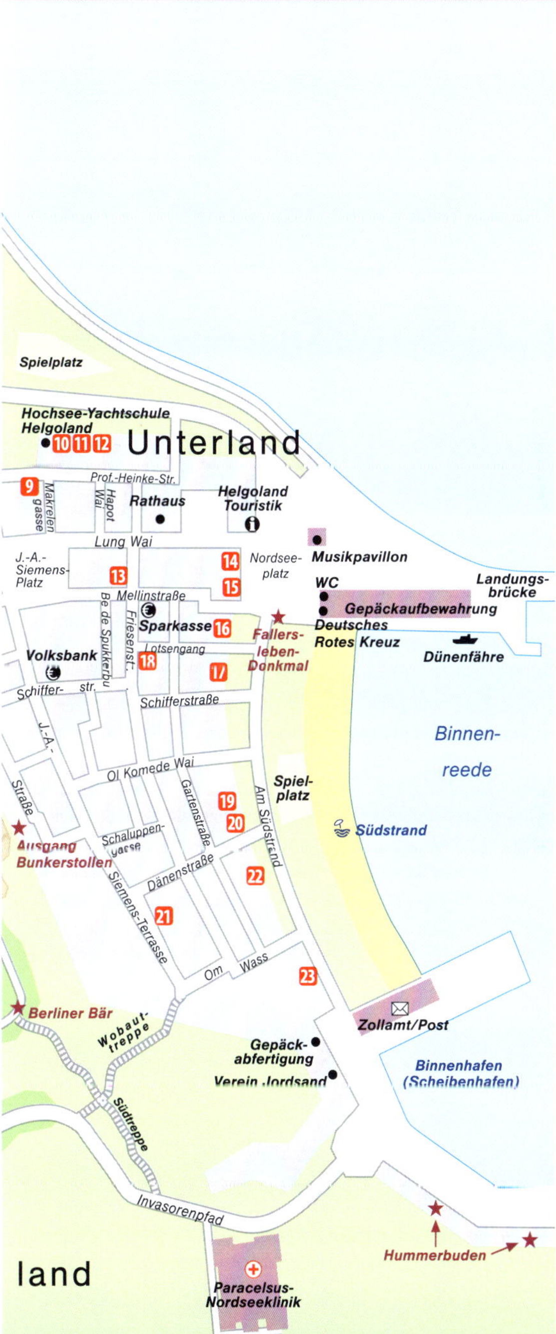

Übernachtung

Oberland
- **2** Hotel Mocca-Stuben
- **3** Haus Rooad Weeter
- **4** Haus Felsen-Eck
- **5** Hotel Panorama garni
- **6** Hotel Meeresblick
- **7** Zum Hamburger
- **8** Hotel auf den Hummerklippen

Unterland
- **1** Jugendherberge „Haus der Jugend"
- **9** Hotel Aqua Marina
- **10** Hotel Helgoländer Klassik
- **11** Haus Miramar
- **12** Haus Nickels
- **13** Hotel Helgolandia
- **14** Seehotel
- **15** Hotel Quisisana
- **16** Haus Hanseat
- **17** Strandhotel Helgoland
- **18** Hüs Rüm Hart
- **19** Haus am Meer
- **20** Hotel Rungholt
- **21** Hotel Haus Kumm Weer
- **22** Hotel Hochseeinsel
- **23** Hotel Rickmers Insulaner

032he mna

2 **Hotel Mocca-Stuben**②, Hingstgars 447, Tel. 04725 666. In diesem Traditionshaus gegenüber der evangelischen Kirche gab schon *Hans Albers* seine Seemannslieder zum Besten. Restaurant und Bar vorhanden, daher kann man auch mit Halbpension oder Vollpension logieren.

5 **Hotel Panorama garni**②, Am Falm 313, Tel. 04725 81330, www.panorama-helgoland.de. Fast alle Doppelzimmer haben Meerblick. Es gibt einen kleinen Aufenthaltsraum mit Bücherecke und eine Kinderspielecke. 34 Betten.

3 **Haus Rooad Weeter**②, Am Falm 323, Tel. 04725 535, www.rooadweeter.de. Das Hotel bietet von der Architektur bis zum Besteck allen Fans des schlichten skandinavischen Designs und der klaren nordischen Formen ein stilechtes Ambiente mit bestem Blick aufs Meer. Sonnenbaden lässt sich im Klippenrandgarten.

7 **Zum Hamburger**②, Am Falm 304, Tel. 04725 811180, www.zum-hamburger.de. Freundlich eingerichtete Zimmer, zumeist mit Blick aufs Meer, die Düne, das Unterland und die Reede. Das reichhaltige Frühstücksbuffet wird im hauseigenen Restaurant serviert. 9 Betten.

Unterkünfte und Badegäste am Südstrand

Unterland

19 Haus am Meer②, Am Südstrand 10, Tel. 04725 81380, www.haus-am-meer-helgoland.de. Das Hotel liegt an der Hauptpromenade direkt am Meer mit Sicht auf die Binnenreede. Man kann sich auch ein Apartment mieten. 21 Betten.

9 Hotel Aqua Marina②, Professor-Heincke-Str. 183, Tel. 04725 259, www.aquamarina-helgoland.de. Das familiär geführte Hotel liegt in unmittelbarer Nähe zur Kurpromenade, man kann Zimmer und ein Apartment im selben Haus mieten. 17 Betten.

16 Haus Hanseat③, Am Südstrand 21, Tel. 04725 663, www.hanseat-nickels-miramar.de. Das Haus Hanseat ist ein Hotel, das seit drei Generation von der Familie *Conradi* mit viel Engagement betrieben wird. Es liegt unmittelbar an der Landungsbrücke und bietet fantastischen Meerblick. 35 Betten.

10 Hotel Helgoländer Klassik③, Kurpromenade 36, Tel. 04725 81390, www.hotel-helgolaender-klassik.de. Schöne Lage direkt am Meer. Die Gestaltung orientiert sich am Design der Zeit des Wiederaufbaus in den 1960er-Jahren. Die Farbgestaltunq richtet sich nach dem Helgoländer Farbkonzept des Künstlers *Johannes Ufer.* 46 Betten.

13 Hotel Helgolandia②, Friesenstr. 56, Tel. 04725 346, www.hotel-helgolandia.de. Kleines Hotel unter französischer Führung. Unten im Haus befindet sich das Restaurant „Börte Stuben". 14 Betten.

22 Hotel Hochseeinsel②, Am Südstrand 6, Tel. 04725 800 78 48, www.hotelhochseeinsel.de. Familiär geführtes, gepflegtes Haus direkt am Südstrand. Alle Zimmer und auch die Sonnenterrasse bieten einen traumhaften Blick auf Meer, Reede und Düne. 25 Betten.

UNSER TIPP: **21 Hotel Haus Kumm Weer**①, J.-A.-Siemens-Terrasse 128, Tel. 04725 378. Die Wirtin *Johanne Klüwer* bietet freundlichen Service und eine preiswerte Unterkunft an, die dem Namen des Hauses „Komm Wieder" alle Ehre macht. Von November bis März geschlossen. Buchbar auch über die Helgoland-Touristik unter Tel. 04725 808808.

11 Haus Miramar③, Kurpromenade 34, Tel. 04725 660, www.hanseat-nickels-miramar.de. Das Hoteldesign ist im maritimen Stil gehalten und mit Blick auf Meer und Düne unmittelbar am Wasser gelegen. 28 Betten.

12 Haus Nickels③, Kurpromenade 33, Tel. 04725 554, www.hanseat-nickels-miramar.de. Der Nachbar des Miramar blickt ebenso auf See und Düne hinaus und bietet Zimmer und Apartments. Schönes Wetter lässt sich auf der großen Sonnenterrasse genießen. 16 Betten.

15 Hotel Quisisana②, Am Südstrand 22, Tel. 04725 81300, www.hotelquisisana.de. Die seeseitigen Zimmer verfügen über einen Balkon und Markisen und bieten einen schönen Blick auf Meer und Landungsbrücke. 20 Betten.

23 Hotel Rickmers Insulaner③-④, Am Südstrand 2, Tel. 04725 8141-0, www.insulaner.de. Im traditionsreichen First-Class- und Wellness-Hotel ist die Helgoländer Inselgeschichte erlebbar. Das Haus ist im Besitz der alteingesessenen Helgoländer Familie *Rickmers*. Besonders schön ist der große, ruhige Hanggarten. In den Fluren informiert die Hoteliersfamilie über die bewegte Inselgeschichte und es gibt sogar noch einen alten Versorgungstunnel, der auf Wunsch besichtigt werden kann. 86 Betten.

20 **Hotel Rungholt**③, Am Südstrand 9, Tel. 04725 372, www.helgoland-rungholt.de. Moderne Herberge mit verschiedenen Zimmerkategorien direkt am Meer mit Blick auf die Nachbarinsel Düne. 53 Betten.

18 **Hüs Rüm Hart**①-②, Friesenstraße 60, Tel. 04725 8007660, hues-ruem-hart.de. Kleines Gästehaus mitten im Unterland. Abends ist es nur ein kurzer Weg vom Restaurant Weddigs Fischerstube unten im Haus in eines der 10 Betten.

14 **Seehotel**②, Lung Wai 23, Tel. 04725 6409620, www.seehotel-helgoland.de. Familiäre Betreuung gibt es hier mit Blick auf die Reede und den Hafen direkt an der Kurpromenade. Abends kann man in der Hotelbar entspannen. 30 Betten.

17 **Strandhotel Helgoland**③, Am Südstrand 16–17, Tel. 04725 81530, www.strandhotel-helgoland.de. Der Doppelkomplex wurde ist aufwendig renoviert. Wer kein Zimmer mit Nordseeblick hat, kann sich diesen auf der geräumigen seeseitigen Sonnenterrasse dennoch gönnen – sogar bei hausgebackenem Kuchen. 53 Betten.

1 **Jugendherberge „Haus der Jugend"**①, siehe unten.

Privatzimmer

Ab 23 €

Im Unterland gibt es gerade mal zwei Einheiten dieser Kategorie und im Oberland sieben, wobei die „oberen" durchweg etwas billiger sind: Dort findet sich schon etwas für 23 Euro pro Person, zu buchen über die Helgoland-Touristik. Kurzaufenthalte werden oft mit Preisaufschlag berechnet.

Apartments (Unter- und Oberland)

Viele und günstig

Bei den meisten Unterkünften auf Helgoland handelt es sich um **Apartments** oder **Ferienwohnungen.** Wer nur kurzfristig bleiben möchte, zahlt mehr, denn die Endreinigung ist immer zu bezahlen, unabhängig davon, wie lange man bleibt. Besonders in der Hochsaison überlassen manche Vermieter die Ferienwohnung **nur wochenweise** oder **für mindestens drei Übernachtungen.** Der Preis richtet sich nach ihrer Lage und Ausstattung. Auf dem Oberland sind sie meist günstiger als auf dem Unterland. Die **Ferienwohnungen** lassen sich **ganzjährig mieten,** besonders gefragt sind sie in der Hochsaison, zu Ostern, über den Jahreswechsel und zu den Vogelzugzeiten. Die Preisunterschiede können dann sehr deutlich ausfallen. Die **Helgoland-Touristik** hilft bei der Suche nach der passenden Unterkunft. Auf der Website www.helgoland.de ist ein **Gastgeberverzeichnis** zu finden, in dem sich nach verschiedenen Kriterien das richtige Domizil finden lässt.

Jugendherberge (Unterland)

Haus der Jugend

Das „Haus der Jugend" (139 Betten) liegt weit hinten auf dem **Nord-Ost-Land** und bietet einen schönen Blick auf das Meer. In etwa zehn Minuten erreicht man den belebten Ortskern. Über den sogenannten **Jägerstieg,** der nur wenige Schritte entfernt ist, kommt man vom Nordstrand auch in wenigen Minuten auf das Oberland.

1 **Haus der Jugend**①**,** Nord-Ost-Land 1460, Tel. 04725 341, www.jugendherberge.de), ganzjährig geöffnet, nur über Weihnachten geschlossen.

Das Gebäude der Jugendherberge Helgoland

124he_mna

Bungalow-Dorf (Karte S. 94)

Hochwertig ausgestattet

Im Südwesten der Düne stehen über 40 hochwertig ausgestattete Nichtraucher-Bungalows von 34, 45 und 55 Quadratmetern Größe mit eigenem Duschbad, Küche, Sat-TV und überdachter, möblierter Terrasse. Die Mitarbeiter der Bungalow-Verwaltung beraten Interessenten gern bei der Urlaubsplanung. Man sollte frühzeitig buchen.

1 **Bungalow-Dorf,** Düne Helgoland, Tel. 04725 811251, www.helgoland.de. Die Bungalows sind von April bis Ende Okt. zu buchen, sodass auch Familien mit Kindern hier gut unterkommen können. Man muss sich wie in einer Ferienwohnung selbst verpflegen. Hier wohnt man inmitten der Dünen und hat vermutlich den kürzesten Weg von allen Unterkünften direkt in die Natur.

■ **Preise pro Einheit ab 2 Pers.** (HS Mitte Juni bis Mitte Sept., VS/NS April bis Mitte Juni/Mitte Sept. bis Ende Okt., Preise abhängig von Größe/Typ, Strom und Wasser inkl.): 1. Nacht: HS 195–260 €, VS/NS 175–220 €, jede weitere Übernachtung: HS 130–180 €, VS/NS 130–140 €, jede weitere Person über 14 J.: HS 20 €, VS/NS 20 €, Bettwäschewechsel: 10 €, extra Handtuchpaket: 5 €.

„Wikkelhouse" am Campingplatz (s. S. 76)

031he mna

Verkehrsmittel

Kaum Motorisiertes

Auf Helgoland sind **Fahrzeuge jeder Art verboten,** auch Fahrräder und E-Roller, es sei denn, man hat eine Sondererlaubnis. Die Insel ist aber auch so klein, dass sich alle Wege problemlos zu Fuß erledigen lassen. Die gute Luft soll nicht durch Abgase verpestet werden. Rund 150 Elektrofahrzeuge erledigen die Transportdienste für Personen- und Warenverkehr. Ein Gutes kommt hinzu: Das Straßenbild wird nicht durch den in Deutschland üblichen Schilderwald gestört. Einzig Rettungsdienst, Feuerwehr, Polizei und Zoll dürfen mit Verbrennungsmotoren fahren sowie Baufahrzeuge und ein Taxi zum Flugplatz. **Fußgänger** haben immer Vorfahrt, aber es gibt auf der Düne kurioserweise zwei Fußgängerampeln, die warnen, wenn Flugzeuge landen. Sowohl auf der Düne als auch auf der Insel kann man über die Firma EMT bei Bedarf ein **Elektrotaxi** für max. vier Personen mieten. Bei Bedarf in den Nachmittag- und Abendstunden sollte das

Bungalows auf der Nebeninsel Düne

116he mna

Fahrzeug besser vorbestellt werden unter Tel. 04725 313, auf der Düne 0171 1762261.

Dünenfähre

Abhängig vom Wetter fährt die **„MS Witte Kliff"** in der Saison von April bis Oktober regelmäßig alle halbe Stunde von der Landungsbrücke oder vom Nord-Ost-Hafen zur Düne, auch in der Wintersaison durchgehend, aber seltener. Die Fahrt dauert nur wenige Minuten, Hin- und Rückfahrt kosten 8 Euro pro Person, Kinder zahlen die Hälfte, die 12er-Karte kostet 80 Euro. Wo die Fähre abfährt, hängt vom Wind ab. An der Landungsbrücke weisen nicht nur große Schilder auf die Zielhäfen für die großen Fähren hin, sondern hier hängt auch der **Fahrplan für die Dü-**

nenfähre. Die **Fährkasse** befindet sich ebenfalls hier. Kinder bis 6 Jahre sind von der Gebühr befreit, Kinder ab 7 Jahre bis 18 Jahre zahlen die Hälfte. Es ist zu beachten, dass eine Teilfahrt als volle Fährfahrt angesehen wird.

Fahrstuhl

Das Oberland ist immer einen Besuch wert. Wer keine Lust hat, die 184 Stufen über die Treppe am Aufzug zu steigen, kann bequem im Fahrstuhl stehend die Distanz von rund 40 Metern bewältigen. Sein **Eingang** ist am Ende des Lung Wai zu finden,

Eingang zum Fahrstuhl auf dem Oberland

136he_mna

034he mna

rechts daneben führt die Treppe nach oben. Die **Fahrkarten** lassen sich einzeln oder als Mehrfachkarten bis zu 50 Fahrten erwerben. Zu beachten ist, dass der Fahrstuhl **nicht rund um die Uhr** in Betrieb ist. Wer ihn öfter benutzen möchte, sollte sich besser die Öffnungszeiten notieren, die per Aushang oder unter www.helgoland.de bekannt gegeben werden. Die Einzelfahrt kostet 1 €, Hin- und Rückfahrt 1,50 €, 12er-Karte 8 €, 50er-Karte Versehrte 12 €, 100er-Karte Versehrte 17,50 €.

Börte-Bahn

Wer schlecht zu Fuß ist oder keine Lust zu laufen hat, kann zwischen April und Oktober bei der Börte-Bahn, einem kleinen **Elektrozug,** zwischen zwei Touren wählen. Eine geht über das Unterland (40 Min.), eine weitere über das Oberland (60 Min.). Abfahrt ist an den Landungsbrücken, dort hängen auch die Fahrzeiten aus. Hunde, Essen, Trinken und Rauchen sind nicht erlaubt. Preise: Erwachsene 10 €, Kinder bis 12 J. 5 €.

- Mehr **Informationen** unter www.helgolandbahn.de, Tel. 0151 10470424.

Fahrrad

Auf der Insel darf nur mit einer **Sondererlaubnis** Fahrrad gefahren werden, für alle anderen ist es verboten.

< Auf Helgoland lässt sich alles bequem zu Fuß erreichen (im Bild der Klippenrandweg)

235he mna

3 Helgolands Natur

» Helgoland ist nicht nur (Not-)Rastplatz für Tausende Zugvögel und Standort seltener Pflanzen. Das Felswatt und die Felslandschaft unter Wasser beherbergen zudem die reichste marine Fauna und Flora der deutschen Küste.

‹ Basstölpel in einem Nest am steilen Felsen

Landschaftsformen

Geologische Besonderheit sorgt für große Artenvielfalt

Normalerweise wird die südöstliche Nordsee von Weichböden aus Sand und Schlick dominiert, deshalb ist die rund 40 Quadratkilometer große **bizarre Felslandschaft** Helgolands eine **geologische Besonderheit.** Nur ein kleiner Teil davon ragt über den Wasserspiegel hinaus: die etwa ein Quadratkilometer große Hauptinsel und die 0,7 Quadratkilometer große Nebeninsel Düne. Der weitaus größte Teil bleibt ständig unter Wasser. In der felsigen Übergangszone kommt und geht das Wasser im Rhythmus der Gezeiten. Die Lebensbedingungen für Flora und Fauna im Wasser und am Meeresboden stehen noch deutlich unter dem Einfluss der Festlandküste, denn über die Flüsse gelangen Süßwasser und Sedimente in die Nordsee. Aber auch Wasser aus dem Atlantik beeinflusst die Region, und die Lebensbedingungen für Tiere und Pflanzen sind fast schon marin. An Helgo-

lands Küste liegen **sehr unterschiedliche Lebensräume** auf engstem Raum direkt nebeneinander, und so lässt sich hier eine ungewöhnliche Tier- und Pflanzenwelt mit **großer Artenvielfalt** beobachten. Deshalb ist die Insel zum idealen Stützpunkt für Naturforscher geworden (siehe Exkurs „AWI Helgoland – Forschen an der Grenze zwischen Meer und Land").

Die Hauptinsel Helgolands besteht aus Ober-, Mittel- und Unterland. Während das Unterland weitgehend künstlich angelegt wurde, ist das Mittelland durch Sprengungen der felsigen Südspitze nach dem Zweiten Weltkrieg entstanden. Helgoland ist an den meisten Stellen von einem **Felswatt** umgeben, das bei Flut aber von Wasser bedeckt ist. In diesem für Deutschland einzigartigen Lebensraum haben sich Tiere und Pflanzen perfekt an den Wechsel der Gezeiten angepasst. Der durchschnittliche **Tidenhub** beträgt etwa 2,30 Meter.

Helgolands Nordstrand mit dem Felsplateau

121he_mna

AWI Helgoland – Forschen an der Grenze zwischen Meer und Land

Die Meeresforschung auf Helgoland hat eine lange Tradition und ist einer der ältesten Meeresforschungsstandorte Deutschlands. Bereits 1892 wurde die „Königlich Biologische Anstalt Helgoland" (BAH) gegründet. Seit 1998 gehört sie zum **Alfred-Wegener-Institut (AWI),** Helmholtz-Zentrum für Polar- und Meeresforschung. Finanziert wird das Ganze überwiegend durch das Bundesministerium für Bildung und Forschung sowie durch die Länder Schleswig-Holstein, Brandenburg und Bremen. Die Wissenschaftler des AWI am Standort arbeiten interdisziplinär und untersuchen besonders den wachsenden Einfluss der Menschen auf die Lebensbedingungen der Lebensgemeinschaften in der Nordsee. Besonders die **globalen Zusammenhänge** sind für das bessere Verständnis wichtig. Deshalb analysieren die Wissenschaftler auch die Langzeitdatenreihen der **„Helgoland Reede"** und weiterer Institute mit auf lange Zeiträume angelegten Beobachtungen. Die Langzeitdatenreihe „Helgoland Reede" ist übrigens die detaillierteste Plankton-Messreihe weltweit mit wichtigen Informationen über die Schelfmeerökologie. Auch die Entwicklung der Nahrungsnetze bei der Veränderung von Umweltparametern stellt einen wichtigen Forschungsschwerpunkt dar. Im Institut sind rund 60 Mitarbeiter beschäftigt, hinzu kommen Doktoranden, Master-Studenten und Gastforscher.

229he mna

Es ist zwar kaum zu glauben, aber das wichtigste Forschungsgerät der Meeresbiologen ist nach wie vor der **Eimer.** Mit ihm nehmen sie täglich Wasserproben und untersuchen sie wissenschaftlich unter verschiedenen Aspekten: Temperatur, Pflanzen, Tiere und Mikroorganismen. Eine moderne Forschungsinfrastruktur stellt sicher, dass Gastforscher ideale Voraussetzungen für ihre Projekte vorfinden. Dazu gehören Labore für (bio)chemische Analytik, Molekularbiologie und Plankton-Analysen, Gastforscher und Kursräume mit Seewasserversorgung für Studenten, ein Unterwasser-Experimentalfeld mit einer „Unterwassersteckdose", an die verschiedene Geräte zur Messung der Temperatur, des Salz- und Sauerstoffgehalts sowie eine Kamera angeschlossen werden können. Hinzu kommt ein wissenschaftliches Tauchzentrum, in dem die Naturwissenschaftler eine Ausbildung zum Forschungstaucher machen können und das Arbeiten unter Wasser erlernen. Für Außeneinsätze stehen das Forschungsschiff „Heincke", der Kutter „Uthörn" und das Holzmotorboot „Aade" sowie weitere kleine Boote zur Verfügung. Heimathafen des zweitgrößten Schiffs der AWI-Flotte **„Heincke"** – benannt nach dem ersten Leiter des Instituts *Friedrich Heincke* – ist Helgoland. Aber dort ist das 55 Meter lange Schiff selten zu sehen, denn an rund 250 Tagen pro Jahr ist es auf See in der Nordsee und im Nordatlantik unterwegs. Bis zu zwölf Meeresforscher finden an Bord Platz und vollständig eingerichtete Labore für ihre biologischen, geowissenschaftlichen und hydrografischen Forschungsprojekte.

Besonders große Herausforderungen stellt das Bauprojekt **„Bluehouse";** die interaktive Ausstellung soll Mitte der 2020er-Jahre öffnen. Die Geschichte der Nordsee bis hin zur Zukunft der Meeresforschung werden dann auf einem Rundgang zu vier Themen erzählt, wobei sowohl mit haptischen als auch mit virtuellen Inhalten die Welt der Nordsee und ihre Erforschung erlebbar gemacht werden. Rund 600 Quadratmeter bieten dann auf zwei Etagen vier Themenreisen und zahlreiche interaktive Exponate. Die Unterwasserwelt Helgolands wird in einem 80.000 Liter fassenden **Aquarium** zu sehen sein. Um das Helgoländer Felswatt zu erleben, werden in einer Licht- und Filminszenierung Ebbe und Flut simuliert. Der Themenbereich „Zukunft" zeigt, wie Forschungseinrichtungen gemeinsam nach Lösungen für die Probleme des Klimawandels suchen. Das Bluehouse wird zukünftig vom AWI unterstützt und durch die Gemeinde Helgoland betrieben. Über die Exponate wird auf Deutsch, Englisch und Halunder („Helgoländisch") informiert.

Schutzmauer im Wasser vor Helgolands Inselsilhouette

Nebeninsel Düne

Die heutige Nebeninsel **Düne** war lange Zeit über die schmale Landenge **de Woal** mit der Hauptinsel verbunden. Noch um 1640 gab es am Nordteil der Düne das **Witte Kliff,** einen aus Muschelkalk und Kreide bestehenden Felsen. Doch durch Abbau und Bodenerosion verschwand das Kliff, und während der **Neujahrsflut von 1721** auch die Verbindung der Düne zur Hauptinsel. Im Lauf der Zeit wurde das sandige Eiland immer kleiner und bestand 1935 lediglich aus einem Sandstreifen von 0,1 km^2 Größe. Erhalten blieb die Düne nur durch die **baulichen Maßnahmen** ab 1938, die militärisch begründet waren (siehe Kapitel „Inselgeschichte Helgoland"). Ihre heutige Form erhielt sie, weil Buhnen und Molen errichtet und Sand aufgespült wurde. Ein großer Teil der Düne besteht aus **Grau- und Weißdünen.** Weißdünen sind nur gering mit Pflanzenbewuchs bedeckt und aus reinem Quarzsand. Die flacheren Graudünen gehen aus den Weißdünen hervor, die Bodenentwicklung ist hier schon weiter fortgeschritten und der Bewuchs relativ dicht.

Lebensräume und Pflanzenwelt

Einmalige Flora und Fauna

Aufgrund der isolierten Lage Helgolands hat sich auf der Insel eine Fauna und Flora entwickelt, die als Gesamtheit höchst ungewöhnlich und **in der Deutschen Bucht sogar einmalig** ist. Als pflanzliche Besonderheiten kommen hier einige einheimische Wildformen unserer Kulturgewächse vor. Die Wilde Rübe zum Beispiel ist der Ursprung unserer heutigen Zucker- und Futterrübe, der Roten Bete und des Mangolds. Der weit über die Insel verbreitete **Helgoländer Meer- oder Klippenkohl** ist Vorläufer

> Wer selbst gärtnerisch tätig sein und das Gewächs anbauen möchte, kann bei der Köchin und Kleingärtnerin *Frauke Heyel* gegen eine Spende für einen guten Zweck ein Tütchen Samen erstehen (von Aschenstraße 609, 27489 Helgoland). Oder man löst im Spätsommer selbst die Samen aus den getrockneten Samenschoten heraus und sät sie im eigenen Garten oder auf dem Balkon aus.

130ha mna

vieler Kohlsorten. Andernorts nennt man ihn auch Gemüsekohl. Normalerweise findet man ihn an den Felsküsten des Mittelmeers und des Atlantiks. Zu seiner Blütezeit im Mai und Juni sorgt er auf Helgoland für gelbe Farbtupfer.

Das **Oberland** der Hauptinsel ist außerhalb der Bebauung von **artenarmem Grasland** bedeckt, in dem der Rotschwingel *(Festuca)* dominiert. Im Frühjahr ist es von den kleinen weißen Blüten der Pfleilkresse durchsetzt *(Lepidium draba)*. Um den Bewuchs niedrig zu halten, weiden dort Heidschnucken und Kühe, zusätzlich wird in einigen Bereichen das Gras gemäht. Wegen des starken Windes gibt es kaum Gehölze und wenn man einmal einen größeren Strauch sieht, wächst er an einer windgeschützten Stelle, wie der ganz alte Holunderbusch auf der Ostseite des Oberlands. In der vor dem austrocknenden Wind geschützten Sapskuhle liegt der Fanggarten des Instituts für Vogelforschung (siehe Exkurs „Die Vogelberingung auf Helgoland"). Dort überraschen ein üppiges grünes Dickicht aus Bäumen und Büschen sowie mehrere kleine Teiche. Der Fanggarten wurde extra so angelegt, um möglichst viele Lebensräume von Vögeln abzubilden.

Helgoländer Klippenkohl

Es gibt nicht viele größere Bäume auf Helgoland, aber auf einen sind die Helgoländer besonders stolz: ihren **Maulbeerbaum** *(Morus)*, der auf dem Oberland an der Kirchstraße/Ecke Otto-Bartning-Straße wächst. Normalerweise sind diese Pflanzen außerhalb Europas in den gemäßigten Klimazonen auf der Nordhalbkugel heimisch. Aber dank des durch den Golfstrom begünstigten milden Klimas wächst und gedeiht die Pflanze auf Helgoland seit 150 Jahren und hat sogar zwei Weltkriege überlebt. Im Frühjahr ist der Baum mit kätzchenartigen Blüten bedeckt und im Herbst trägt er leckere brombeerähnliche Früchte.

An den **Felsklippen** bedeckt im Frühsommer unterhalb des Norderfalms das Blütenmeer der Roten Spornblume *(Centranthus ruber)* die steilen Abhänge. Hier wächst auch vereinzelt der Helgoländer Klippenkohl *(Brassica oleracea)*. Im Park vor dem Kurmittelhaus stehen Pflanzen, die man jedoch eher in Südeuropa erwarten würde. Eine große Anden-Tanne *(Araucaria)* begrüßt gleich am Eingang des Kurparks die Besucher. An den Wegen zum Nordstrand gibt es zudem viele Sanddornbüsche *(Hippophae rhamnoides)*. Am **Nordstrand auf dem Unterland** sind Strandhafer *(Hammophila)* und Strandroggen *(Leymus arenarius)* in großer Zahl zu finden. Dahinter stehen Dickichte der aus Asien stammenden Kartoffelrose *(Rosa rugosa)*, die gepflanzt wurde, um den Sand zu befestigen. In den Sommermonaten finden sich auf Helgoland bunte Wiesen in verschiedensten Farben. Eine solche Blütenpracht sieht man auf dem Festland kaum noch, da der Nährstoffeintrag dort zu hoch ist.

230he mna

Auf der **Nebeninsel Düne** wachsen vorwiegend Sanddorn, Kartoffelrosen und Silber-Ölweide *(Elaegnus commutata)*. Im Sand der Dünen sind neben vielen anderen Pflanzen meist Strandhafer und Strandroggen zu finden. Im Inneren der Düne befinden sich zwei ehemalige Wasserreservoirs. Das **Süßwasser** der **beiden Teiche** ist von einem zwei bis drei Meter tiefen Röhrichtgürtel umgeben. Der Flachwasser- und Uferbereich hält einen ganz besonderen Lebensraum bereit.

In der Helgoland Touristik gibt es das interessante Faltblatt **„Grün ist das Land: Ein Streifzug durch Helgolands Pflanzenwelt"**, der mit ausführlichen Beschreibungen über 13 Stationen in Helgolands Pflanzenwelt einführt.

Einzigartig für Deutschland ist die **Unterwasserwelt im Felswatt** des Naturschutzgebiets Helgoländer Felssockel. Insgesamt sind dort mehr als 300 Algenarten nachgewiesen worden. In der Spritzwasserzone leben der Kleine Röhrentang *(Blindinga minima)* und Purpurtange *(Porphyra)*. Die obere Gezeitenzone wird vom Spiraltang *(Fucus spiralis)* dominiert. Das Felswatt bedecken Blasentang *(Fucus vesiculosus)*, Sägetang *(Fucus serratus)* und Meersalat *(Ulva lactuca)*, auch Meerlattich genannt. Helgolands Wälder befinden sich im Meer unterhalb der Niedrigwasserlinie. Einzigartig an der deutschen Küste liegt rund um die Insel der größte Tangwald aus Laminaria-Braunalgen in der Deutschen Bucht.

Die Tierwelt im Wasser und an Land

„Helgoländer Hummer"

Mit Helgoland verbinden viele auch den **„Helgoländer Hummer"**. Der **einzige Lebensraum** des Europäischen Hummers *(Homarus gamarus)* in Deutschland befindet sich im Meer rund um die Hochseeinsel. Eigentlich ist dieser Lebensraum für sie ein Paradies. Denn im Felswatt und im Gesteinssockel finden sich zahlreiche Spalten und Höhlen, in die sich die Hummer tagsüber gern zurückziehen. Während der Nachtstunden kom-

Süßwasserteich auf der Düne

men sie wieder hervor und suchen auf den Felsen unter Wasser nach Nahrung. Dennoch ist ihr Bestand stark gefährdet, denn von der Überfischung der vergangenen Jahrzehnte hat er sich nie erholt (siehe „Inselgeschichte Helgoland"). Das Alfred-Wegener-Institut für Meeresforschung (AWI) mit seinem Standort auf Helgoland (siehe Exkurs „AWI Helgoland – Forschen an der Grenze zwischen Meer und Land") hat deshalb in den vergangenen Jahren ein aufwendiges **Erhaltungszuchtprogramm** durchgeführt. Die wenigen autorisierten Hummerfischer, die auf Helgoland noch tätig sind, überbrachten mehrere Jahre lang tragende Hummerweibchen an die Biologen des Instituts, die aus den Eiern etwa 1200 kleine Hummer züchteten. Im Alter von einem Jahr wurden sie auf dem Felssockel wieder ausgesetzt. Die Schutzmaßnahme scheint recht erfolgreich zu sein, denn die Population hat sich leicht erholt. Auch in den **Offshore-Windparks vor Borkum** setzte man 2400 kleine Hummer aus, weil die Sockel der großen, im Meer stehenden Windräder mit Felsen befestigt wurden und diese zusätzlichen Lebensraum bieten. Hummer ernähren sich von Krebsen, Muscheln und Seeigeln oder Fischresten. Auch der in den Helgoländer Gewässern häufig vorkommende Taschenkrebs *(Cancer pagarus)*, auf Helgoland **„Knieper"** genannt, zählt zu seiner bevorzugten Beute. Er knackt sie mit der größeren seiner beiden Scheren und benutzt die andere zum Fressen. Die Taschenkrebse sind vor Helgoland zahlreich vertreten, denn außer dem Hummer haben sie kaum natürliche Feinde. Deshalb hat der Knieper als gastronomische Spezialität inzwischen einen festen Platz auf den lokalen Speisekarten gefunden.

In den zahlreichen **Unterwasserzonen** des Helgoländer Felswatts ist die **Artenvielfalt** groß. Hier sind Moostierchen *(Ectoprocta)*, Seeanemonen *(Actiniaria)*, Seepocken *(Balanidae)*, Asselspinnen *(Pycnogonida)* und Flohkrebse *(Amphipoda)* zu finden, aber auch verschiedene Seeigel *(Echinoidea)*. Hier kommen auch seltenere Fischarten wie Hornhechte *(Belonidae)*, Makrelen *(Scomber scombrus)* und Meeräschen *(Mugilidae)* vor. Bestandsgefährdete Fischarten in diesem Lebensraum sind zum Beispiel der Klippenbarsch *(Ctenolabrus rupestris)* und der Nagelrochen *(Raja clavata)*.

Seehunde und Kegelrobben

Die Düne und das Meer vor Helgoland sind ein ideales Revier für **Seehunde** *(Phoca vitulina)* und **Kegelrobben** *(Halichoerus grypus)*. Diese Robbenarten sind Wildtiere, die sich am Strand aus kurzer Distanz sehr gut beobachten lassen. Aber Vorsicht:

140he_mna

Sie sehen zwar niedlich aus, haben aber scharfe Zähne, von denen sie Gebrauch machen, wenn sie sich bedroht fühlen. Ihr Biss kann zu schweren Wunden führen. Deshalb sollte man den imposanten Meeressäugetieren **nicht näher als 30 Meter** kommen und sie in Ruhe lassen. Zwischen November und Mitte Januar kommen die jungen Kegelrobben auf die Welt, während die Seehunde ihren Nachwuchs zwischen Juni und Mitte Juli gebären. In den ersten zwei bis drei Wochen tragen die kleinen Kegelrobben noch das weiße Lanugofell, das sie im Mutterbauch besonders geschützt hat. Kurios: Das Geburtsfell ist nicht wasserdicht, wenn sie damit schwimmen gingen, würden die Kegelrobbenbabys untergehen. Nicht nur während der Zeit der Kinderstube ist es wichtig, die Tiere nicht zu stören, denn die kleinen Robben müssen in einer kurzen Phase von wenigen Wochen genügend Fett ansetzen, um überlebensfähig zu werden. **Anfassen ist**

Seehundkolonie am Südstrand der Düne Helgoland

streng verboten. Fremde Gerüche vertreiben die Mutter, weil sie ihr Jungtier nicht mehr erkennt. Um ein friedliches Miteinander zwischen Mensch und Robben, verletzte Tiere und verlassene Robbenkinder kümmern sich die Dünen-Rangerin, der Verein Jordsand e. V. und der ehrenamtliche „Seehundjäger“.

Während der Wintermonate kann man die Kegelrobben auf der Düne von einem extra am Nordstrand dafür errichteten **Bohlenweg** aus prima beobachten, ohne den Tieren zu nah zu kommen. Im Sommer werden die Aufstiege zum Bohlenweg wieder entfernt und erst zur Wintersaison wieder befestigt. In dieser Zeit werden immer wieder Teile des Strandes gesperrt, sodass man nicht komplett um die Düne laufen kann.

Hotspot für Vogelkundler

Helgoland ist der **Hotspot für Vogelkundler** und ein **Magnet für Zugvögel.** Die zweitälteste Vogelwarte der Welt wurde hier gegründet, weil die Felsinsel mitten in der Nordsee besonders während des **Vogelzugs** als Notrastplatz von Bedeutung ist. Die Zugrouten sind abhängig von der Art, die meisten über den roten Felsen ziehenden Vögel folgen einer von Nordost nach Südwest ausgerichteten Achse. Die Mehrzahl der Arten brütet im Gebiet von Skandinavien bis nach Nordwest-Russland. Ihre Überwinterungsgebiete liegen zwischen Großbritannien und Westafrika. Die Vögel verlassen ihre Brutgebiete, weil sie dort im Winter keine Nahrung mehr finden. Die Wissenschaft geht in-

233he mna

134he_mna

zwischen davon aus, dass der Vogelzug von den Tropen ausging und die Vögel ungenutzte Nahrungsressourcen im Norden nutzten. Die meisten ziehen von März bis Mai und von September bis November. Insekten fressende Arten erscheinen in der Regel im Frühjahr später und ziehen im Herbst früher in die Winterquartiere als Samen fressende Zugvögel.

Beim Vogelzug legen die Tiere weite Strecken zurück. Die knapp hühnereikleinen **Wintergoldhähnchen** *(Regulus regulus)* wiegen nur vier bis sieben Gramm, dennoch fliegen sie bis zu 500 Kilometer pro Tag. Einen der weitesten Wege hat die **Küstenseeschwalbe,** die in der Nordpolarregion brütet und im Winter bis in die Südpolarregion zieht. Im Laufe ihres Lebens summiert sich die Gesamtdistanz der Zugflüge auf die Strecke zwischen Erde und Mond – rechnet man die Versorgungsflüge hin-

Schwarz-weiße Lummen auf rotem Fels

Basstölpel im „Gespräch"

Die Vogelberingung auf Helgoland

Die Vogelforschung hat für Helgoland große Bedeutung. Weil der exponierte Felsen mitten im Meer während des **Vogelzugs** – besonders bei schlechtem Wetter – einen guten Grund für eine **Rast** darstellt, sind hier vor allem während der Zeiten des Vogelzugs sehr viele Vögel anzutreffen. Das sind für Ornithologen ideale Voraussetzungen. Gerade bei ungünstigen Zugbedingungen wie Gegenwind oder Regen pausieren die Tiere und fressen sich für die anstrengende Weiterreise ein Fettpolster an. Es gibt auf Helgoland Beeren und andere pflanzliche Nahrung, insektenfressende Vögel werden besonders an den Stränden fündig, wo sie an den im Spülsaum liegenden Tangpflanzen mit **Tangfliegen** und deren Larven eine proteinreiche Nahrung finden. Aufgrund der vielen auf Helgoland rastenden Zugvögel unterhält das **Institut für Vogelforschung „Vogelwarte Helgoland" (IfV)** hier eine Außenstelle. Während der Hauptzugzeiten von März bis Mai und von Mitte August bis November werden in einem speziell angelegten **Fanggarten** in drei verschiedenen Fangreusen an manchen Tagen bis zu 1500 Vögel lebend gefangen, beringt, vermessen und wieder freigelassen.

Das IfV mit Hauptsitz in Wilhelmshaven ist die **Beringungszentrale** für die nordwestdeutschen Bundesländer. Die wissenschaftliche Vogelberingung wurde 1899 vom Dänen *H. D. Mortensen* entwickelt, um spezifische Daten für die Vogelforschung zu erhalten. Das Verfahren ist weltweit anerkannt.

Die **Vogelberingung** erfolgt überall nach einem standardisierten System. Jeder Vogel wird mit einem individuellen Metallring markiert. Neben einer Nummer ist auch eine Rücksendeadresse für gefundene Ringe angegeben. Es gibt verschiedene Ringe, die auf die verschiedenen Körpergrößen, Eigenheiten und Lebensräume der Vögel abgestimmt sind. Das Gewicht des Vogelrings für seinen Trägervogel ist übrigens mit dem einer Armbanduhr für den Menschen vergleichbar. Den kleinsten bekommt das Wintergoldhähnchen *(Regulus regulus)*, den größten der Höckerschwan *(Cygnus olor)*. Nach dem Fang werden der Vogel beringt, der Zustand von Flugmuskel und Fettreserven eingestuft, Alter und Geschlecht anhand des Gefieders bestimmt, bestimmte Maße zur Erfassung der Körpergröße des Vogels genommen und gewogen. Die gesamte Prozedur dauert nur etwa 30 bis 50 Sekunden, im Anschluss wird der Vogel dann wieder freigelassen.

Die Vogelberingung hat nur dann Sinn, wenn man die Wiederfunde von Ringen und Wiederfänge bereits beringter Vögel meldet. Sie werden in Datenbanken erfasst, um möglichst viel über die Vögel zu erfahren. Jede Person ist aufgefordert, ihre **Funde oder Sichtungen** weiterzugeben **(www.ifv-vogelwarte.de).** Die entsprechenden Daten dienen der Erforschung von Biologie, Ökologie, Verhalten, Zugbewegungen, der Fortpflanzung und der Populationsentwicklung. Sie tragen dazu bei, Zusammenhänge besser zu erkennen, sodass Schutzmaßnahmen geplant und eingeleitet werden können.

In Europa wird die Arbeit der Beringungszentralen der einzelnen Länder von der **Europäischen Union für Vogelberingung (EURING)** koordiniert. Die Datenbank für Wissenschaft und Naturschutz ist beim **British Trust for Ornithology** in Thetford in Großbritannien angesiedelt.

zu, würde die Strecke eine Länge von 400.000 Kilometern sicherlich überschreiten.

Auch heute noch ist das **Institut für Vogelforschung „Vogelwarte Helgoland“** ein wichtiger Forschungsstandort, in dessen Gartenanlage mit Hilfe von Trichterreusen Vögel lebend gefangen, wissenschaftlich untersucht, beringt und wieder freigelassen werden. Die Aufzeichnungen sind wichtige Datenbasis für die Erforschung des Vogelzugs (siehe Exkurs „Die Vogelberingung auf Helgoland“). Zusätzlich möchten die Forscher mehr über die Strategien erfahren, mit denen die Zugvögel es schaffen, die weiten Distanzen zurückzulegen. Helgoland ist für viele Arten eine wichtige „Tankstelle“, wo sich die Vögel das Fett anfressen, das sie benötigen, um die Reisestrapazen zu überstehen. Besonders wenn das Wetter über der Nordsee schlecht wird, lockt **das Licht des Leuchtturms** massenweise Vögel an und die Vogelstimmen schallen laut durch den Nachthimmel. Der Beweis, dass Vögel ziehen und dabei weite Distanzen zurücklegen, war der sogenannte „Pfeilstorch“. Er wurde in Afrika von einem Pfeil durchbohrt, lebte aber noch und überwand 1822 sogar den Rückflug nach Europa. Der Pfeilstorch steht heute ausgestopft in der Zoologischen Sammlung in Rostock. Die erste deutsche Vogelwarte wurde 1903 in Radolfzell gegründet.

434 Vogelarten sind auf Helgoland nachgewiesen worden, so viele, wie an keinem anderen Ort in Mitteleuropa. Alljährlich werden viele Vogelarten gezählt, die nur ausnahmsweise in Deutschland erscheinen. Etwa 40 Arten brüten regelmäßig auf der Insel, darunter Seevogelarten wie Basstölpel *(Sula bassana)*, Trottellumme *(Uria aalge)* und Dreizehenmöwe *(Rissa tridactyla)*, aber auch Singvögel wie Amsel *(Turdus merula)*, Haussperling *(Passer domesticus)* und Bluthänfling *(Linaria Cannabina)*.

Die Bestände der Brutvögel des Offenlandes nehmen auf Helgoland immer weiter ab, während Vogelarten, die in Büschen nisten, in den vergangenen Jahren wegen der zunehmenden **Verbuschung** der Insel zugenommen haben. Die Brutvogelwelt der Hauptinsel unterscheidet sich stark von der auf der Düne. Dort am häufigsten anzufinden sind die Heringsmöwen *(Larus fuscus)*, auch die schwarzweißen Austernfischer *(Haematopus ostralegus)* sind vertreten. Ferner gibt es Eiderenten auf der Nebeninsel, wo sie ihre Gelege versteckt in den Dünen ausbrüten. Nur noch sehr selten dort zu sehen ist der vom Aussterben bedrohte Sandregenpfeifer *(Charadrius hiaticula)*, von dem es nur noch wenige Hundert Paare in Deutschland gibt.

Der Lummenfelsen

Der **Lummenfelsen** wurde nach den Trottellummen benannt. Er ist nur etwas über einen Hektar groß und an seinen steilen Abhängen herrscht die **größte Brutvogeldichte Deutschlands** (siehe Kapitel „Sehenswertes"). Nur hier an den Felsen und im Meer rund um Helgoland finden seltene Seevögel ideale Brut- und Nahrungsbedingungen vor. Hauptsächlich brüten fünf Vogelarten ihre Eier aus: **Dreizehenmöwen, Trottellummen, Basstölpel, Eissturmvögel** und **Tordalke.** Diese Vögel sind fast das ganze Jahr über auf Helgoland zu sehen, wobei sie im Winter nur vereinzelt vorkommen.

Die **Trottellummen** brüten sonst nur an felsigen Meeresküsten. Alljährlich fanden sich auf Helgoland etwa 3000 Paare ein. Leider befiel die **Vogelgrippe 2022** große Teile der Population, sodass diese sich wieder erholen muss. Das genaue Ausmaß dieser Katastrophe wird sich erst in den nächsten Jahren bewerten lassen. Die schwarzweißen Lummen sind etwa entengroß und ähneln Pinguinen, allerdings ist ihr Schnabel spitzer. Sie sind nur während der Brutzeit hier und leben als hervorragende Taucher

125he_mna

Kurioses aus der Vogelwelt

In den vergangenen Jahren nahm mehrmals ein auf der Nordhalbkugel seltener Gast Kurs auf Helgoland: Der **Schwarzbrauenalbatros** *(Thalassarche melanophris)* ist in der Luft ein eleganter Seevogel, an Land aber eher tollpatschig unterwegs. Eigentlich lebt er auf der Südhalbkugel der Erde. *Franz Bairlein* vom Institut für Vogelforschung sagt, dass einige Albatrosse „kommen, wenn sie – salopp gesagt – herumvagabundieren, auch in die nördlichen Meere". Dann suchen sie Anschluss bei ihren Artverwandten, so auch der Albatros auf Helgoland. Er erreicht eine **Flügelspannweite von bis zu 2,40 Metern.** Der Vogel wurde auch schon auf Sylt gesichtet.

fast das ganze Jahr hindurch auf dem Meer. Die Trottellumme ist die einzige Vogelart, die in den vergangenen 200 Jahren alljährlich auf Helgoland gebrütet hat. Sie sucht im Frühjahr stets denselben Brutplatz auf, an dem sie **ein einziges Ei** auf dem nackten Felsen ablegt. Es ist kegelförmig und gefleckt. Die Eltern bebrüten es abwechselnd auf den Tarsen (Füßen). Dennoch kann bei der Eiübergabe auch schon mal eines abrutschen und auf den Felsen zerschellen. Die Trottellummen brüten rund einen Monat lang dicht gedrängt, oft mehr als 20 Paare auf einem Quadratmeter. Die Küken sind extreme Platzhocker und wenden sich instinktiv vom Hellen weg in Richtung Felswand. Wenn das Küken geschlüpft ist, wird es gut drei Wochen lang von seinen Eltern mit kleinen Fischen gefüttert. Eine Gefahr sind die Silbermöwen, die es nicht nur auf Eier, sondern besonders auf die Jungvögel abgesehen haben. Im Juni lässt sich mit etwas Glück in den Abend- und Nachtstunden der sogenannte **Lummensprung** beobachten. Die Eltern locken die Küken mit ihren Rufen und die flugunfähigen Jungvögel stürzen sich mutig bis zu 50 Meter in die Tiefe. Stummelflügel bremsen den Flug und bei der Landung puffern das weiche Skelett und die Daunenfedern den Sturz ab. In der Regel landen sie unverletzt im Felswatt oder auf dem Wasser, wo die Eltern schon auf sie warten. Erst auf dem Meer lernen die kleinen Trottellummen das Fliegen und kehren

⟨ Vogelbeobachter am Nordstrand

auch schließlich im Erwachsenenalter wieder zurück nach Helgoland. Der Klippenrandweg ist als Vogelbeobachtungspunkt deshalb so faszinierend, weil die Seevögel zur Brutzeit ständig mit teilweise atemberaubenden Flugmanövern an- und abfliegen.

In den steilen Felswänden des Lummenfelsens brütet auch der gänsegroße **Basstölpel.** Er ist mit seinen schwarzen Flügelspitzen und dem vanillegelben Kopf mit hellblau umrandeten Augen auffällig, die Flügelspannweite von bis zu 1,80 Metern beeindruckend. Er brütet erst seit 1991 auf Helgoland. Typischerweise sind es größere Kolonien, in denen die Elternvögel in der Regel

OPENSEA – Schüler erforschen das Meer

Der rasche ökologische Wandel an den Küsten führt zu einem **immensen Bedarf an Grundlagenforschung.** Hierfür sollen auch Schüler ab der Sekundarstufe begeistert und so der Nachwuchs gefördert werden. Das vom **Alfred-Wegener-Institut Station Helgoland** eingerichtete **Schülerlabor OPENSEA** eröffnet jungen Forschern die Möglichkeit, an einem mit rund 400 Tier- und 600 Pflanzenarten besonders vielfältigen Forschungsstandort mitten in der Hochsee selbst zu experimentieren und den Wissenschaftlern des Instituts bei ihrer Arbeit über die Schulter zu schauen. Unter fachkundiger Anleitung planen sie selbst Projekte und führen diese durch.

Das Alfred-Wegener-Institut stellt dafür ein eigenes Forschungslabor zur Verfügung, es lassen sich Freilanduntersuchungen machen und mit dem **Forschungsschiff „Uthörn"** können sogar auf dem Meer Proben entnommen und ausgewertet werden. Die Kinder und Jugendlichen lernen so mit wissenschaftlicher Unterstützung ökologische und naturwissenschaftliche Zusammenhänge besser zu verstehen. Beispielsweise können sie der Frage nachgehen, wie der Klimawandel die Nahrungsnetze verändert, ob eingeschleppte Arten das Ökosystem gefährden oder wie viele Plastikabfälle in die Meeresorganismen gelangen. In **drei- bis fünftägigen Kursen** erlernen die Schüler Basiswissen, und es ist zu wünschen, dass manch junger Gastforscher sein naturwissenschaftliches Potenzial entdeckt und später zum Beruf macht.

▷ Forschungsschiff Uthörn im Hafen Helgoland

pro Jahr ein Junges großziehen. Als Baumaterial für ihre Nester benutzen die Basstölpel normalerweise Algen, immer häufiger jedoch auch Müll aus dem Meer wie Reste von Kunststoffseilen und Fischernetzen (siehe Foto S. 144). Diese können den Vögeln, wenn sie sich darin verheddern, zum tödlichen Verhängnis werden. Vom Klippenrandweg aus sind die Nester mit allen Details gut zu bestaunen. Überall liegen Federn herum. Kommt der Wind aus Westen, lässt sich ein strenger Geruch wahrnehmen. Die **Kolonie wächst** nach der Dezimierung durch die Vogelgrippe hoffentlich im Lauf der nächsten Jahre wieder auf ihren alten Bestand von rund 1000 Brutpaaren an.

227he mna

Die **Dreizehenmöwen** auf dem Lummenfelsen sind am häufigsten anzutreffen. Man erkennt sie an ihrem weißen Federkleid mit schwarzen Flügelspitzen, schwarzen Beinen und dem gelben Schnabel. Dreizehenmöwen zählen zu den mittelgroßen Möwenarten. Sie bauen ihre Nester aus Tang, Algen und Grashalmen auf kleinen Felsen und Vorsprüngen. Aus bräunlich gesprenkelten Eiern schlüpfen nach etwa vier Wochen die Küken. Sie sind Nesthocker und nach einem weiteren Monat bereits flügge. Pro Jahr ziehen sie ein bis drei Junge groß. Die Hochseemöwe hat ihren Namen wegen ihrer Füße mit drei ausgeprägten Zehen, während die Hinterzehe verkümmert ist.

Wenige **Eissturmvögel** brüten auf Helgoland. Sie wiegen knapp unter einem Kilo und sind etwas kleiner als eine Stockente. Sie gehören zur Familie der Röhrennasen und brüten pro Paar jährlich ein Ei aus. Sie verteidigen sich gegen Fressfeinde, indem sie ihr Magenöl ausspeien. Eissturmvögel sind mit den Albatrossen verwandt und ernähren sich von Krebsen, Tintenfischen, Fischen, Schnecken und Quallen. Sie haben eine gedrungene Gestalt. Kopf, Hals und Unterseite sind dunkelgrau bis weiß und der Schwanz hellgrau, während die Oberseite der Flügel ins Bläuliche geht. Die Beine sind kurz und grüngelb.

Auf dem Lummenfelsen nur selten anzutreffen ist der als potenziell gefährdet eingestufte **Tordalk.** Er sieht den Trottellummen sehr ähnlich, ist jedoch kleiner und hat einen deutlich dickeren Schnabel, während der der Lummen nach vorn sehr spitz zugeht. Quer über seine Flügel läuft ein weißer Streifen und an seinem Schnabel befinden sich stellenweise weiße Streifen. Er brütet in kleinen Kolonien auf blankem Boden in Spalten und Nischen pro Jahr ein Ei aus, die Eltern wechseln sich mit dem Bebrüten ab. Nach etwa fünf Wochen schlüpfen die Küken, sie sind echte Nesthocker. Doch schon nach zweieinhalb bis dreieinhalb Wochen können die Jungen fliegen und lernen gemeinsam mit ihren Eltern auf See das Fischen. Kurios ist, dass auch sie einen „Lummensprung“ machen. Tordalken tauchen nicht tief und transportieren die gefangenen Fische quer im Schnabel.

Unser Tipp: Wer mehr Details über Helgolands Vogelwelt erfahren möchte, kann sich auf den Internetseiten der Ornithologischen Arbeitsgemeinschaft Helgoland **www.oag-helgoland.de** informieren und dort auch entsprechende Fachpublikationen bestellen.

Die Naturschutzgebiete

Helgoländer Felssockel und Lummenfelsen

Das Naturschutzgebiet **Helgoländer Felssockel** ist durch eine Fahrrinne zweigeteilt. Es umfasst den Felssockel um die Hauptinsel und den um die Düne. Die Inseln selbst und die Reede zählen nicht dazu. Mit einer einer Gesamtfläche von 51,38 km² ist es das **zweitgrößte Naturschutzgebiet Schleswig-Holsteins.**

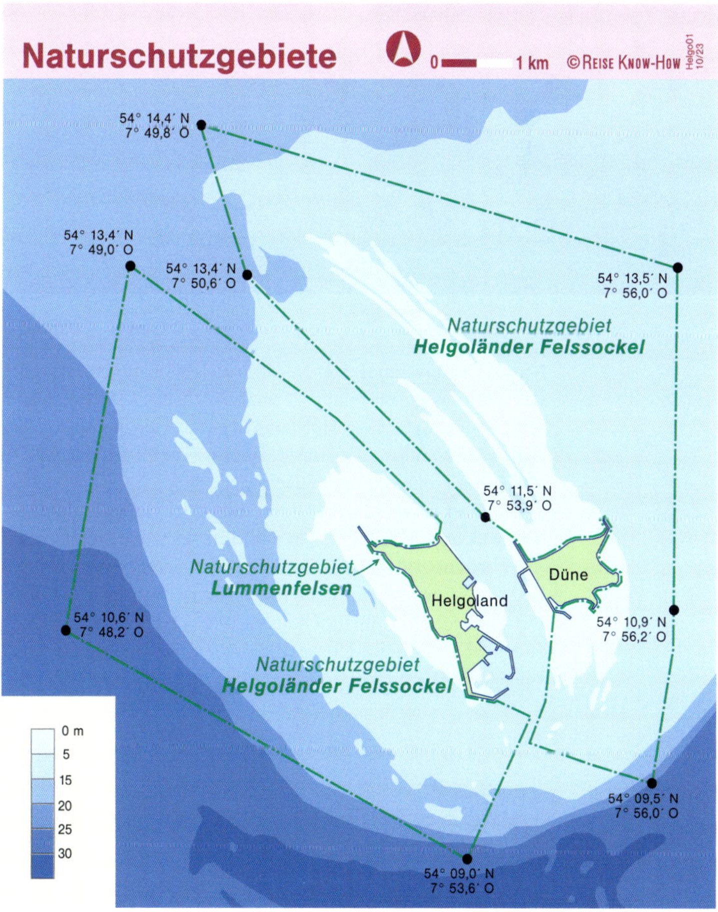

228he mna

Nur das Naturschutzgebiet Nordfriesisches Wattenmeer ist größer, und das gleich knapp 27 mal. Auch das kleinste Naturschutzgebiet Schleswig-Holsteins liegt auf Helgoland: An den steilen Buntsandsteinfelsen der Hauptinsel befindet sich der nur 1,1 Hektar große **Lummenfelsen.**

Das 1981 eingerichtete Naturschutzgebiet **Helgoländer Felswatt** ist Deutschlands einziges maritimes Hartbodenbiotop. Seit 1983 betreut es der Verein Jordsand zum Schutze der Seevögel und der Natur e. V., eine der ältesten Naturschutzorganisationen Deutschlands, ihn gibt es schon seit 1907. Das Schutzgebiet liegt zudem fast vollständig im europäischen Seevogelschutzgebiet Helgoland. Die Bodenoberfläche unter dem bis zu 48 Meter tie-

^ Goldene See mit Klippenrand

> Warnhinweis für Dünenschutz

fen Wasser besteht aus Sand und Felsen. Als Felswatt werden die flachen, leicht seewärts geneigten Fels- oder Brandungsplattformen vor der Steilküste bezeichnet. Der landseitige Teil der Felsplattform fällt bei Niedrigwasser regelmäßig trocken. Betreten darf man das Felswatt nicht, auch Segeln und Tauchen sind nicht gestattet. Der Helgoländer Buntsandstein und der Boden aus Muschelkalk und Kreide bieten einen in Deutschland einzigartigen und außergewöhnlichen Lebensraum für Pflanzen und Tiere, die sich an die wechselnden Nass- und Trockenphasen perfekt angepasst haben. Die Artenvielfalt am Helgoländer Felssockel ist groß.

Dienstag bis Sonntag, immer um 9.50 Uhr, bietet der **Verein Jordsand Führungen** zu verschiedenen naturkundlichen Themen an. Morgendliche Zugvogelführungen gibt es von März bis Mitte Juni und September bis Mitte November. Tickets müssen vorher in der Hummerbude Nr. 35 gekauft werden. Weitere Informationen unter www.jordsand.de. Ansprechpartnerin ist *Rebecca Ballstedt.*

151he_mna

Die Tränen der Sonnentöchter

Obwohl man auf Helgoland so gut wie keinen Bernstein finden kann, wird in den Schaufenstern der Geschäfte **Bernsteinschmuck** ausgestellt. Er ist ein beliebtes Mitbringsel.

Bernstein wird auch als **„Gold des Nordens"** bezeichnet. Nach einer alten griechischen Sage weinten die Töchter des Sonnengotts *Helios* um ihren Bruder *Phaeton.* Er hatte sich mit ihrer Hilfe unerlaubt den Sonnenwagen des Vaters ausgeliehen und war damit tödlich verunglückt. Die weinenden Töchter wurden zur Strafe in Bäume und ihre Tränen in Bernstein verwandelt.

Die Realität kommt dem Ende der Sage recht nahe. Die Römer nannten den Bernstein „Saft" *(succinum),* daraus leitet sich auch der wissenschaftliche Begriff für Bernstein, *Succinit,* ab. Es ist kein richtiger Stein, wie man angesichts des Namens vermuten könnte, sondern es handelt sich um **fossiles Baumharz** aus der Bernsteinkiefer *(Pinus succinifera).* Sie wuchs vor etwa 30 bis 50 Millionen Jahren (Alttertiär) im südlichen Skandinavien, als dort, wie auch in Mitteleuropa, subtropisches Klima herrschte und Pflanzen wie Mammutbäume, Lorbeerbüsche und Stechpalmen prächtig gediehen.

Wurde die Kiefer verletzt, trat das Harz aus der Wunde aus. Leicht flüchtige Bestandteile verdunsteten und das Harz härtete an der Luft schnell aus. Die eigentliche „Versteinerung" dauerte vermutlich weniger als 1000 Jahre. Über einen Zeitraum von etwa zehn Millionen Jahren produzierten Bernsteinkiefern **Harz,** aus dem dann Bernstein wurde. Ihn gibt es auf der ganzen Welt und nicht nur an der Nord- und Ostsee. Bernstein entstand unter **Luftabschluss und Druck.** Viele Einschlüsse sind Fossilien von Pflanzenteilen oder kleinen Tieren, die man in einigen Schmuckstücken gut erkennen kann. Die Tiere kamen hinein, indem sie zufällig an der Harzmasse festklebten, weil sie von der glänzenden Oberfläche angelockt wurden. Größere Tiere konnten sich natürlich befreien, sodass höchstens Haare oder Federn eingeschlossen wurden. Auch Teile von Pflanzen fanden auf diesem Weg in den Bernstein hinein.

Für die heutige Verbreitung des Bernsteins sorgten die letzten **Eiszeiten.** Bei geologischen Veränderungen wurde das Harz mit Wasser überspült und kam so durch Überlagerungen mit Eis in tiefere Sedimentschichten. Insgesamt

> Schaufenster für Bernsteinverkauf

drei Mal sorgten gewaltige Eismassen aus Skandinavien für den Bodenabbrieb. Sie erreichten auch Norddeutschland und lagerten sich am Festland und auf den Inseln ab. An den Strand der Meere gelangt der Bernstein, weil das Wasser den Meeresboden durch die ständige Bewegung abträgt und so immer wieder neue Schichten freigespült werden.

Bernstein gibt es in **vielen unterschiedlichen Größen,** die meisten Stücke sind etwa so groß wie ein **Kieselstein,** größere Funde sind heute selten. Früher barg man auch mächtigere Stücke, der größte bisher bekannte Fund wog **11,5 Kilogramm.** Er wurde 1969 aus der Ostsee gefischt. Bernstein ist nur geringfügig dichter als Wasser und sehr viel leichter als Gestein. Deshalb geht er in Süßwasser unter, während er in salzhaltigem Wasser schwimmt und sich erst in ruhigerem Wasser ablagert. Am Strand ist Bernstein meist nach Stürmen aus östlicher Richtung zu finden und zwar im Spülsaum, wo kleine schwarz-braune und krümelige Holzreste liegen, die ein ähnliches Gewicht wie Bernstein haben. Nicht selten sieht man dann bereits am frühen Morgen die Sammler bei der Suche am Strand.

Die deutsche Bezeichnung „Bernstein" geht auf das mittelniederdeutsche *bernen* (brennen) zurück, denn das Harz ist **leicht entzündlich.** Deshalb wurde es auf den Nordseeinseln früher auch als Brennmaterial genutzt. Auch seine Verwendung als **Schmuckstein** hat eine lange Tradition. Besonders in den Mittelmeerländern waren Schmuckstücke aus dem „Gold des Nordens" schon zu den Zeiten der Römer sehr begehrt und erzielten so hohe Preise, dass man im alten Rom davon sogar einen Sklaven kaufen konnte.

Echt oder unecht? Glatter, trockener Bernstein lädt sich elektrostatisch auf und zieht wie ein Magnet Papierschnipsel und Wollfussel an. Der Test funktioniert aber nicht bei sehr kleinen Funden. Man kann auch einen Teelöffel Salz in einem Glas Wasser auflösen: Schwimmt der Stein darin, ist er echt. Bernsteine sollten **in Wasser** aufbewahrt werden, denn an der Luft verwittern sie im Lauf der Zeit.

135he mna

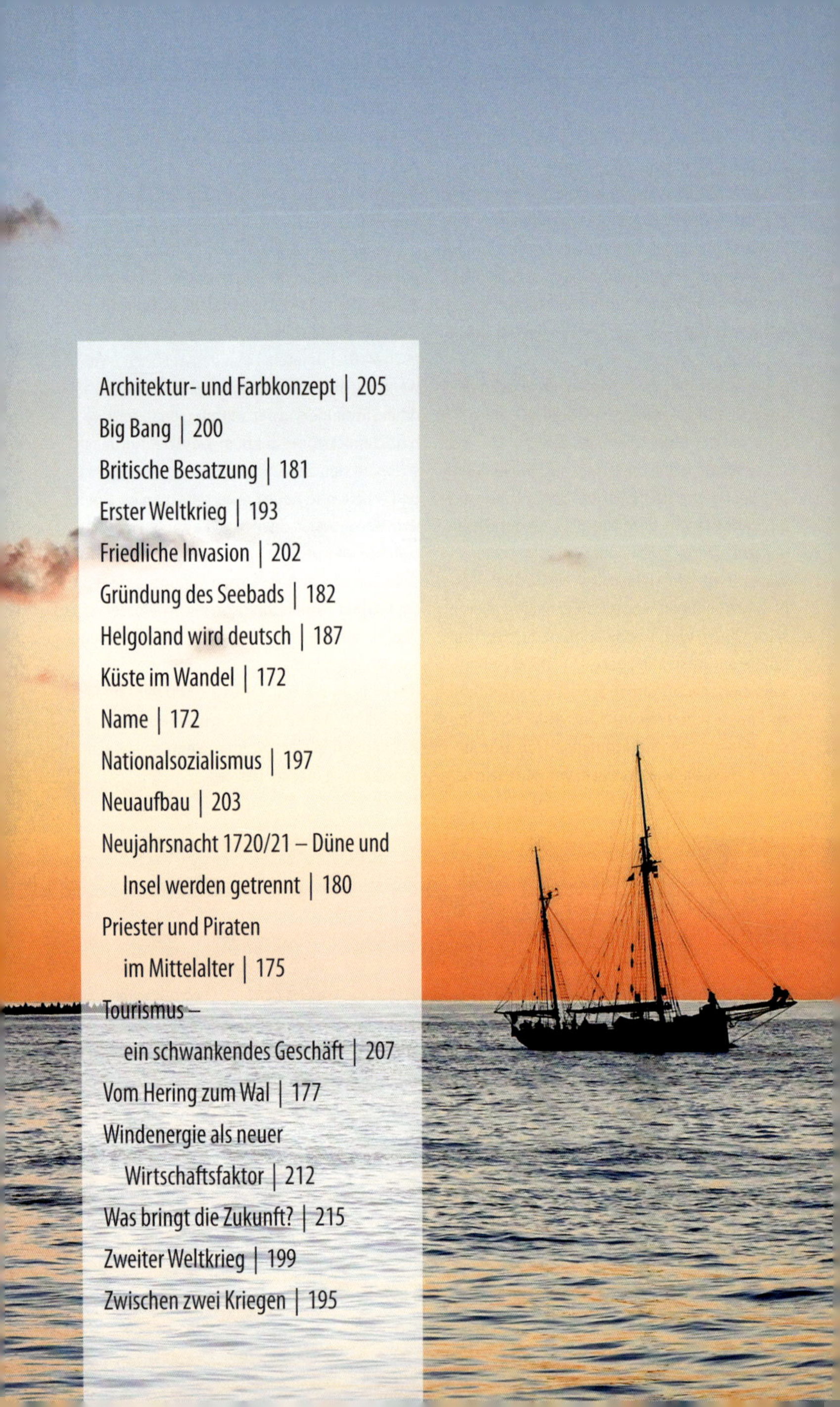

035he mna

4 Inselgeschichte Helgoland

Helgolands wechselvolle Geschichte reicht bis in die Bronzezeit vor etwa 4000 Jahren zurück. Das kleine Eiland war begehrt und mal dänisch, mal deutsch, mal britisch besetzt. Früher lebten die Menschen von Wal- und Fischfang, heute sind Tourismus und Windkraft die bestimmenden Wirtschaftsfaktoren.

Die Schifffahrt war schon in der Vergangenheit von großer Bedeutung

Der Name

Heiligland, deat Lunn

Helgoland leitet sich vermutlich aus dem Niederdeutschen „Heelge Landt" ab, was **„Heiliges Land"** bedeutet. Auch in der ältesten Urkunde über Helgoland aus dem Jahr 700 n. Chr. wird die Insel „Heiligland" genannt, in dem entsprechenden Bericht wird ein Missionsbesuch des Bischofs *Willibrord von Utrecht* erwähnt. In alten Karten finden bereits Namen wie „Hilliglandt", „Halunder Lun" oder „Heligoland" Verwendung. Das liegt vermutlich auch daran, dass **Helgoländisch (Halunder)** eine eigenständige westgermanische Sprache ist, und die Insel zudem so abgeschieden mitten im Meer liegt. Die Halunder, wie sich die Helgoländer selbst nennen, haben eine sehr starke eigene Identität und sind stolz darauf. Sie selbst nennen ihre Insel **„deat Lunn".** Das Wort Lunn ist ein Begriff sowohl für Land als auch für Helgoland und Heimat.

Küste im Wandel

Weite Teile des Gebiets der heutigen Nordsee waren gegen Ende der Weichsel-Kaltzeit vor ca. 11.600 Jahren **trockene Tundra.** Das sogenannte **Doggerland** erstreckte sich zwischen den britischen Inseln und dem europäischen Festland. Große Eisschilde banden damals noch das Wasser der Ozeane, der **Meeresspiegel** lag etwa 60 Meter unter dem heutigen Stand. Durch das wärmere Klima schmolzen die Eisschilde der Nordhalbkugel und der Meeresspiegel stieg in der Folge stetig an. Die dadurch vordringende Nordsee erreichte erstmals um 6500 v. Chr. den Bereich der heute bekannten Küstenlinie. Helgoland verband damals noch eine **Landbrücke mit dem Festland.** Die markanten Buntsandsteinfelsen ragten auch zu dieser Zeit bereits aus der flachen Landschaft heraus. Doch mit dem stetigen Anstieg des Meeresspiegels wurde die Landverbindung nach und nach über-

▷ Roter Fels und Nordsee im Abendlicht

spült. Die höher gelegenen Dünengebiete und Felsen entwickelten sich zur Insel, die aber lange Zeit noch deutlich größer als heute war. Vor rund 5000 Jahren begann dann die **Formung der nordfriesischen Küste** bis sie ihre heutige Gestalt erreichte.

Frühe Besiedlung

Menschen hielten sich in der Region der heutigen Nordsee schon lange auf, wenn auch nur wenige. Zur Zeit des Doggerlands vor etwa 10.000 Jahren lebten hier **Wildbeuter** und **Rentierjäger.** Die Landschaft bestand aus flachem Grasland und war weitgehend ohne Baumbewuchs. Letztlich aber mussten die Menschen vor dem auflaufenden Wasser in die höher gelegenen Regionen flüchten. Sie ernährten sich vorwiegend vom **Fischfang** und von der **Jagd** auf Vögel und andere Tiere. Einzelne Funde von Pfeilspitzen, Sicheln und anderen Steingeräten belegen das.

Man vermutet, dass bereits in der **Bronzezeit** vor etwa 4000 Jahren auf Helgoland **Kupfer** abgebaut wurde. Dieses verlor anschließend wieder an Bedeutung. Sicher ist, dass Helgoland reiche Kupfervorkommen hat. Diese liegen allerdings weitgehend unter dem Meeresspiegel, sodass sich ein Abbau nicht lohnt. Im **Museum Helgoland** sind Helgoländer Kupfererze und Verhüttungsschlacke sowie mehrere Kupferscheiben ausgestellt. Diese haben große Ähnlichkeit mit Funden aus der Bronzezeit.

100he_mna

Ein einziges Relikt, das den Reichtum der bronzezeitlichen Bewohner Helgolands belegt, ist das 1892 dort entdeckte **Steinkistengrab.** Es beinhaltete ein gut erhaltenes Skelett, einen Dolch und eine bronzene Ziernadel. Das Grab stammt aus der Zeit zwischen 1500 und 1400 v. Chr., das Original wurde nach seinem Fund zur archäologischen Untersuchung nach Berlin geschickt. Dort geriet es allerdings in Vergessenheit und tauchte erst im Jahr 2008 zufällig wieder auf. Ein Nachbau dieses bedeutenden Fundes steht heute gut sichtbar vor dem Museum Helgoland.

Antike und Nordsee

Ob Helgoland zur Zeit der **Antike** von Griechen oder Römern besucht worden ist, bleibt völlig unklar. Dass der Hellene *Pytheas von Massila* (etwa 380–310 v. Chr.) bei seinen Seereisen das Wattenmeer der Nordsee erreichte, ist bis heute nicht zu beweisen. Aus seinen Berichten geht aber hervor, dass an den Stränden der Insel **Abalus Bernstein** angespült wurde. *Pytheas* beschrieb das „Gold des Nordens“ erstmals zutreffend als **fossiles Baumharz.** Mit *Abalus* (oder *Abalon*) könnte Helgoland gemeint sein. Die späteren römischen Berichte entstanden in der Zeit um die Geburt Christi und beziehen sich auf die Eroberungsversuche der Römer im nördlichen Germanien. Dass jedoch die Feldherren *Drusus* und *Tiberius* weiter als bis zur Wesermündung kamen, ist nach dem heutigen Stand der Forschung relativ unwahrscheinlich. Denn mit den **gefährlichen Fahrwassern im Wattenmeer** hatten die römischen Eroberer ihre Probleme. So berichtete der römisch-griechische Geschichtsschreiber *Cassius Dio* (um 163–229): „Als *Drusus* dann in das Land der Chauken eingefallen war, geriet er in eine gefährliche Lage, da seine Schiffe in Folge der Ebbe des Ozeans auf dem Trockenen sitzen blieben.“

Priester und Piraten im Mittelalter

Frühe Missionierungsbemühungen

Bereits im Mittelalter wurde die Insel Helgoland in einigen Schriften erwähnt. Der Friesenkönig *Radbod* soll 693 nach Helgoland geflüchtet sein. Entsprechende Berichte des Bischofs *Willibrord von Utrecht* (ca. 658–739) zeugen von **Missionierungsbemühungen** bei den Friesen. Auf Helgoland waren diese noch erfolglos. Erst 100 Jahre später, um das Jahr 791, bekehrte Bischof *Luidger* aus Münster die Insulaner zum christlichen Glauben.

Seeräuber: Klaus Störtebeker und Hans Pommerink

In seinem Bericht „Res Gestae" sprach *Adam von Bremen* 1076 von einem „Heiligland", 1231 fand Helgoland auch im „Erdbuch" des dänischen Königs *Waldemar II.* Erwähnung. Im 14. Jahrhundert beherrschten **Seeräuber** die Deutsche Bucht. Helgoland war aufgrund seiner idealen Lage in der Nordsee für die Freibeuter ein wichtiger Stützpunkt auf ihren Beutezügen.

Am 22. April 1401 stellte ein Verband von Schiffen im Auftrag von Hamburger Kaufleuten die Piraten, die vermutlich unter der Führung des legendären Seeräubers **Klaus Störtebeker** standen, endgültig. Sie wurden nach einem erbitterten Kampf vor Helgoland gefangen genommen und auf dem **Schiff „Bunte Kuh"** – einer vermutlich in Flandern gebauten Schnigge – nach Hamburg gebracht. Ein Traditionslokal auf der Insel am Ende der Hummerbuden ist nach diesem Schiff benannt. Die Seeräuber wurden auf dem Hamburger Grasbrook durch das Schwert hingerichtet. Ihre Köpfe steckte man zur Abschreckung auf Pfähle und stellte diese an der Elbe auf (siehe auch Exkus „Der legendäre Klaus Störtebeker").

1545 machte erneut ein Pirat auf Helgoland von sich reden. **Peter Wiben** lebte in der ersten Hälfte des 16. Jahrhunderts in Dithmarschen und ließ sich unter dem Decknamen **Hans Pommerink** auf Helgoland nieder. Zusammen mit seinem Bruder und einer zehnköpfigen Bande unternahm er von der Insel aus Raubzüge an die Dithmarscher Küste. Am 17. Mai 1545 überwältige eine eigens zu diesem Zweck ausgesandte 100 Mann starke Truppe die Seeräuber und tötete sie. Die Leichen wurden ans Festland gebracht und in Heide sogar post mortem noch geköpft und gerädert.

Der legendäre Klaus Störtebeker

Aus welchem Ort der Anführer der berüchtigten Vitalienbrüder stammte, ist unbekannt. Es gibt mehr Mythos als historische Überlieferung, und wer an der Nordseeküste unterwegs ist, wird fast überall Hinweise auf den berühmten Seeräuber finden. Im Verfestungsbuch Liber postscriptorum taucht der **Name** *Nicolao Stortebeker* in Zusammenhang mit einer Prügelei 1380 erstmals auf. Das legt die Vermutung nahe, dass es sich um *Klaus Störtebeker* gehandelt haben könnte. Aus *Nicolao* wurde *Nikolaus* und daraus die Kurzform *Klaus*. Der Name *Nikólaos* stammt aus dem Altgriechischen und bedeutet „Sieg des Volkes". Es spricht auch deshalb einiges für diese These, weil der Heilige *Nikolaus* als Schutzheiliger, u. a. der Seefahrer und Schiffer gilt und somit der Bezug zur Seefahrt gegeben ist.

Der Name *Störtebeker* kommt aus dem Niederdeutschen und bedeutet „Stürz den Becher", was vermutlich mit den trinkfesten Sitten der Seefahrer zusammenhängt. Die Mär, *Klaus Störtebekers* Name sei darauf zurückzuführen, dass er angeblich einen vier Liter fassenden Bierkrug auf ex trinken konnte, ist allerdings nicht belegt. Der Störtebeker-Pokal der Hamburger Schiffergesellschaft, auf den häufig verwiesen wird, ist jedenfalls erst 250 Jahre nach *Störtebeker* gefertigt worden. Es besteht aber auch die Möglichkeit, dass ein Zusammenhang mit dem Kaufmann und Kapitän *Johann Störtebeker* aus Danzig besteht. Vermutlich ist die Legende um den „Robin Hood der Meere" aus einer Mischung von Geschichten beider Personen entstanden. Nach heutigem Stand der Forschung ist es **eher unwahrscheinlich,** dass es den Piraten *Klaus Störtebeker* als Person tatsächlich jemals gab.

Bei Konflikten unter den mächtigen Adeligen, die um die Herrschaft Dänemarks rangen, trat sein Name erstmals auf. König *Albrecht von Schweden* und die dänische Königin *Margarethe I.* warben Freibeuter an, damit diese die jeweils gegnerischen Schiffe kaperten. *Klaus Störtebeker* verdingte sich als Freibeuter für Mecklenburg. Als die Dänen 1389 Stockholm belagerten, stellte eine Gruppe von Seefahrern zunächst als Blockadebrecher die Versorgung der Bevölkerung mit Lebensmitteln (Viktualien) sicher. Daraus leitet sich der Begriff **Vitalienbrüder** ab. Zudem war die Bruderschaft durch **Kaperbriefe** der Hansestädte Wismar und Rostock berechtigt, dänische Schiffe aufzubringen. Dieses wilde Leben gefiel den Kaperfahrern (Niederdt. „Likedeeler", also „Gleichteiler") so gut, dass sie nach dem Krieg als Seeräuber weitermachten. Sie kamen mit ihrer Beute aus Fisch, Pelze, Fleisch und anderen Handelswaren auch zu einem gewissen Reichtum.

Die Piraterie machte auch Bremer und Hamburger Kaufleuten das Leben schwer und so versuchten sie mit allen Mitteln, *„Klaus Störtebeker"* und seinen Kumpanen das Handwerk zu legen. Doch hielt er sich zunächst der Legende nach in Ostfriesland versteckt. Später schickten sie eine Flotte von elf Koggen in die Nordsee, der vor Helgoland ein **vernichtender Schlag gegen die Seeräuber** gelang. 40 Seeräuber starben, 73 Mann wurden gefangen genommen und später enthauptet. Ob ihr legendärer Anführer mit darunter war, lässt sich nicht belegen. Allerdings wird sein Name anschließend nicht mehr in Berichten über Piraterie erwähnt. Tatsache ist jedoch, dass ein Seeräuberschädel, aus dem man sein früheres Erscheinungsbild rekonstruiert hat, nichts mit *Klaus Störtebeker* zu tun hat. So viel hat die aktuelle Forschung immerhin ergeben.

Vom Hering zum Wal

Die Bedeutung des Fischfangs

Helgoland stand vom 12. bis 14. Jahrhundert unter dänischer Herrschaft und wurde bei einer Landteilung 1544 dem Herzogtum Schleswig-Holstein-Gottorf zugeteilt, wo es den Grad einer Landschaft mit hoher Selbstverwaltung hatte. Unabhängig davon, zu welchen weltlichen Herrschern die Insel gehörte, lebten die rund 300 Helgoländer hauptsächlich vom Fischfang – überwiegend jagten sie **Heringe** –, der im 15. und 16. Jahrhundert besonders ergiebig war.

Die Helgoländer Fänge versorgten die gesamte Küste, bis Rom wurden **Heringe in Salz** geliefert, und ein gewisser Wohlstand hielt auf der kargen Insel Einzug. Dann blieb der Hering mysteriöserweise aus. Bis heute rätseln Fischereibiologen über die Gründe. Es handelte sich wohl um einen der großen natürlichen Zyklen, die es auch in früheren Zeiten schon gab. Die Helgoländer fingen danach hauptsächlich im zweiten und vierten Quartal des Jahres **Schellfisch** mit Langleinen, dessen Fang – bis zum

Der Walfang im Nordatlantik führte fast zur Ausrottung der Tiere

283he smn

108he_WCjdv

Ende des 19. Jahrhunderts die Fischdampfer aufkamen – auch ein ertragreiches Geschäft war. Zeitweise waren bis zu hundert Inselboote im Einsatz. Ende des 17. Jahrhunderts lebten bereits etwa 1000 Menschen auf der Insel. Zu dieser Zeit fuhren Helgoländer Kapitäne und Steuerleute auf fremden Schiffen in alle Welt, heuerten auf **Walfängern** aus Holland und in den deutschen Hansestädten an, oder sie fuhren sogar auf eigene Rechnung zum **Robbenschlagen** ins nördliche Eismeer.

Nicht die Abenteuerlust zog die Männer ins Nordmeer, sondern die Aussicht auf einen anständigen Lohn. Der 1619 auf Helgoland geborene *Erck Rickmers* stieg sogar zum **Konvoi-Kommandanten** auf und wurde ein reicher Mann. Viele Walfänger kamen ums Leben, denn die Jagd auf den Wal im Europäischen Nordmeer war ein riskantes Unterfangen. Zudem gingen bereits

Niederländischer Grönlandfahrer „Zaandam" (Gemälde von Jochem de Vries, 1772)

in der zweiten Hälfte des 18. Jahrhunderts die Walbestände spürbar zurück. Gejagt wurden vor allem der **Grönlandwal** *(Balaena mysticeus)* und der **Nordkaper** *(Eubalaena glacialis),* weil diese mit einer Geschwindigkeit von acht Stundenkilometern zu den langsamen Schwimmern gehörten und deshalb verhältnismäßig leicht zu erlegen waren. Die Wale wurden von **Beibooten** aus gejagt. Die Besatzung musste rudern, und der Harpunier hatte den Wal mit einer geworfenen Harpune möglichst empfindlich zu treffen.

Nach dem Tod der Beute gingen die Wale wegen ihrer **Speckschicht** nicht unter und waren deshalb gut zu bergen. Um 1700 war der Grönlandwal im Nordatlantik so gut wie ausgerottet, dem Nordkaper ging es nicht anders. Der Walbestand hat sich bis heute vom damaligen Gemetzel nicht mehr erholen können. Vom Nordkaper gibt es heute nur noch etwa 300 Tiere, die Tendenz ist weiter fallend.

Auch der **Hummerfang** spielte eine bedeutende Rolle (siehe Exkurs „Hummerfischerei und Taschenkrebsfang"). Er wurde nicht nur für den Eigenbedarf betrieben, sondern die Fänge wurden auch exportiert. Beispielsweise importierte ein Londoner Händler im Jahr 1714 die stattliche Zahl von 35.000 Hummern aus Helgoländer Gewässern.

Das Nordsee-Eiland blieb weiterhin Fischerinsel, nur die **Herrschaftsverhältnisse** wechselten zwischen der Regentschaft des Herzogtums Schleswig-Gottorp, das sich mit Schweden verbrüdert hatte, und der dänischen Krone. 1714 besetzten die Dänen schließlich unter König *Friedrich IV.* die Gottorpschen Territorien in ganz Schleswig-Holstein und erhoben auch Besitzansprüche auf Helgoland. Die dänische Flotte beschoss die Insel, und den Insulanern blieb nichts anderes übrig als sich zu ergeben. Von diesem Zeitpunkt an stand Helgoland unter dänischer Herrschaft, ein Landvogt auf der Insel vertrat die politischen Interessen des Landes.

Im 18. Jahrhundert wurde das felsige Eiland von **Naturforschern** entdeckt. Der Göttinger Professor *Georg Christoph Lichtenberg* (1742–1799) besuchte Helgoland, einige Jahre später kam auch *Alexander von Humboldt* (1769–1859). Sie waren beeindruckt von dem Felsplateau in der See und der Einzigartigkeit der insularen Flora und Fauna.

Neujahrsnacht 1720/21 – Düne und Insel werden getrennt

Das Witte Kliff verschwindet weitgehend im Meer

Vor ein paar Hundert Jahren war Helgoland etwa viermal so groß wie heute. West- und Ostteil der Insel verband die Landbrücke De Woal, ein Wall aus Geröll und Sand. Im Bereich der heutigen Düne erhob sich damals ein mächtiger Kreidefelsen – das **Witte Kliff.** Er bestand aus **Ablagerungen von verfestigtem Muschelkalk.** Schon im 15. Jahrhundert begannen die Helgoländer, diesen abzubauen und als Baustoff in großem Stil ans Festland zu verkaufen. Er wurde in den Hansestädten verbaut und ist auch heute noch in den Fugen alter Steinhäuser zu finden. Der Kalkabbau unterhöhlte die Insel nach und nach, hinzu kamen gewaltige Stürme und Fluten, die beständig Schaden anrichteten. **1711 während einer großen Sturmflut** versank das Witte Kliff weitgehend im Meer, seine Kreidefelsen bilden aber nach wie vor den Sockel für die heutige Insel Düne. Einige Jahre später, in der Nacht auf den **1. Januar 1721,** wurde die schmale Landbrücke ebenfalls weggespült – Helgoland war von diesem Zeitpunkt an durch eine breite Rinne zwischen Hauptinsel und Düne getrennt.

036he mna

Die britische Besatzung

Eroberung durch die Engländer im Jahr 1807

Seit 1665 arbeiteten die Helgoländer auch als **Lotsen** – zunächst als Privileg rund um die Insel und ab 1787 in der ganzen Deutschen Bucht. Erst mit der **Eroberung der Insel durch die Engländer im Jahr 1807** endete das Helgoländer Lotsenwesen. Statt der dänischen Nationalflagge wehte nun also die britische über der Insel. Vorausgegangen war die Niederlage *Napoleons* in der Seeschlacht von Trafalgar am 21. Oktober 1805. Daraufhin erhob er eine Kontinentalsperre, die den Handel zwischen Großbritannien und dem Kontinent verhindern sollte. Als Antwort darauf besetzten die Engländer dann 1807 Helgoland, was die Inselbewohner fast ihrer Existenzgrundlage beraubte. Es kam zur **schlimmsten Hungersnot der Inselgeschichte.** Erst als sich das Eiland aufgrund seiner geografischen Lage als **idealer Schmuggelstützpunkt** für die englischen Handelshäuser entwickelte, kam es bis 1813 zu einem wirtschaftlichen Aufschwung.

Bei den englischen Besatzern waren die Insulaner als Lotsen, Umschlagshändler und Vermieter von Lagerräumen sehr gefragt. Nach der Niederlage der britischen Gegner, den politischen Verbündeten Dänemark und Frankreich, **endete die Kontinentalsperre,** und Helgoland blieb weiter britisch. Doch das bekam der Inselökonomie gar nicht gut, denn das Schmuggelgeschäft endete abrupt. Als dann auch noch die Seehäfen an Ems, Weser und Elbe ihr eigenes Lotsenwesen aufbauten, kehrte die Armut wieder nach Helgoland zurück. Die alten Erwerbszweige Fisch- und Hummerfang, die Bergung von Strandgut oder Lotsendienste reichten für das tägliche Leben kaum noch aus.

UNSER TIPP: Auf dem Unterland an der Landungsbrücke beginnt ein **Lehrpfad zur Inselgeschichte,** der ab dem zweiten Haltepunkt im Uhrzeigersinn um das Oberland herumführt. 16 gelb markierte Pyramiden mit vielen Informationen weisen den Weg. Eine entsprechende Broschüre mit Karte ist bei der Helgoland-Touristik erhältlich.

[<] Heute kaum noch vorzustellen,
aber früher war die Düne mit der Insel verbunden

Gründung des Seebads

Die Theorie Richard Russels

Der britische Arzt *Richard Russell* (1687–1759) stellte die Theorie auf, dass **Meerwasser zu Therapiezwecken** eingesetzt die Gesundheit stärke. In Brighton setzte er seine Theorien in die Praxis um. Und dort, in England, begann die **Seebäderkultur.** *Russell* trug maßgeblich dazu bei, dass Aufenthalte an der See in der zweiten Hälfte des 18. Jahrhunderts beliebt wurden. Es gab kaum noch Zweifel daran, dass **Meeresheilkunde und Thalas-**

so-Therapie in Verbindung mit **pollenarmer Luft** den menschlichen Atemwegen zugute kommen würden. Dieses Wissen verbreitete sich daraufhin auch in Deutschland. Ein großer Befürworter der britischen Entwicklung war auch der Physiker und Naturwissenschaftler *Georg Christoph Lichtenberg* (1742–1799). Er hatte den Badebetrieb in England kennengelernt. In einer Streitschrift stellte er die Frage: Warum hat Deutschland noch kein großes öffentliches Seebad?

☑ Auch die Nebeninsel Düne wird zum Seebad

289he AMH

Jacob Andresen Siemens

1793 war es dann so weit, **Heiligendamm** an der Ostsee war der **erste deutsche Seebadeort.** An der Nordsee war man auf Norderney am schnellsten, 1797 kamen die ersten offiziellen Badegäste auf die Ostfriesische Insel. Ab 1823 beschäftigte sich der gebürtige Helgoländer Schiffszimmermann *Jacob Andresen Siemens* mit der Idee, Helgoland zu einem Seebad zu machen, um zahlungskräftige Erholungssuchende anzulocken. Trotz des heftigen Widerstands seitens der Insulaner setzte *Siemens* sein Vorhaben am 9. Februar 1826 mit Unterstützung von 18 Aktionären aus Hamburg und Altona in die Tat um und gründete eine **See-Badeanstalt.** Zu seinen Lebzeiten fand *Siemens* jedoch keine Anerkennung und Würdigung mehr. Am 19. September 1849 starb er verarmt in London an der Cholera. Heute erinnert ein Denkmal an der Kurpromenade an ihn, ein Platz und eine Straße im Unterland tragen seinen Namen.

Die Düne bei Helgoland, 1854

132he_WCcm

Rasch steigende Besucherzahlen

Bescheiden begann der Badebetrieb mit zwei Badekarren am Südstrand und vieren auf der Nebeninsel Düne. Die **erste Saison** brachte rund **100 Badegäste** nach Helgoland, zwei Jahre darauf waren es schon doppelt so viele. Doch damals gab es noch keinen Hafen. Alle ankommenden Besucher mussten vor der Insel **ausgebootet** werden. Dieses Privileg des Ausbootens hatten nur die Helgoländer Fischer. Eine weitere Besonderheit zu dieser Zeit war die **„Fremdentrauung".** Ohne vorher ein Aufgebot zu bestellen, konnten die Gäste schnell heiraten.

Reiseziel für wohlhabende Gäste

Als besonders segensreich für Helgoland erwies sich der niederländische Badearzt *Dr. Heinrich von Aschen,* der viel für das gesunde Klima der Insel warb und vor allem medizinische Argumente betonte. „In Bezug auf den Genuss der Seeluft hat Helgoland vor vielen anderen Seebädern den Vorteil seiner Lage weit im Meere voraus, wodurch bei jeder Windrichtung die Seeluft nicht mehr von der Landluft verdrängt wird", beschrieb 1869 ein Buch von *Dr. Julius Braun* die Vorteile verschiedener Nordseebäder. Die Insel wurde schnell zum angesagten Reiseziel bei **Künstlern,** dem **Adel** und anderen Gästen, die es sich leisten konnten. Im 19. Jahrhundert erlebte Helgoland eine erste Blütezeit. Unter anderem schrieb der Germanistikprofessor *August Heinrich Hoffmann* (1798–1874) – genannt *Hoffmann von Fallersleben* – 1841 auf Helgoland den Text der späteren deutschen Nationalhymne (siehe gleichnamigen Exkurs). Etwa um diese Zeit entwickelte der Badearzt *von Aschen* ein Schauspiel der besonderen Art. Sehr zerklüftete und romantische Stellen der **Helgoländer Steilküste** wurden in der Dunkelheit mit **bengalischen Feuern** ausgeleuchtet und boten den Besuchern ein unwirkliches und erhabenes Lichtspektakel.

Richtig Aufschwung nahm der Tourismus, als im Jahr 1829 das erste **Seebäderschiff** „De Beurs van Amsterdam" von den Niederlanden aus und ab 1834 von Hamburg aus die Raddampfer „Patriot" und „Elbe" die Insel regelmäßig anfuhren und damit der sogenannte Seebäderdienst aufgenommen wurde. Bereits 1838 kamen mehr als 1000 Gäste auf die Insel. Nach und nach wurde der Tourismus zu einem **wichtigen Wirtschaftsfaktor** und ein gewisser Wohlstand kehrte auf die Insel zurück. Der britische Gouverneur *Sir Henry Maxse* (1832–1883), der später sogar den Titel eines Kurdirektors ehrenhalber führen durfte, gründete verschiedene öffentliche Einrichtungen wie ein „Conversationshaus", ein Warmbadehaus, eine Schwimmhalle und 1868 sogar das „Kurtheater". Da die meisten Gäste aus dem Bil-

HAMBURG-HELGOLAND
WYK auf FÖHR und SYLT.
Salon-Schnelldampfer-Fahrten
pr. Dampfer
FREIA
Abfahrt der „Freia“
Sommerkarten,

110he_AMH

dungsbürgertum kamen, wurde das Angebot gern angenommen. Das Helgoländer **„Kurtheater"** erlangte durch niveauvolle Darbietungen auch überregional einen guten Ruf, dem namhafte Darsteller gern folgten. *Maxse* ließ ebenfalls augenfällige Gästehäuser bauen, auch die **erste Landungsbrücke** entstand 1869 am Südstrand. Als *Maxse* 1882 die Insel verließ, wiesen bereits alle Vorzeichen auf weiteres Wachstum hin. 1886 besuchten schon 8340 Menschen die Insel und sie kam in Mode. Die Reedereien boten ihren Gästen viel Bequemlichkeit bei der Überfahrt und setzten auf gehobene Gastronomie an Bord. Den Helgoländern ging es unter den Briten gut, beide Parteien verstanden sich ausgezeichnet. Aus der Idee des Seebadgründers *J. A. Siemens* hatte sich die inzwischen wichtigste Einnahmequelle für die Inselbewohner entwickelt.

Helgoland wird deutsch

Teil des deutschen Kaiserreichs

1890 stand ein erneuter Flaggenwechsel an, denn die Insel wurde mit dem **Helgoland-Sansibar-Vertrag** an das Deutsche Reich übergeben. Das Bestreben, Helgoland zu erwerben, deutete sich schon 1872 an, als der spätere deutsche Kaiser *Wilhelm II.*, ein Enkel der britischen *Queen Victoria*, verkündete, dass Helgoland eigentlich zu Deutschland gehören müsse. Dahinter steckten **strategische Gründe.** Aber erst am 1. Juli 1890 wurde die Insel Teil des deutschen Kaiserreichs, als Deutschland große Teile seiner ostafrikanischen Kolonien an die Briten abtrat, deren Herrschaft über Sansibar anerkannte und dafür Helgoland bekam. Das gefiel nicht allen. Spötter kommentierten die Vereinbarung mit der Bemerkung, man habe eine „Hose gegen einen Hosenknopf" getauscht.

Hoher Besuch

Am **10. August 1890,** einem Sonntag, legte ein Schaufelraddampfer vor der Insel an: **Kaiser Wilhelm II.** besuchte Helgoland, um im Beisein von britischen und deutschen Delegationen sowie vielen geladenen Gästen mit einem Festakt offiziell die deutsche Flagge zu hissen. Fast jährlich kam er später zu Besuch.

◁ Plakatwerbung für Dampferfahrten von Hamburg nach Helgoland

Die deutsche Nationalhymne

Die Geschichte der deutschen Nationalhymne und wie der Theologe, Philosoph und Germanistikprofessor **August Heinrich Hoffmann von Fallersleben (1798–1874)** dazu kam, den **Text** zu schreiben, ist kurios: 1830 wurde *Fallersleben* zum außerordentlichen Professor ernannt und habilitierte sich 1835 zum Professor der deutschen Sprache und Literatur. Er war Dichter und Gelehrter zugleich, Volksliedsammler, Kirchenliedforscher und ein politisch engagierter Liedermacher. Auch verfasste er viele Kinderlieder, darunter „Alle Vögel sind schon da" und „Ein Männlein steht im Walde".

Zeitlebens brachte ihn sein **kritischer Geist** und schwieriger Charakter in Misskredit. Als *Hoffmann von Fallersleben* 1841 von Hamburg nach Helgoland übersetzte – damals war das Eiland britisch – spielte die Schiffskapelle zwei Lieder: die Marseillaise für die französischen und „God save the king" für die britischen Fahrgäste. Die Deutschen an Bord wurden zwar auch begrüßt, aber ohne Musik, und das wollte *Hoffmann von Fallersleben* nicht einfach so hinnehmen. Nach seiner Ankunft machte er sich daran, „Das Lied der Deutschen" zu dichten.

Seit dem Jahr 1815 bestand Deutschland aus vielen Einzelstaaten. Der visionäre Dichter träumte von einer vereinigten Nation. Und diesen Wunsch drückte er bereits in der ersten Zeile aus: „Deutschland, Deutschland über alles". Das Deutschlandlied bestand aus drei Strophen. Es wurde gefeiert, geändert, vor allem von den Nationalsozialisten missbraucht und viel diskutiert. Die **Musik** der deutschen Nationalhymne wurde jedoch schon viel früher komponiert. Sie stammt aus dem Lied „Gott erhalte Franz, den Kaiser" von **Joseph Haydn (1732–1809),** einer Lobpreisung des österreichischen Regenten *Franz II.*

Erst im Jahr 1922 ließ der deutsche Reichspräsident und Sozialdemokrat *Friedrich Ebert* das **Deutschlandlied** erstmals offiziell aufführen – allerdings ohne den Begriff „Nationalhymne" zu verwenden. Er befand, dass „die Sehnsucht aller Deutschen" im Dreiklang „Einigkeit und Recht und Freiheit" sehr treffend ausgedrückt sei.

Nach dem Mauerfall wurde die dritte Strophe des Deutschlandlieds zur Nationalhymne des wiedervereinten Deutschlands, auch wenn es bis heute kein förmliches Gesetzt dafür gibt. Der Text lautet:

„Einigkeit und Recht und Freiheit
für das deutsche Vaterland.
Danach lasst uns alle streben
brüderlich mit Herz und Hand.
Einigkeit und Recht und Freiheit
sind des Glückes Unterpfand:
Blüh im Glanze dieses Glückes,
blühe, deutsches Vaterland."

[>] Der Vater der deutschen Nationalhymne: August Heinrich Hoffmann von Fallersleben

Eines seiner Gedichte aus dem Sommer 1842 widmete *von Fallerlsleben* der Insel. Er motiviert darin die Leser, sich auf die Reise ins **Seebad Helgoland** zu begeben. Lange galt das Gedicht als verschollen und wurde erst spät wiederentdeckt.

„Freunde, geht ins Seebad!
Jedes Leid und Weh
lindert und beschwichtigt,
scheucht und heilt die See.

Jedem wird Genesung
in der See zuteil,
jedem Rang und Stande
bringt das Seebad Heil.

Wer auf festem Lande
nirgend Heilung fand,
wird sie wahrlich finden
dort in Helgoland. –

Vetter Michel höret
dieses frohe Wort,
macht sich auf und eilet
nach der See sofort.

Und er badet täglich
in des Weltmeers Flut,
denn er weiß, das Seebad
machet alles gut."

Zum 50. Jahrestag der Entstehung des Deutschlandlieds errichteten die Helgoländer ein **Denkmal mit der Büste des Hoffmann von Fallerleben.** Diese wurde bei der Bombardierung der Insel am 18. April 1945 beschädigt und galt lange als verschollen, bis sie in Dithmarschen wieder auftauchte. Anhand alter Fotos rekonstruierte der Bildhauer *Hans Heinz Domke* aus Marne *Fallerlebens* Gesicht und die Büste wurde rekonstruiert. Seit dem 119. Jahrestag der Entstehung des Deutschlandlieds im Jahr 1960 steht sie an der Helgoländer Landungsbrücke und erinnert an den Literaten und Querdenker.

037he mna

290he mhas

Politisch wurde die Insel dem preußischen Staat und die Gemeinde der Provinz Schleswig-Holstein zugeordnet. Die Helgoländer brauchten sich nicht groß umzustellen, denn ihre eigene Sprache Halunder, das Helgoländer Friesisch, hatten sie von jeher gepflegt, und auch vom **Zoll** blieben sie weiterhin unbehelligt. Bis heute dürfen sie mit zollfreien Waren handeln. Aufgrund seiner strategischen Bedeutung als Militärstützpunkt wurde Helgoland in den nachfolgenden Jahren **zu einer Seefestung ausgebaut.** Denn von der Insel aus ließen sich die Mündungen der Flüsse Elbe und Weser durch auf dem Oberland stationierte große Geschütze kontrollieren. Auch der Stützpunkt der kaiserlichen Marine in Wilhelmshaven war ebenso in Reichweite, wie der gerade im Bau befindliche Kaiser-Wilhelm-Kanal, der heutige Nord-Ostsee-Kanal.

Kaiser Wilhelm II. vor dem Gouverneurshaus 1890, Foto von Franz Schensky

Landungsbrücke und Kurhaus 1895

„Helgoland, du deutscher Port,
Schütze uns nun immerfort.
Sende deine Feuerszeichen,
Dass die Feinde scheu entweichen.
Zeige dich als starke Wehr,
Uns zum Ruhme, dir zur Ehr."

Postkartenvers von 1901

Um 1890 entstand mit Hilfe von Landaufspülungen vor der Südspitze der Insel ein **Marinehafen.** Die Königlich Preußische Bauverwaltung gab die Errichtung eines runden, gemauerten neuen **Leuchtturms** in Auftrag, den seit 1811 bestehenden „Englischen Leuchtturm" trug man anschließend ab. Der neue Leuchtturm wurde mit einem elektrischen Blinkfeuer ausgestattet, dessen Reichweite rund 23 Seemeilen betrug. Zum Schutz der brandungsgefährdeten Westküste begann man 1903 mit der Errichtung eines schützenden Bauwerks, der sogenannten **Preußenmauer,** deren größter Teil bis 1913 entstand. Abgeschlossen wurden die Arbeiten jedoch erst im Jahr 1927. Ab 1908 baute die Kaiserliche Marine für 50 Millionen Goldmark den Südhafen als **Kriegshafen** aus.

294he AMH

Berühmte Dichter auf Helgoland

Helgoland zog und zieht bis heute **Literaten, Künstler** und **Wissenschaftler** an, wie kaum eine andere Insel. So klein die Insel auch ist, ist sie dennoch ein beliebter Zufluchtsort mitten im Meer. Auch kritische Geister kommen, um zu innerer Ruhe zu finden. Heute wird das als **„Entschleunigen"** bezeichnet.

Der Mathematiker und Schriftsteller **Georg Christoph Lichtenberg** (1742–1799) wurde auf seiner Reise nach Helgoland offensichtlich seekrank und schrieb darüber: „Diese kleinen Vomitivchen (Anm.: *Vomitiv,* Lateinisch für Erbrechen) unterwegs verschwinden im Genuss des großen Augenblicks der Ansicht des wachsenden Felsens aus dem Meer heraus." Er fand auf der Insel genau das, wonach er suchte: **Ruhe und Natur.**

Der Autor und Journalist **Heinrich Heine** (1797–1856) war einer der bedeutendsten deutschen Dichter und prominenter Liebhaber Helgolands. Als kritischer Denker und Schriftsteller wurde er bewundert und zugleich gefürchtet. Eine **Gedenktafel** im Boden an der Landungsbrücke erinnert an den Dichter, dem die Insel damals ihre Bekanntheit als Seebad verdankte. Schon 1823 wollte *Heine* nach Helgoland fahren, aber der Versuch scheiterte wegen schwerer See, sodass das Schiff wieder umkehren musste. Über seine Erfahrungen auf dieser Reise schrieb er ein Gedicht, die vierte Strophe lautet:

„Ein Fluchen, Erbrechen und Beten
Schallt aus der Kajüte heraus;
Ich halte mich fest am Mastbaum
Und wünsche: Wär ich zu Haus."

Doch 1829 und 1830 verbrachte er im Sommer einige Wochen auf Helgoland und war sofort ein Fan der Insel und der Lebensart seiner Bewohner. Erst viele Jahre später veröffentlichte er die **Helgoländer Briefe.** In diesem Werk beschreibt er einen Bericht über die französische Juli-Revolution, von der er auf Helgoland angeblich zum ersten Mal hörte. Ihn faszinierten der **Freiheitsdrang** und der **Gemeinschaftssinn** der Helgoländer, sodass die „Helgoländer Briefe" fast schon eine Freiheitshymne auf Helgoland sind. Er fand über die Insel selbst nur allerbeste Worte, obwohl er ansonsten eher sarkastisch und kritisch urteilte. „Das Meer ist mein wahlverwandtes Element, und schon sein Anblick ist heilsam", schwärmte er, und „Der Himmel hängt voller Violinen, und auch ich rieche es jetzt, die See duftet nach frischgebackenem Kuchen".

Ein berühmter Besucher der Insel ist auch **Hoffmann von Fallersleben** (1798–1874). Er wurde als Deutschnationaler politisch verfolgt, weil er der demokratischen Idee anhing, eine **vereinigte deutsche Nation** zu haben und die damalige Adelslandschaft zu überwinden. Er kam unerkannt nach Cuxhaven und flüchtete von dort auf das damals englische Helgoland. Dort dichtete er die bekannten Zeilen: „Grün ist das Land, rot ist die Kant, weiß ist der Sand, das sind die Farben von Helgoland." Das Lebensgefühl auf der Insel beschrieb er ebenfalls treffend: „Lass die wilden Wogen toben, um die Felsen dort und hier, auf dem Felsen wohn ich droben und der Frieden in mir." Und vom Dramatiker und Lyriker **Friedrich Hebbel** (1813–1863) ist folgender Satz: „Die letzten fünf Tage war ich, wo niemand mich suchte, nämlich auf Helgoland."

Einer der bekanntesten Söhne der Insel ist der hier geborene Kinderbuchautor **James Krüss** (1926–1997). Sein Lebensmotto lautete: „Haltet die Uhren an. Vergesst die Zeit. Ich will Euch Geschichten erzählen."

Der Erste Weltkrieg

3000 Helgoländer müssen die Insel verlassen

Der Badebetrieb florierte in den letzten Sommern vor dem Ersten Weltkrieg, bis zu 100.000 Gäste kamen jährlich nach Helgoland. Die schnelleren Schiffsverbindungen ließen nun auch **Tagesausflüge** zu. Ende Juli 1914 war es damit aber vorbei: Wegen des Ausbruchs des Ersten Weltkriegs mussten die Badegäste innerhalb von 24 Stunden die Insel verlassen. Das Deutsche Reich verkündete den Kriegszustand für den Bezirk Helgoland. Aber die ersten Verlierer des Kriegs waren die Helgoländer selbst, kurz darauf im August **1914 mussten sie die Insel verlassen.** Sie durften nur das zum Leben Notwendige mitnehmen und mussten ihre Häuser unverschlossen zurück lassen. Mit zwei Schiffen der deutschen Reederei HAPAG kamen die gut 3000 Insulaner nach Altona und Hamburg, rund ein Drittel von ihnen brachte man vorerst nur notdürftig in Auswandererhallen unter. Für dauerhafte Unterkunft wurde in Gemeinden des Kreises Pinneberg gesorgt. Bürgermeister *Friederichs* rief dazu auf, die auswärtigen Unterkünfte mit Helgoländer Flaggen zu schmücken.

Helgoland auf einer Postkarte um 1890 bis 1900

293he_WC

Dem waffenstarrenden Helgoland kam mit 4000 Mann Besatzung im Krieg eine **bedeutende Rolle** zu. Der **Kriegshafen** der Insel wurde zu **einem der wichtigsten deutschen Häfen,** hier waren auch die meisten U-Boote stationiert. Bereits am 28. August 1914 kam es zu einem Seegefecht zwischen der Kaiserlichen Marine und der britischen Royal Navy. Es endete mit einem britischen Sieg, drei kleine Kreuzer und ein Torpedoboot der Deutschen wurden versenkt. Im November 1917 fand bei Helgoland ein weiteres Gefecht zwischen deutschen und britischen Seestreitkräften statt. In den minenverseuchten Gewässern konnte aber keine Seite entscheidende Vorteile für sich verbuchen.

Die Landungsbrücke in den 1920er-Jahren

296he AMH

Zwischen zwei Kriegen

Abrüsten

Nach dem am 11. November 1918 ausgehandelten **Waffenstillstand von Compiègne** kehrten die Helgoländer im Dezember 1918 wieder auf ihren roten Felsen in der Nordsee zurück. Sie erwartete eine böse Überraschung: Viele Gebäude waren verwüstet und geplündert worden. Auf Grundlage des Versailler Friedensvertrags mussten alle militärischen Anlagen auf Helgoland entfernt oder unbrauchbar gemacht werden. Eine **britische Abrüstungskommission,** die im Hotel „Empress of India" untergebracht war, überwachte diese Vorgänge und übernahm für fast zwei Jahre das Kommando auf der Insel. Dennoch war den Helgoländern daran gelegen, die Entmilitarisierung auf ein Mindestmaß zu beschränken. Manche Stollen, wie zum Beispiel der Tunnel zum Oberland, wurden nur durch Plomben verschlossen, und von der Westmole des Südhafens zerstörte man nur wenig. Geschütze und sonstige Waffen wurden unbrauchbar gemacht und anschließend verschrottet.

Notgeldscheine

Vor allem gegen Ende des Ersten Weltkriegs wurde das Münzgeld für Kriegszwecke eingezogen und durch **Notgeldscheine** ersetzt, die regional sehr unterschiedlich aussahen und auch nur regionale Gültigkeit besaßen. Es herrschte dementsprechend chronischer Kleingeldmangel, auch nach Kriegsende, als das Notgeld noch den Anforderungen des örtlichen Zahlungsverkehrs genügte und als allgemeines Zahlungsmittel akzeptiert war. Zwischen 1919 und 1921 erschien eine Anzahl von Ausgaben der „Spar- und Leihkasse der Landgemeinde Helgoland". Die Heimatverbundenheit der Insulaner drückte sich auch in den **sorgfältig gestalteten Helgoländer Geldscheinen** aus. Abgebildet wurden darauf Inselansichten mit auffälligen Felsformationen, aber auch Insulaner und der Hummer zierten das **Inselnotgeld.** Einige dieser schönen Scheine wurden dann auch gar nicht eingelöst, die Ausgabestellen erkannten bald, dass sie in Sammlerhand verblieben. Die Inflation steigerte sich 1923 zur **Hyperinflation** und fand im November mit einer **Geldentwertung** ein Ende. Ab dem 15. November 1923 sorgte die Übergangswährung **Rentenmark** für neue Stabilität, das Notgeld wurde überflüssig.

Der Seebädertourismus erlebt einen erneuten Aufschwung

Der **Seebädertourismus** erlebte in den 1920er-Jahren glücklicherweise einen **erneuten Aufschwung,** Kaufleute, Literaten und Prominente wurden zu Stammgästen auf dem Eiland. 1925 eröffnete auf Helgoland die allererste Jugendherberge. Die in dieser Zeit weit verbreiteten Diskriminierungen und Ausgrenzungen von jüdischen Badegästen, die es in vielen anderen deutschen Seebädern gab, blieben auf Helgoland weitgehend aus, die Insel hatte keine antisemitische Reklame nötig. Dennoch entwickelte sich die rechtsradikale NSDAP ab 1928 zur tonangebenden politischen Kraft. Die Weltwirtschaftskrise ließ gegen Ende des Jahrzehnts die Geschäfte auf Helgoland schlechter laufen. Diese Situation bot einen perfekten Nährboden für die Ideologie der Nationalsozialisten.

Nach wie vor war aber auch der **Fischfang** ein wichtiger Erwerbszweig für die Insulaner, obwohl die industrielle Fischerei langsam Einzug hielt und den Kleinfischern die Vermarktung ihrer Fänge erschwerte. Der Ausbau des Helgoländer Hafens hatte zudem den Hummerfischern wichtige Fanggebiete zerstört, sodass sie weitere Strecken zurücklegen mussten, um auf einträgliche Fangmengen zu kommen. Der Helgoländer Hummer galt als Delikatesse und die Fangquote hatte 1937 mit rund 87.000 Tieren ihren Höhepunkt. Allerdings mit drastischen Folgen: Die Vorkommen gingen danach so stark zurück, dass diese Spezies heute bedroht ist.

107he_mhas

Der Nationalsozialismus

Erneute Aufrüstung

Am 30. Januar 1933 begann die nationalsozialistische Herrschaft im Deutschen Reich und *Adolf Hitler* wurde zum Reichskanzler ernannt. Schon 1934 plante man den Ausbau Helgolands unter militärischen Aspekten, und er sollte noch umfangreicher werden, als während der Kaiserzeit. Bereits 1934 wurde mit der **Aufrüstung** begonnen und die alten Kasematten sowie der Tunnel vom Binnenhafen zum Oberland wieder zugänglich gemacht. Der Tunnel war mit Schienen ausgestattet, auf denen eine Feldbahn den Binnenhafen mit der Nordspitze der Insel verband. 1939 wurde die Nebeninsel Düne zum Sperrgebiet erklärt, damit **verlor Helgoland seine Attraktivität als Reiseziel** und den Status als Kurort. Die zahlungskräftigen Gäste blieben aus. So stand das Inselleben schnell unter den Vorzeichen des Zweiten Weltkriegs. Lediglich die nationalsozialistische Organisation „Kraft durch Freude“ (KdF) forcierte noch eine Zeit lang den wenig einträglichen Massentourismus nach Helgoland, um die Freizeit der Deutschen auch dort zu gestalten, zu überwachen und gleichzuschalten. 1935 kamen 246.200 Besucher auf die Insel, die meisten über organisierte KdF-Reisen.

Das Projekt „Hummerschere“

Helgoland sollte zum größten eisfreien deutschen Kriegshafen werden

Bereits 1937 standen die ersten Flak-Batterien (Flugabwehrkanonen) und schwere Schiffsgeschütze auf der Insel, meist an den selben Standorten wie schon zur Kaiserzeit. Das Marinebauamt baute auch das Südhafengelände militärisch aus. Zivilpersonen blieb der Zugang dorthin verwehrt, und außerhalb der Ortschaft war das Fotografieren verboten. Am 23. August 1938 besuchte der deutsche Reichskanzler *Adolf Hitler* die Insel, wo ihm das Projekt „Hummerschere“ vorgestellt wurde. Damit sollte Helgoland zum **größten eisfreien deutschen Kriegshafen** ausgebaut werden, der die ganze deutsche Flotte hätte aufnehmen können.

☒ Seebäderschiffe und Reede in den 1920er-Jahren

Nördlich der Düne war ein riesiges Hafenbecken geplant, dafür wollte man den alten Felssockel rund um Helgoland und die Düne als Fundament für Molen und Uferbefestigungen nutzen. Es war vorgesehen, beträchtliche Zwischenräume aufzuspülen und so die Insel innerhalb von 30 Jahren auf ein Vielfaches ihrer ursprünglichen Größe zu bringen. 1939 begann man zusätzlich mit dem Bau des U-Boot-Bunkers „Nordsee III" im Südhafen. Helgoland sollte wieder, wie zur Kaiserzeit, deutscher U-Boot-Stützpunkt werden. Der deutsche Reichskanzler *Adolf Hitler* nahm die Baufortschritte mehrfach höchstpersönlich in Augenschein. Aus Kostengründen und Materialmangel wurde das Projekt „Hummerschere" ab 1941 jedoch nicht weiter verfolgt und die Bautätigkeit eingestellt. Ein noch heute sichtbares Ergebnis des Vorhabens ist das **Helgoländer Nord-Ost-Gelände.** Die **Düne** wurde nach Norden hin deutlich vergrößert und auf ihr der Flugplatz für die Luftwaffen-Jagdstaffel „Helgoland" angelegt.

Zeichnung vom Projekt „Hummerschere"

291he_AMH

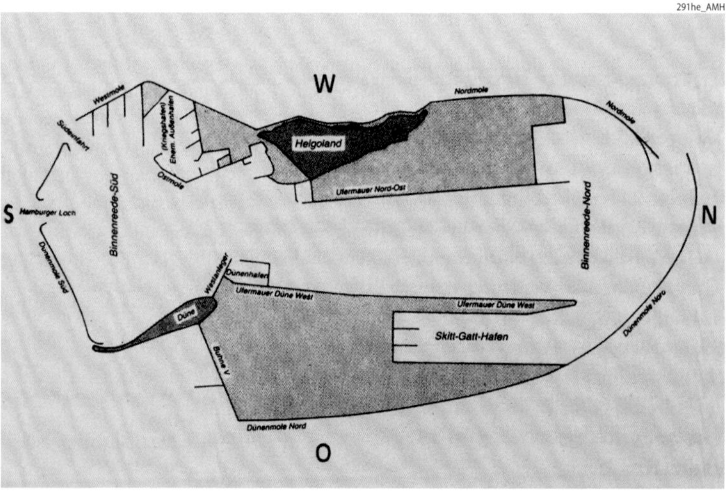

Der Zweite Weltkrieg

Bau der Luftschutzbunker

Mit Kriegsbeginn am 1. September 1939 wurde auch das Helgoländer Oberland zum **Sperrgebiet** erklärt. Neben dem **Leuchtturm** entstand ein neuer Flak-Leitstand. Als einziges Bauwerk der Insel überdauerte er die Bombardierungen und wird heute als Leuchtturm für die Deutsche Bucht genutzt. Mit Ausnahme wehrmachtstauglicher Männer blieben die Halunder vorerst auf der Insel, auch Fisch- und Hummerfang wurden weiter ausgeübt. Helgoland war für die Alliierten zunächst kein Angriffsziel, denn Inseln hatten durch die Weiterentwicklung der Luftwaffe **an strategischer Bedeutung verloren.** Vereinzelt gab es jedoch Angriffe aus der Luft. Darum begann man 1940 mit dem Bau umfangreicher **Luftschutzbunker** im Fels der Insel. Ungefähr 400 Arbeiter bauten an den Stollen, in denen sich Nischen für Toiletten- und Sanitätsräume für die Zivilbevölkerung befanden. Für die Errichtung der Luftschutzanlagen und anderer Militäreinrichtungen wurden auf Helgoland auch zahlreiche Kriegsgefangene und Zwangsarbeiter aus Osteuropa eingesetzt.

Widerstand

Erst im Frühjahr 1943 nahmen amerikanische Bomber den roten Felsen in der Nordsee erstmals unter größeren Beschuss, die Bevölkerung brachte sich in den weit verzweigten Bunkern in Sicherheit. 1945 formierte sich unter der Führung von *Erich Friedrichs* und *Georg Braun* eine kleine **Widerstandsgruppe** auf der vom Militär kontrollierten Insel. Sie wollten Helgoland kampflos an die Engländer übergeben und so vor der völligen Zerstörung bewahren. Doch ein Verrat führte am 18. April 1945 zur Verhaftung einiger Mitglieder der Widerstandsgruppe, die nach Cuxhaven gebracht und nach einem Schnellverfahren am 21. April 1945 erschossen wurden. Sechs „Stolpersteine“ auf Helgoland erinnern seit April 2010 an die mutigen Männer.

Helgoland wird unbewohnbar

Am 18. und 19. April 1945 flog die Royal Air Force mit fast 1000 Maschinen ihren letzten **Vernichtungsangriff** gegen die Insel. Beim sogenannten **Double Blow** wurden etwa 7000 Bomben abgeworfen und Helgoland in Schutt und Asche gelegt. Die Bewohner flüchteten sich nur mit dem Notwendigsten in die Bunkeranlagen. Mehrere Tage harrten sie in den schlecht belüfteten unterirdischen Gängen aus und spürten die Bombendetonationen auf der Insel. Sie überlebten diese größtenteils, viele Marinesoldaten und Flak-Helfer aber fanden den Tod, insgesamt 285 Menschen starben. Das Eiland war nach den Angriffen unbewohnbar geworden, und so musste die Inselbevölkerung wie schon im Ersten Weltkrieg evakuiert werden. Knapp 2000 Halunder wurden vorwiegend in Gemeinden auf dem norddeutschen Festland verteilt und die Inselgemeinde existierte fortan nicht mehr. Am 11. Mai 1945 nahmen britische Soldaten Helgoland in Besitz, sieben lange Jahre bestand für die Insulaner keine Hoffnung auf Rückkehr.

Big Bang

Komplette Zerstörung der militärischen Anlagen

Exakt zwei Jahre nach dem verheerenden Luftangriff auf Helgoland zündeten die Engländer am 18. April 1947 **6700 Tonnen Munition,** die in die weitläufigen Tunnel der Insel gebracht worden waren. Zur Operation Big Bang heißt es in einem britischen Protokoll: „Es ist beabsichtigt, am Tunnelsystem und am U-Boot-Bunker irreparable Schäden anzurichten und gleichzeitig 4000 BRT deutsche Munition und Sprengstoff zu zerstören, die aus Transportgründen weder entfernt noch abgeladen/aus-

295he mhas

292he AMH

gekippt werden können." Kistenweise wurden in den Tunnelanlagen Sprengstoff und Zünder installiert und so die **komplette Zerstörung der militärischen Anlagen** vorbereitet. Noch am 10. April 1947 wandte sich das Land Schleswig-Holstein mit der Bitte an die britische Militärregierung, von diesen Plänen abzusehen. Doch vergebens: Nach dem dritten Ton des BBC-Zeitsignals löste Leutnant *Edward C. Jellis* um 13 Uhr die bis zu diesem Zeitpunkt größte nichtnukleare Sprengung per Fernzündung von einem neun Meilen entfernten Schiff aus. Unter einer gewaltigen Detonation und dumpfem Grollen verschwand die Insel in einer mächtigen Staubwolke, aus der ein bis zu vier Kilometer hoher Rauchpilz in den Himmel schoss. 20 Minuten später, als sich die bis nach Cuxhaven sichtbare Wolke wieder gesenkt hatte, eröffnete sich jedoch zur Verblüffung aller Beteiligten ein Anblick, mit dem niemand mehr gerechnet hatte: **Helgoland war nicht im Meer versunken.** Stattdessen hatten der poröse über 200 Millionen Jahre alte Sandstein und auch der unter dem Inselmassiv gelegene Salzstock dem Explosionsdruck weitgehend standgehalten. Nur die Südspitze war in die Luft geflogen, wodurch das heutige **Mittelland** entstanden war. Im Oktober 1947

Explosion Big Bang 1947

Brennende Gebäude nach einem Luftangriff 1945

nahmen die Briten eine weitere Sprengung mit der Spirale und dem U-Boot-Bunker am Felseneck, einem riesigen Bauwerk am Falm im Oberland, vor. Danach erklärten die Briten Helgoland zum militärischen Sperrgebiet und nutzten die Insel mehrere Jahre als Übungsabwurfplatz. Unzählige Bombenkrater überzogen schon bald das Felsplateau, abgesehen vom ehemaligen Flak-Turm stand schon bald kein Stein mehr auf dem anderen. Hatten die Sprengungen bereits heftige Proteste ausgelöst, regte sich durch die fortwährenden Bombenabwürfe in den nachfolgenden Jahren auch national und international Widerstand gegen die britische Regierung. Doch zu einem politischen Durchbruch kam es erst 1950.

Friedliche Invasion

Sympathische Inselkaperung

Nach dem Big Bang hatten sich Helgoländer Vereinigungen wie der Cuxhavener Club Halunner Moats uun Träs und auch der 1949 gegründete Shantychor Karkfinken – die „Kirchspatzen" – intensiv, aber ergebnislos, um die Freigabe der Insel bemüht. Dieser Prozess kam öffentlichkeitswirksam ins Rollen, als am 20. Dezember 1950 die beiden Heidelberger Studenten *Georg von Hatzfeld* und *René Leudesdorff* die Insel besetzen. Die **sympathische Inselkaperung** und das **Hissen der Bundes-, Europa- und Helgolandflagge** auf dem zerstörten Eiland zogen weltweite Aufmerksamkeit nach sich. Der öffentliche Druck schließlich führte zu Verhandlungen zwischen Bundeskanzler

Die Freikarte

Für seine mutige Befreiungsaktion erhielt ihr Initiator, der damalige Student *René Leudesdorff* (1928–2012), 1993 das **Bundesverdienstkreuz 1. Klasse** aus der Hand des damaligen Bundespräsidenten *Richard von Weizsäcker.* Auch die Helgoländer zeigten sich dankbar. Sie machten den Inselbefreier zwar nicht zum Ehrenbürger, aber er erhielt eine **Freikarte für das Freibad – auf Lebenszeit.** Erst 2010 beschloss die Gemeindevertretung, beide Inselbefreier zu „Verdienten Bürgern der Gemeinde Helgoland" zu erklären, *Georg von Hatzfeld* (1929–2000) posthum.

Konrad Adenauer und den Briten. Der gebürtige Helgoländer und Clubvorsitzende der Halunner Moats *Henry Peter Rickmers* (1919–2013), der von 1956 bis 1980 Bürgermeister Helgolands war und damit maßgeblich den Neuaufbau der Insel koordinierte, nahm ebenfalls an den Verhandlungen teil. Schon am 21. Februar 1951 beschloss die britische Regierung, die Insel an Deutschland zurückzugeben. Am **1. März 1952** war es so weit: **Helgoland war frei** und der Ministerpräsident von Schleswig-Holstein, *Friedrich-Wilhelm Lübke,* übernahm offiziell die Verwaltung. Auf dem Festland läuteten die Kirchenglocken und die Helgoländer durften mit dem sehnsüchtig erwarteten **Neuaufbau** der Insel beginnen. Bis heute ist der 1. März auf der Insel ein Feiertag.

Der Neuaufbau ist beispiellos

Neue Chance

Nicht der Zufall sollte den Wiederaufbau der Insel gestalten, sondern die vollständige Zerstörung die Chance bieten, alte Missstände zu beheben. Bereits 1951 war deutschlandweit ein **Architekturwettbewerb** für das städtebauliche und architektonische Konzept ausgeschrieben worden, an dem sich 122 Büros beteiligten. Explizit war gewünscht, bei der Gestaltung der Stadtlandschaft neue Wege zu gehen.

Doch zunächst mussten die **Trümmer geräumt,** die **zahlreichen Blindgänger** gefunden und entschärft werden. Denn es war ein gefährliches und teilweise unmögliches Unterfangen, sich auf der Insel zu bewegen. Bereits am 3. März 1952 legte ein Wohnschiff an, ein Ponton mit einer großen Holzbaracke des Wasser- und Schifffahrtsamts (WSA). Helgoländer Fischer mit ihren Hummerkörben und Handwerker kamen auf die Insel, ausschließlich Männer durften sie zu dieser Zeit betreten. Die Handwerker wurden vorerst in den Kellern zerstörter Häuser untergebracht, später kamen zwei Barackenlager auf dem Südhafengelände dazu. Die Versorgung der Helfer mit Nahrung und Hilfsgeräten war zu Beginn noch nicht geregelt, sodass diese Aufgabe oft von den Fischern mitübernommen wurde. Diese gingen nach dem Krieg zwar wieder dem Hummerfang nach, wurden aber – besonders bei schlechtem Wetter, wenn sie nicht

282he mhas

zu ihren Hummerkörben fahren konnten – mehr und mehr auch für Arbeiten an Land und beim Ausbooten eingesetzt.

Im Sommer 1952 kam **das erste Bäderschiff** nach dem Zweiten Weltkrieg nach Helgoland. Ausgebootet wurde auf der Düne, die ersten Boote dafür waren bereits in Betrieb und in kleinem Umfang verkaufte man dort bereits zollfreie Waren. Der auf Norderney geborene **Kapitän und Reeder Cassen Eils** (1923–2010) fühlte sich mit Helgoland sehr verbunden und empfand die Insel als zweite Heimat (siehe auch Exkurs „Cassen Eils – ein Leben für die Seefahrt“). Sein Schiff, die MS Rudolf, fuhr am 15. Juni 1952 die Insel zum ersten Mal an. Damals transportierte sie hauptsächlich Arbeiter und Material. Selbst den **regelmäßigen Winterverkehr** mit Cuxhaven unter widrigen Wetterbedingungen hielt er aufrecht, und so konnte *Cassen Eils* bereits am 19. Mai 1953 seine 100. Fahrt nach Helgoland feiern. Insgesamt kamen allein zwischen 1952 und 1956 mehr als 500 Fahrten zusammen.

Arbeiter für den Wiederaufbau, 1952

Homogene Bebauung auf dem Oberland

Einzigartiges Architektur- und Farbkonzept

Weltweit einzigartige durchgängig homogene Bebauung

1952 wurde das sogenannte „Helgoland-Gesetz“ verabschiedet, das die Helgoländer mit Vertriebenen aus dem Osten gleichstellte und in dessen Rahmen staatliche Beihilfen für den Wiederaufbau beantragt werden konnten. Bereits 1953 entstanden nach den **Entwürfen des Architekturwettbewerbs** auf dem Unterland in der Bremer Straße die ersten Versuchshäuser. Sie mussten der notwendigen hohen räumlichen Dichte gerecht werden, denn Platz war auf der Insel nach wie vor ein knappes Gut. Dann ging es schnell voran. Im Mittelland entstand ein Altenheim, zentrale Einrichtungen wurden am Südstrand gebaut und auf dem Gelände des Südhafens ein Gewerbegebiet errichtet. 1954 kamen die ersten einheimischen Familien nach Helgoland zurück, für die Eigenheime benötigt wurden. Es gab allerdings klare Regeln für deren Bau: Eine Kommission unter der Leitung des renommierten Architekten und Mitbegründers der Bauhausbewegung *Otto Bartning* (1889–1959) musste alle Hausentwürfe genehmigen.

143he_mna

Beeinflusst vom **Stil der Skandinavier** und den architektonischen **Elementen der Bauhaus-Ära** mit streng kubischen Bauformen und flach geneigten Dächern entstand bis in die Mitte der 1960er-Jahre die für Helgoland charakteristische und **weltweit einzigartige durchgängig homogene Bebauung.** Die Grundrisse orientieren sich von Ost nach West, Straßenläufe wurden leicht gebogen und führten zu dem typisch verschachtelten Ortsbild mit versetzten Häuserfluchten, die heute unter **Denkmalschutz** stehen. Um dem strengen architektonischen Grundkonzept entgegenzuwirken, wurde der Hamburger Maler *Johannes Ufer* als **Farbberater** engagiert. Er entwickelte eine **Skala aus 14 Tönen** aus dem in Skandinavien üblichen Farbraum, die an Helgolands Bauten konsequent zu finden sind und diese einzigartig machen. Von manchem Architekturliebhaber wurde die Insel sogar als „Blaue Mauritius der jungen bundesrepublikanischen Architektur" bezeichnet. Auch die berühmten bunten Hummerbuden am Binnenhafen nach einem Entwurf von *Georg Wellhausen* (1898–1987) entstanden in dieser Zeit. In den 1950er-Jahren waren dort kurzzeitig die Fischerfamilien untergebracht. Heute empfangen sie kurz nach der Anlandung jeden Besucher und sind zum **farbenfrohen Wahrzeichen Helgolands** geworden. Als 1965 die Insel 75 Jahre Deutschtum feierte, kam sogar Bundeskanzler *Ludwig Erhard* zu Besuch. Der Wiederaufbau wurde zu diesem Zeitpunkt als erfolgreich abgeschlossen erklärt.

106he_mna

Tourismus – ein schwankendes Geschäft

Butterfahrten – von Zöllen und der Mehrwertsteuer befreit

Schon Mitte der **1960er-Jahre** war das neue Helgoland als modernstes Seebad der Deutschen Bucht wieder voll im Geschäft, und zu Beginn der **1970er-Jahre** setzte vor allem im Tagestourismus ein wahrer **Boom** ein. Das lag an den damals üblichen **Butterfahrten,** so nannte man die Kurzausflüge per Schiff, um die Möglichkeit des zollfreien Einkaufs im Ausland zu nutzen. Helgoland hat **als ehemalige britische Kolonie einen Sonderstatus** und gehört **weder zum Zollgebiet der Europäischen Union noch zum deutschen Steuergebiet.** Deshalb ist die Insel bis heute **von Zöllen und der Mehrwertsteuer befreit.** Die meisten Tagesgäste kamen, um vor allem Spirituosen, Parfüm und Tabakwaren innerhalb der Zollfreigrenzen günstig einzukaufen. Das brachte der Insel die spöttischen Beinamen „Fuselfelsen" und „Schnapsinsel" ein. 1971 wurde mit 831.387 Gästen der bis heute geltende Besucherrekord erreicht, pro Tag kamen zwischen 2000 und 3000 Menschen. Fast alle reisten per Schiff an, etwa 14.000 in diesem Jahr mit dem Flugzeug. Gleichzeitig registrierte die Kurverwaltung um die 400.000 Übernachtungen. Doch nach diesem Höhepunkt nahm die Gästezahl über 14 Jahre hinweg beständig ab. Mit einer großen Feier wurde 1976 zwar noch das 150-jährige Bestehen des Seebads Helgoland gefeiert, aber das änderte nichts an dieser **Abwärtstendenz.** Die Übernachtungen waren um 40 Prozent zurückgegangen. Die Zahl der Tagesgäste verringerte sich bis 1985 sogar um 46 Prozent. Fahrten zu Deutschlands einziger Hochseeinsel lagen sichtbar **nicht mehr im Trend,** stattdessen wurden Reiseziele im Ausland immer attraktiver. Helgoland hatte in den Rekordjahren zu wenig investiert, das zeigte nun deutliche Folgen. Wegen der mangelnden Perspektiven zog es viele junge Insulaner ans Festland und die Bevölkerung begann, langsam zu vergreisen. Es musste sich dringend etwas ändern, um den Tourismus als Wirtschaftsgrundlage zu erhalten und die Gästezahlen wieder anzuheben.

Aussichtspunkt Berliner Bär

Helgoland – naturnahe Erlebnisinsel

Verstärkt besann man sich auf Maßnahmen, um **Helgoland als naturnahe Erlebnisinsel** zu vermarken und Klasse statt Masse anzuziehen. 1991 wurden auf Helgoland die ersten **Basstölpel** gesehen. Die steilen Felsen boten den Felsenbrütern ideale Brutbedingungen, und vor der Küste fanden sie viel fetten Fisch wie Makrele und Hering als Nahrung. Nun kamen mehr und mehr Vogelkundler und Hobbyornitologen. Heute sind Besucher mit Ferngläsern und Spektiven allgegenwärtig, denn der **Klippenrandweg** auf dem Oberland erlaubt eine einmalige Nähe zu den Tieren auf dem dicht besiedelten Vogelfelsen. 1992 erreichte man mit 723.927 Besuchern zwar einen neuen Höhepunkt, doch die gefiederten Inselbewohner genügten natürlich nicht dauerhaft als Attraktion, um den Gästestrom in nennenswertem Umfang zu beeinflussen. So begann die Gemeinde mit Maßnahmen zur **Verbesserung der Infrastruktur.** Die Insel erhielt 1995 eine neue Feuerwache und 1999 sogar ein 4-Sterne-Hotel, für dessen Neubau die Kurverwaltung an einen anderen Standort umziehen musste. Man versuchte, zusätzlich Angebote zu schaffen, um die Insel besser zur erreichen. Ein findiger Unternehmer sah hier die Chance für eine **Schnellfähre.** Seit 2002 gibt es während der Sommersaison von Hamburg aus eine regelmäßig verkehrende, unter vier Stunden dauernde Katamaran-Verbindung. Der seit April 2018 fahrende Katamaran **„Halunder Jet"** kann **20 Prozent mehr Fahrgäste** aufnehmen und mit einer Geschwindigkeit von bis zu 35 Knoten, das sind knapp 65 Stundenkilometer, fahren. Die Nachfrage nach den schnellen Fährverbindungen ab Hamburg, Cuxhaven und anderen Häfen wächst bis heute stetig.

Felsabstürze

Ein weiteres Problem, mit dem Helgoland zu kämpfen hat, ist das **poröse witterungsanfällige Gestein** der Insel. 2002 führte ein schwerer Felsabsturz vom Falm auf das Unterland zu großen Schäden. Er war sowohl auf das poröse Gestein als auch die vielen Tunnelbauten aus der Vergangenheit zurückzuführen. Um das zukünftig zu verhindern, wurden die steilen Felshänge entlang des Oberlands mit Drahtnetzen, Dübeln und Betonverfüllungen aufwendig gesichert, Steine und loses Geröll können nun nicht mehr auf die Häuser des Unterlands stürzen. Starke Schä-

[>] Der Katamaran „Halunder Jet" an der Kaimauer des Außenhafens

den an der Nebeninsel Düne und der Hauptinsel werden auch immer wieder durch Unwetter verursacht. In den letzten 50 Jahren ist die lokale Temperatur um 1,7 °C angestiegen und auch die Häufigkeit extremer Wetterlagen nimmt zu.

Blindgänger und alte Munition

Weitere Altlasten, mit denen Helgoland zu kämpfen hat, sind **Blindgänger und alte Munition,** die an vielen Stellen der Insel auch heute noch im Erdreich zu finden sind und Bauvorhaben erschweren. Hinzu kommt die Tatsache, dass die kleine Insel kaum noch Bauland bietet. Um aber mit den heutigen Anforderungen der Gäste an Komfort und Bausubstanz mithalten zu können, ist eine permanente Erneuerung unabdingbar. Das brachte den Hamburger Investor mit helgoländischen Wurzeln

038he mna

Arne Weber auf eine Idee zur Landgewinnung. Er stellte 2008 Pläne für eine Verbindung der Hauptinsel mit der Düne vor, die durch Landaufschüttung realisiert werden sollte. Helgoland wäre dadurch um etwa einen Quadratkilometer gewachsen und das räumliche Problem zumindest vorerst gelöst worden. Doch ein Bürgerentscheid im Sommer 2011 beendete diese Pläne (siehe Exkurs „Die Inselerweiterung").

Verlegung des Spezialseekabels

Eines der größten Schleswig-Holsteinischen Bauvorhaben im Jahr 2009 war die **Verlegung des Spezialseekabels,** mit dem alle Haushalte und Gewerbebetriebe auf Helgoland jetzt über das Umspannwerk St. Peter Ordings an das europäische Stromverbundnetz angeschlossen sind. Das 51 Kilometer lange 10 Zentimeter dicke Kabel wurde in einem Stück gelegt und mit einem Spezialschiff mit hohem Wasserdruck 1,50 Meter tief in den Meeresgrund eingespült. Die Kosten beliefen sich auf rund 20 Millionen Euro, aber nun werden durch den Anschluss ans

281he_DGzRS_pk

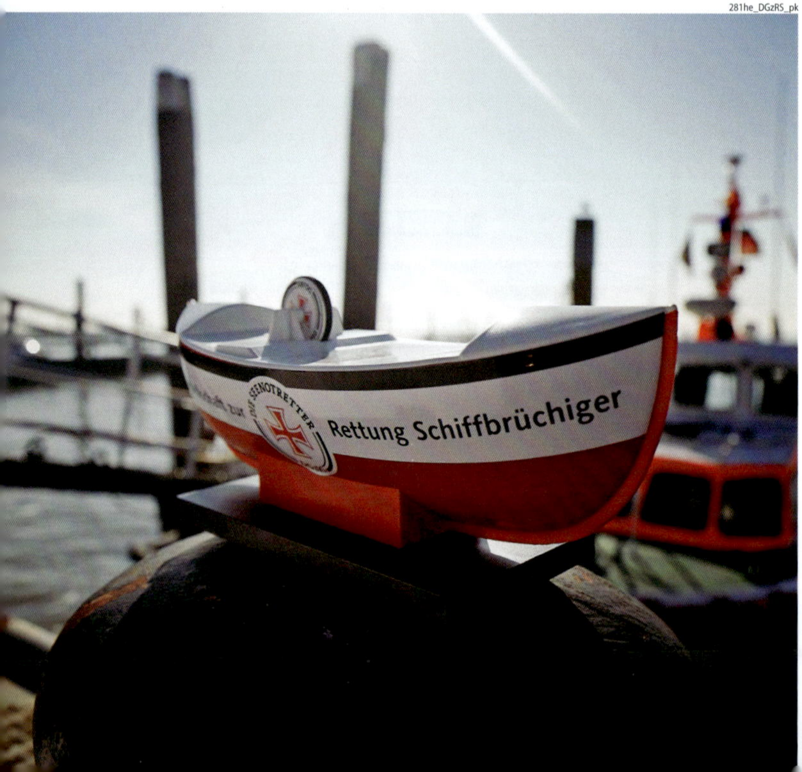

Stromnetz des Festlands jährlich etwa 8000 Tonnen CO_2 eingespart, weil keine Generatoren mehr benötigt werden. Sie sind nur noch für den Notfall einsatzbereit.

Helgoland heute

Seit 2003 ist der **größte deutsche Seenotrettungskreuzer „Hermann Marwede"** auf Helgoland stationiert. Im selben Jahr begrüßte die Reederei Cassen Eils ihren 5,5-millionsten Fahrgast. 2005, 60 Jahre nach dem Ende des Zweiten Weltkriegs, kam mit dem **Bau eines neuen Bungalow-Dorfs** auf der Düne eine qualitativ hochwertige Touristenunterkunft hinzu. Doch in den Folgejahren veränderte sich die Seebäderschifffahrt erheblich. Sogar das traditionelle **Börten,** mit dem die Passagiere von den Touristenschiffen auf die Insel gebracht wurden, ist im Jahr 2020 abgeschafft worden, weil es die heute üblichen Anforderungen an barrierefreies Reisen nicht mehr erfüllt. Die Seebäderschiffe legen nun nach dem Umbau des Hafens direkt an der Hafenmole an, die Katamarane teilweise im Binnen- und Außenhafen. Börteboote sind allerdings nach wie vor beliebt bei Touristen: Es werden Inselrundfahrten und Fotosafaris angeboten. Der **Verein zum Erhalt der Helgoländer Dampferbörte** zog mit einer medienwirksamen Fahrt in zehn Börtebooten bis vor das Bundeskanzleramt viel Aufmerksamkeit auf sich. Seit dem 7. Dezember 2018 steht die Helgoländer Dampferbörte im „Bundesweiten Verzeichnis des Immateriellen Kulturerbes der **UNESCO**". Dass sich Tradition und Fortschritt wunderbar ergänzen, zeigt das Börteboot „Pirat" von 1962, das seit Kurzem mit einem Elektromotor ausgestattet ist und jetzt emissionsfrei und leise seinen Dienst verrichtet.

Das Jahr **2010** verzeichnete mit 304.776 Besuchern die bis dahin **geringste Gästezahl seit der Nachkriegszeit.** Helgoland brauchte dringend Aufwind, um den Abwärtstrend zu stoppen und die Wirtschaftskraft wieder zu stärken.

[<] Sammelschiffchen der DGzRS, die sich komplett aus Spendengeldern finanziert

Windenergie als neuer Wirtschaftsfaktor

Weltweit erster Hochsee-Service-Stützpunkt für die Offshore-Industrie

Helgolands Bürgermeister, der frühere Unternehmensberater *Jörg Singer,* seit 2011 im Amt, stand vor einer schweren Aufgabe. Doch er sah die Chance, Helgoland aufgrund seiner idealen geografischen Lage mitten in der Nordsee als **weltweit ersten Hochsee-Service-Stützpunkt für die Offshore-Industrie** zu positionieren. Der Gedanke war durchaus begründet, denn unmittelbar vor Helgoland stehen heute **drei große Windparks** der Betreiber WindMW, RWE Innogy und E.ON. Eine Grundsatzentscheidung der Gemeinde über die gewerbliche und touristische Nutzung der Helgoländer Häfen ermöglichte den **Ausbau des Süd-**

048he mna

hafens zur Multifunktionsanlage. Insgesamt 28 Millionen Euro, auch mit Mitteln des Landes Schleswig-Holstein und der Europäischen Union, wurden ab 2012 in die Modernisierung der Hafenanlagen gesteckt: in die Vertiefung des Hafens, die Sanierung des Südostufers sowie den Bau der Südkaje und eines Heliports. Inzwischen wurde der Binnenhafen umfassend saniert, die Kaimauern mussten komplett erneuert werden. Das geschah unter erschwerten Bedingungen, denn 1300 Bomben und Minen aus der Vergangenheit mussten beseitigt und der Hafen mehrfach für die **Bergung der alten Kampfmittel** gesperrt werden. Doch mit dieser Strategie gelang es, die infrastrukturellen Voraussetzungen zu schaffen und die Offshore-Industrie nach Helgoland zu holen. Die Hafennutzer, darunter viele Windpark-Betreiber, wurden langfristig vertraglich an die Insel gebunden.

Im Abstand von 25 bis 29 Kilometern stehen heute (Stand 2017) nördlich vor Helgoland die Offshore-Anlagen mit den Namen **Meerwind Süd/Ost, Nordsee Ost** und **Amrumbank West** und versorgen mit 208 Windturbinen fast eine Million Haushalte mit Strom. Täglich pendeln einige Katamarane für den technischen Support zwischen der Insel und den Meereskraftwerken. Die Zahl der Hafenbewegungen steigt beständig, zwischen 2011 und 2014 waren es bereits 30 Prozent mehr. Zirka fünf Prozent von Helgolands Fläche werden heute für Offshore genutzt, 150 neue Arbeitsplätze sind bis heute entstanden.

Der kräftige **Modernisierungsschub** bescherte Helgoland im Jahr 2015 rund 15 Millionen Gewerbesteuereinnahmen, denn auch die vor Sylt gelegenen Windparks SylWin alpha und beta werden steuerlich über die Insel abgerechnet. Ein ungewohnt **profitabler Zustand** für die hoch verschuldete Gemeinde, die in den Jahren zuvor oft auf finanzielle Hilfen des Landes Schleswig-Holstein angewiesen war. Da der Ausbau der Erneuerbaren Energien politisch gesetzt ist, wird diese Entwicklung noch über einen längeren Zeitraum anhalten. Bislang sind erst etwa ein Drittel der geplanten Hochsee-Windkraftwerke gebaut worden.

[<] Offshore-Support-Schiffe im Außenhafen

Die Inselerweiterung

Helgoland wurde in der Silvesternacht 1721 letztendlich **durch eine Sturmflut zweigeteilt.** Seitdem gibt es die felsige Hauptinsel und die knapp einen Kilometer davon entfernte Badedüne – aber vor allem eins: **wenig Platz.** Die Bevölkerung lebt überwiegend vom Tourismus, und andere Arbeitsmöglichkeiten sind nicht so viele vorhanden. Deshalb kehren immer mehr, vor allem junge Menschen, der Insel den Rücken und suchen sich Arbeit auf dem Festland. Inzwischen hat Helgoland mit unter 1000 ständig auf der Insel lebenden Menschen zu wenig Einwohner, um eine vernünftige Infrastruktur mit Arbeit, Ärzten, Schulen etc. aufrechtzuerhalten. Es fehlt an Platz, sowohl für bezahlbaren Wohnraum als auch für modernere Gästequartiere, die den heutigen Ansprüchen genügen, denn die Zahl der Übernachtungsgäste steigt inzwischen wieder. Die kleinräumigen Häuser Helgolands, die meist aus den 1950er-Jahren stammen, stehen unter Ensembleschutz. Das macht Erweiterungsbauten und Modernisierungen nahezu unmöglich. Folgerichtig gab es verschiedene **Pläne zur Landgewinnung.**

Der weitreichendste kam von dem Hamburger Bauunternehmer *Arne Weber:* Er hatte 2008 in Zusammenarbeit mit der Technischen Universität Hamburg und dem Alfred-Wegener-Institut ein Konzept zur Landgewinnung auf der Insel entwickelt. Sein Plan war es, für rund 100 Millionen Euro das an dieser Stelle nur wenige Meter tiefe Meer zwischen Insel und Düne mit Sand aufzuschütten und **die beiden Inseln** so **wieder miteinander** zu **verbinden.** So wäre auch Platz für Hotels und Wohnungen entstanden. Es wurde intensiv diskutiert, das Ergebnis war 2011 ein **Referendum,** in dem sich die Helgoländer für oder gegen die Verbindung der beiden Inselteile entscheiden konnten: Knapp 55 Prozent sprachen sich gegen die Verbindung aus.

Seitdem hat sich dennoch viel getan, um die Insel wieder zukunftsfähig zu machen. Helgoland ist **Servicestützpunkt für die Offshore-Windparkbetreiber,** und auf dem Oberland entstanden **neue Wohnhäuser** (siehe Abb.). Über Landgewinnung wird man weiter nachdenken müssen, denn mit jedem Neubau geht ein Stück Natur verloren.

039he mna

Was bringt die Zukunft?

Offshore-Windkraft

Im **Cuxhavener Appell** wandten sich 2013 und 2017 die Minister und Senatoren der fünf nördlichen Bundesländer an die Bundesregierung und baten darum, die **Offshore-Windkraft** in den deutschen Gewässern stärker zu unterstützen und mit weiteren Leitungen den Anschluss an das Stromnetz zu garantieren. Die Herausforderung besteht darin, Tourismus und Offshore-Windindustrie in Einklang zu bringen. Es ist eine Gratwanderung, Windpark-Wirtschaft, Tourismus, die Bedürfnisse der Bewohner sowie Tier- und Naturschutz miteinander zu verbinden. Gut 250 Inselbetten sind dauerhaft von Servicetechnikern belegt, darunter hochwertige Unterkünfte wie das ehemalige Vier-Sterne-Hotel, das der Windparkbetreiber WindMW für seine Mitarbeiter erworben hat. Die gut gefüllten Kassen der Gemeinde ermöglichen Investitionen in die Verbesserung der Infrastruktur. Einige **Neubauprojekte** sind bereits umgesetzt worden, doch bebaubares Land ist sehr knapp auf dem kleinen Eiland. Neben dem Helgoländer Leuchtturm entstand auf 7000 Quadratmetern **bezahlbarer Wohnraum für Insulaner,** womit ein großes Problem gelöst wurde. Die Bebauung des Oberlandes ist abgeschlossen, nur das Nord-Ost-Land bietet noch etwas Platz für eventuell benötigte Neubauten. Die Gemeinde hat zusätzlich eine sogenannte **Erhaltungssatzung** beschlossen, um Wohnraum zu erhalten. So wird im Einzelfall von der Gemeinde entschieden, ob Wohnraum in Ferienwohnungen verwandelt werden darf.

Längere Touristen-Aufenthalte als Ziel

Beim Inselmarketing ist es das erklärte Ziel, qualitativ hochwertige Tages- und Urlaubstouristen zu **längeren Aufenthalten auf der Insel** zu motivieren. Man setzt auf die einzigartige Natur, auf Kunst, Kultur, Geschichte und Architektur sowie auf eine bessere Vermittlung der Meeres- und Vogelforschung. So soll Helgoland zum touristischen **Ganzjahresziel** werden. Auch die **Museumslandschaft** wird aufgebessert. Das Gebäude des früheren Aquariums wird saniert, um dort mit einem interaktiven Museum eine neue Attraktion für Gäste zu schaffen. Zu einem Besuchermagneten dürfte der **neue Bunkerstollen** auf dem Unterland werden. Das **Alfred-Wegener-Institut** mit seiner Forschungsstation auf Helgoland bietet Forschern aus aller Welt ideale Möglichkeiten, um unter besten Voraussetzungen an einem besonderen Forschungsstandort zu arbeiten.

Projekt in Millionenhöhe: Instandsetzung der Kaiserlichen Hafenmole

Der Bau des heutigen Hafens Helgoland geht auf das frühe 20. Jahrhundert zurück, die ältesten Teile der Molen und Mauern sind somit über 100 Jahre alt. Vor wenigen Jahren zeigte sich, dass Ertüchtigungsmaßnahmen dringend notwendig waren. Mit der Arbeit beauftragt wurden zwei süddeutsche Spezialtiefbau-Unternehmen, die in vier Phasen per Injektionstechnik der **Südmole** wieder zur notwendigen **Standsicherheit** verhelfen sollen.

Der betroffene Hafenabschnitt war **1954** auf einer Länge von 70 Metern bei einer **Sturmflut** zerstört worden, woraufhin man damals die Hafenmole mit sogenannten **Holzsenkkästen,** die mit Betonbruch und Schuttresten verfüllt wurden, wieder aufbaute. Man muss sich den Aufbau der Hafenmole so vorstellen: Rechts und links der Länge nach wurden die Holzsenkkästen wie Mauern aufgestellt und der Zwischenraum aufgefüllt. Darauf kam eine Betondecke. Dieses Konstrukt hatte immerhin fast 70 Jahre gehalten, doch schließlich war zügiges Handeln notwendig geworden.

Zur Ertüchtigung dienten **Injektionen** mit vier verschiedenen Stoffen in vier Phasen. Zuerst wurde die Kontaktfuge zwischen der Molenabdeckung und der darunter befindlichen Steinschüttung mit einer Mörtelinjektion verfüllt. In der zweiten Phase kam auf der Seeseite ein schnell abbindendes Polyurethanharz zum Einsatz, das für die chemische Reaktion Wasser benötigt. Daher musste die Injektionsreihenfolge mit dem Gezeitenstand getaktet werden. Die dritte Phase galt der Stabilisierung der hafenseitigen Molenwand mit einem kombinierten Zement-Polyurethanharz-Gemisch mit längeren Abbindezeiten.

Zum Schluss musste die **Steinschüttung im Inneren des Konstrukts** wieder stabilisiert werden. Dafür wurde die Betondeckschicht in engen Abständen durchbohrt. In jedes einzelne Loch kam ein Lot, um die Tiefe zu messen, damit anschließend ein Kabelstrang aus verschiedenen Rohren für die verschiedenen Gemischkomponenten hineingesteckt werden konnte. Jedes einzelne Kabel musste nummeriert werden, um eine eindeutige Zuordnung zu ermöglichen. Wenn die Kabel gesteckt waren, folgte eine Auffüllung mit Kies. Anschließend wurden die Rohre mit den verschiedenen Stoffen für die Zementsuspension bestückt, und es galt, alles aushärten zu lassen. Loch für Loch die gleiche zeitraubende Prozedur. Der Baustoff musste von der Lagerfläche mit Radladern auf den 600 Meter entfernten Arbeitsbereich gebracht werden. Insgesamt legte der Radlader eine Strecke von 1800 Kilometern zurück – und das auf einer so kleinen Insel wie Helgoland. Im Oktober 2022 konnten das einzigartige Projekt an der Südmole erfolgreich abgeschlossen werden. An anderen Stellen der Hafenmolen wird in den nächsten Jahren weiter gearbeitet.

049he rs

In den letzten Jahren gingen die Gästezahlen auf Helgoland wieder nach oben, wetterbedingt schwanken sie jedoch von Saison zu Saison. Im Winter hat Helgoland nun **mehr Schiffsverbindungen** als früher, zwischen November und März sind es rund 70 zusätzliche Fahrten. Seit 2015 transportiert das mit Erdgas betriebene Fahrgastschiff „MS Helgoland" die Inselgäste von Cuxhaven aus im Linienverkehr. An einem sonnigen Sommertag kommen gut **3000 Tagesgäste** mit den Seebäderschiffen und Katamaranen zu Besuch, viele davon freuen sich auf eine Ausflugsfahrt mit einem traditionellen Börteboot. Auch kleinere Kreuzfahrtschiffe legen ein paar Mal im Jahr für eine Stippvisite an. Sie haben inzwischen weniger Interesse am zollfreien Einkauf als vielmehr an der Insel selbst. Die drei bis vier Stunden Aufenthalt erlauben den Besuch der Düne oder eine Fahrt mit dem Aufzug aufs Oberland, um die Natur über den Klippenrandweg zur erkunden. Dass die Insel rund 90.000 Langzeitgäste hat, ist eine positive Entwicklung, sie bleiben durchschnittlich etwa vier Nächte. Die Bestrebungen, das Image als nachhaltig orientiertes **Natur- und Urlaubsziel** zu stärken, scheint inzwischen Früchte zu tragen.

Zukunftsprojekte

Zwei große Zukunftsprojekte hat Helgoland seit einiger Zeit fest im Blick. Zum einen arbeitet man an der offiziellen Anerkennung als sogenannte **Sterneninsel** durch die International Dark-Sky Association IDA. Die Chancen dafür stehen nicht schlecht. Aufgrund der Lage fernab vom Festland ist kaum Lichtverschmutzung vorhanden – nur der Leuchtturm als für die Seefahrt enorm wichtige Orientierungshilfe schickt seinen Strahl während der Nacht im regelmäßigen Takt über die Nordsee. Gelingt das Vorhaben, könnte man weitere Attraktionen wie eine Sternwarte in Angriff nehmen.

Das zweite große Zukunftsprojekt hängt eng mit der Energiewende und dem hohen Bedarf an regenerativen Energiequellen zusammen. Nach der Windkraft soll nun **Grüner Wasserstoff** rund um Helgoland gewonnen werden. Zudem will sich die Insel unabhängig von fossilen Rohstoffen machen. Dafür plant eine eigens gegründete internationale Projektgemeinschaft die nachhaltige Produktion von Wasserstoff mit Offshore-Energie. In großem Stil soll das ab 2035 möglich sein, wenn die Infrastruktur für den Transport aufs Festland geschaffen ist. Dies wird jedoch nur dann gelingen, wenn eine grenzüberschreitende Kooperation mit den europäischen Nachbarstaaten Bürokratie und Naturschutz miteinander vereinbaren lässt.

050he mna

5

Die Nordsee

» Interessante Fakten rund um das Thema Nordsee sind in diesem Kapitel zu finden. Die Beaufort-Skala (Windgeschwindigkeiten) im Abschnitt „Sturm und Wellen“ kann nützlich sein.

< Kaimauer am Nordostland

Land und Meer

Vor rund 250 Millionen Jahren

Im Erdmittelalter Mesozoikum begann die biologische Geschichte Helgolands, also **vor rund 250 Millionen Jahren.** In dieser Zeit fanden die wichtigsten gesteinsbildenden Prozesse statt. Große Mengen Muschelkalk lagerten sich in bis zu 300 Meter dicken Schichten rund um das heutige Helgoländer Gebiet ab. Zu dieser Zeit herrschte zudem ein für Verwitterungsprozesse ideales tropisches und subtropisches Klima. Dieses führte zur Oxidation der hohen Eisen- und Aluminiumgehalte im Boden – so entstand die **typische rote Färbung** des **Helgoländer Bunt-**

sandsteins. In der Folgezeit stiegen Salzschichten auf und drückten die darüber liegenden Gesteinsschichten beulenförmig nach oben. **Vor etwa 65 Millionen Jahren** – in der Erdneuzeit Tertiär – zerrissen sie an ihrer höchsten Stelle. Auf der Westseite der entstandenen Aufwölbung sank die Buntsandsteinschicht wieder in den Untergrund, während sie auf der Ostseite stehen blieb.

Dass das Gestein dabei **leicht zur Seite kippte,** kann man heute noch deutlich sehen: Die Schichten des Buntsandsteins neigen sich um 17 bis 20 Grad von Nordnordwest nach Südsüd-

Küstenschutz ist Inselschutz –
Tetrapoden am Kringel mit der Langen Anna im Hintergrund

271he mna

ost. Diese Ausrichtung lässt sich optisch auch nachvollziehen, wenn sich bei Ebbe das Felswatt an der nördlichen und nordwestlichen Inselseite zeigt. Während der drei Eiszeiten im Quartär – dem jüngsten Zeitabschnitt der Erdgeschichte – lag das Gebiet der heutigen Nordsee oberhalb des Meeresspiegels. Die Kaltzeiten hatten durch die Wasserbindung zu Eis sein extremes Absinken bewirkt. Damals erstreckte sich weitläufiges Marschland um das heutige Helgoland und die roten Buntsandsteinfelsen ragten bereits hoch aus diesem Landstrich heraus. Durch eine erneute Erwärmung des Erdklimas tauten die Eismassen in Schüben wieder ab. Erst durch den **Anstieg des Meeresspiegels** nach den Eiszeiten wurde Helgoland mit den anschließenden Dünengebieten nach und nach zur Halbinsel. Vor etwa 5000 Jahren entstand im Großen und Ganzen die heutige Küstenlinie der Nordsee. Zu dieser Zeit war das heutige Helgoland **Teil des Festlands** und lag am Ende einer mit dem Festland verbundenen Geesthalbinsel. Doch die Verbindung zwischen der Halbinsel und dem Festland erodierte und Helgoland wurde zur Insel. Allerdings war sie damals erheblich größer als heute. Durch die von den Kräften der Nordsee verursachte natürliche Abtragung verkleinert sich Helgoland nach wie vor stetig. Auch der Anstieg des Meeresspiegels durch die **Erwärmung des Klimas** trägt seinen Teil dazu bei. Langzeitdatenreihen belegen, dass sich die Nordsee deutlich stärker erwärmt als die Weltozeane im Mittel. Sie ist in den vergangenen 50 Jahren um 1,7 °C wärmer geworden. Damit ist die Deutsche Bucht eines der sich am schnellsten erwärmenden Küstenmeere überhaupt. Das verändert auch Flora und Fauna. Kälte liebende Arten verringern sich oder verschwinden, Meeresströmungen werden beeinflusst und neue Arten aus wärmeren Gefilden wandern ein.

Küstenschutz ist Inselschutz. Deshalb findet man auch auf Helgoland zahlreiche befestigte Ufer. Bewährt haben sich hier die sogenannten **Tetrapoden** aus Beton, von denen mehrere Tausend verlegt wurden. Eine einzige wiegt rund sechs Tonnen. Sie verringern die Strömungsgeschwindigkeit des Nordseewassers und halten seiner Kraft im Allgemeinen Stand. Nur in seltenen Ausnahmefällen kommt es bei schweren Orkanen vor, dass eine Tetrapode von der Stelle bewegt wird. Die riesigen „Vierbeiner" liegen an der südwestlichen Schutzmauer vor dem Kringel und stabilisieren einige Wellenbrecher an der Düne.

▷ Vogelschwarm über der Hafenmole

Wind und Wetter

Mehr Sonnenstunden als auf dem Festland

Helgoland liegt in der **Westwindzone** der gemäßigten Breiten, die durch den **Golfstrom** beeinflusst sind. Der besonders milde Golfstrom ist eine der größten und schnellsten Meeresströmungen der Erde. Er führt Wärme heran, lässt aber auch Tiefdruckgebiete mit überwiegend westlichen Starkwinden entstehen. Bei uns ist es deshalb im Durchschnitt fünf bis zehn Grad wärmer, als wenn er nicht vorhanden wäre. Aufgrund der Lage Helgolands in der Nordsee herrscht ein ausgeprägt maritimes Klima mit **mehr Sonnenstunden als auf dem Festland.** Besonders im Frühjahr gibt es regelmäßig mehr davon, weil das kühle Meerwasser die Bildung von Wolken unterdrückt. Im Herbst kann das Pendel umschlagen, und es bilden sich unter Umständen mehr Wolken als über dem Festland. Die Temperatur des Meerwassers verändert sich nicht so schnell wie die der Luft, deshalb sind die Temperaturunterschiede auf den Nordseeinseln generell geringer, dafür ist die Luftfeuchtigkeit höher. Da die Nordsee wie ein Wärmespeicher funktioniert, herrscht auf Helgoland mit durchschnittlich 2 °C das **mildeste Winterklima Deutschlands.** Es schneit nur selten, die Tiefsttemperaturen fallen kaum unter minus 5 °C. Seit den 1980er-Jahren gibt es Anpflanzversuche von bedingt winterharten subtropischen Pflanzen, die teilweise erfolgreich verlaufen sind. Dazu zählen zum Beispiel Palmen, Lorbeer und Steineichen. Die **mittlere Jahrestemperatur** auf Helgoland liegt bei 9 °C, die **jährliche Niederschlagsmenge** bei etwa 700 Millimetern und ist damit etwas niedriger als die in Deutschland (805 Millimeter). Kältester Monat auf Helgoland ist der Februar mit einer Durchschnittstemperatur von 0,5 °C, während der August mit 18,4 °C der wärmste ist.

302he mna

Klimatische Bedingungen

Tiefdruckgebiete

Deutschland liegt in einer Zone wechselhaften Wetters. Die mit dem Klimawandel verbundene Erderwärmung führt auch an der Nordsee zu extremeren Situationen. Im Verlauf des Golfstroms steigt erhitzte Luft auf, wird durch die Erdrotation in drehende Bewegung versetzt und **Tiefdruckgebiete** entstehen. Auf dem Rücken eines mächtigen Azorenhochs gelangen sie nach Nordeuropa und manche erreichen erst hier vor der Küste ihre volle Kraft. Je länger ihr Weg über das Wasser ist, desto stärker werden sie. Die **Stürme der Nordsee** haben immer wieder die Küstengeografie verändert. Als Hochseeinsel liegt Helgoland ungeschützt mitten im Meer und ist den Stürmen deshalb besonders ausgesetzt. Es ist zu vermuten, dass die Wetterextreme zukünftig weiter zunehmen, sofern die Klimaerwärmung nicht verlangsamt oder gestoppt werden kann. Das zumindest ist die heutige Einschätzung der meisten Experten.

Wetterabfolge

Wind aus südlichen bis südwestlichen Richtungen bringt schlechtes Wetter

In der Deutschen Bucht gibt es selten Windstille. Meist kommt der **Wind aus westlicher Richtung.** Herrscht Tiefdruck, dreht sich der Wind auf der Nordhalbkugel gegen den Uhrzeigersinn. Jedem Helgoländer ist bekannt, dass **Wind aus südlichen bis südwestlichen Richtungen** ein Tiefdruckgebiet und damit schlechtes Wetter bringt. Seine Ausläufer bringen in der Regel Niederschlag mit sich. Jedem Nordseeurlauber ist sicherlich bewusst, dass es auch im Sommer keine Garantie auf schönes Wetter gibt. Aber aufgrund des vielen Windes reißen auch häufiger die Wolken auf und bringen etwas Sonne, während über dem Festland die Wolken hängen. Helgoland weist **mehr Sonnenstunden** auf als das deutsche Festland. In den Sommermonaten sind es durchschnittlich über sieben Stunden pro Tag.

[>] Strand der Nebeninsel Düne mit Leuchtturm

Kleidung

Es ist empfehlenswert, sich bei einem Aufenthalt auf Helgoland mit seiner **Kleidung** darauf einzustellen. In der Regel ist es hier deutlich windiger als auf dem Festland. Daher ist es sinnvoll, windfeste Kleidung und eine Regenjacke dabei zu haben. Auch die Sonnenstrahlung ist hier intensiver, weil die Strahlen vom Wasser reflektiert und dadurch verstärkt werden. Deshalb sind Sonnenschutzmaßnahmen wie Sonnencreme und Kopfbedeckung auch bei bedecktem Himmel zu empfehlen.

145he_mna

Unser Tipp: Besonders bewährt hat sich bei der Kleidung das sogenannte **„Zwiebelprinzip“**, bei dem man mehrere Schichten verschiedener Kleidung übereinander trägt. Beispielsweise beginnt man mit dünner Unterbekleidung wie T-Shirt und „Zipp-of-Hose“, bei der sich der untere Teil der Hose mittels Reißverschluss abtrennen lässt. Darüber trägt man eine windfeste wärmere Kleidungsschicht. Und zum Schluss schützt man sich mit der dritten Schicht aus regen- und windfester Jacke und Hose. Ein Rundschal rundet das Ganze ab, er kann als Mütze oder Schal getragen werden – so ist man auf alle Wetter bestens vorbereitet.

270he mhas

Kräftige Stürme

An Sturmtagen zeigt die Insel eine ihrer faszinierendsten Seiten

Die **Beaufort-Skala,** die nach einem britischen Admiral benannt ist, beschreibt die **Windstärken in einer Skala von ein bis zwölf Beaufort** (Bft). Sie ist eine praktische Messlatte, um die Windverhältnisse vor Ort auch ohne Windmesser annähernd einschätzen zu können. Oft wird der Wind heute in Stundenkilometern angegeben, aber die Windstärke lässt sich besser ein-

Wellen eines Orkans am Kringel (1920er-Jahre, Foto von Franz Schensky)

schätzen, wenn sie nach der Beaufort-Skala beschrieben wird (siehe rechts).

Ist der Wind **stärker als 8 Bft,** was besonders im Winterhalbjahr passieren kann, werden viele **Schiffsverbindungen eingestellt.** Aber eigentlich ist nicht die Fahrt, sondern **das Anlegen** der gefährliche Moment. Einen Passus über Ausfälle wegen höherer Gewalt enthalten nahezu alle Transportverträge, das gilt auch für Fährtickets. Wenn das Schiff wetterbedingt nicht fahren kann, sollte man Verständnis für die Situation haben, auch wenn vielleicht die Urlaubsplanung durcheinander gerät. Die Sicherheit der Gäste hat stets Priorität, und das sollte auch im Sinn aller Passagiere sein. Bei **Sturmvorhersage,** die in der Hauptsaison selten vorkommt, ist es ratsam, Kontakt mit der Reederei zu halten und sich auf der **Website** oder am **Kundentelefon** über die Lage vor Ort zu informieren. So lässt sich vielleicht eine nutzlose Fahrt an die Küste vermeiden. Aber die Sturmsaison in den Herbst- und Wintermonaten für eine Reise völlig auszuschließen, wäre der falsche Ansatz. Denn an Sturmtagen zeigt die deutsche Nordseeküste eine ihrer faszinierendsten Seiten. Prächtige Panoramen unter dramatisch bewölktem Himmel und schäumender See bieten ein großartiges Naturerlebnis. **Wetterfeste Kleidung** sollte dann allerdings immer dabei sein.

Wetterdienst

Wetterentwicklung

Möchte man sich über die **Wetterentwicklung** informieren, gibt es heutzutage jede Menge darauf spezialisierte Internetseiten und Apps fürs Handy. Aber auch auf der Insel hängt die Wettervorhersage für die nächsten Tage an vielen Stellen aus. Eine Wetterstation vom Deutschen Wetterdienst befindet sich am Westdamm des Südhafens.

- Die Insel selbst hat auf ihrer Homepage **www.helgoland.de** unter der Rubrik „Interessen" nützliche Information über Wetter und Gezeiten.
- Hilfreich ist auch **www.dwd.de** mit punktgenauen Angaben für den Standort Helgoland.
- Segler und Surfer finden auf **www.windfinder.com/forecast/Helgoland** Informationen zur Windprognose.
- Die kostenpflichtige **Wetterapp WeatherPro** bietet umfangreiche und detaillierte Inhalte zur Wettervorhersage.

Sturm und Wellen

Im Folgenden werden die Windstärken nach der **Beaufort-Skala** (1–12) mit den jeweils charakteristischen Bewegungen der See aufgelistet. Sie ist nach dem irischen Hydrografen *Sir Francis Beaufort* benannt, aber erfunden hat dieser sie nicht. Der englische Ingenieur *John Smaeton* veröffentlichte 1759 erstmals eine Tabelle mit elf Windstärken. Es gibt keine verbindliche Version, sondern sie wird in verschiedenen Varianten verwendet.

Bft	km/h	Wind	Zustand der See
0	< 1	Stille	Spiegelglatt
1	1–5	Leichter Zug	Leichte Kräuselwellen
2	6–11	Leichte Brise	Kleine, kurze Wellen mit glasigen Kämmen
3	12–19	Schwache Brise	Anfänge der Schaumbildung
4	20–28	Mäßige Brise	Kleine, länger werdende Wellen, überall Schaumköpfe
5	29–38	Frische Brise/Wind	Mäßige Wellen von großer Länge, überall Schaumköpfe
6	39–49	Starker Wind	Größere Wellen mit brechenden Köpfen, überall weiße Schaumflecken
7	50–61	Steifer Wind	Weißer Schaum von den brechenden Wellenköpfen legt sich in Schaumstreifen in die Windrichtung
8	62–74	Stürmischer Wind	Ziemlich hohe Wellenberge, deren Köpfe verweht werden, überall Schaumstreifen
9	75–88	Sturm	Hohe Wellen mit verwehter Gischt, es beginnen sich Brecher zu bilden
10	89–102	Schwerer Stum	Sehr hohe Wellen, weiße Flecken auf dem Wasser, lange und überbrechende Kämme, schwere Brecher
11	103–117	Orkanartiger Sturm	Brüllende See, Wasser wird waagerecht weggeweht, starke Sichtverminderung
12	118–133	Orkan	See vollkommen weiß, Luft mit Schaum und Gischt angefüllt, keine Sicht mehr

Die Seenotretter

Die Schifffahrtswege durch die Nordsee waren schon immer gefährlich, und die Deutsche Bucht ist heute eines der weltweit am stärksten befahrenen Seegebiete. **In unmittelbarer Nähe Helgolands verlaufen mehrere Großschifffahrtswege,** weshalb es auf der Insel schon immer **besonders leistungsfähige Rettungseinheiten der Deutschen Gesellschaft zur Rettung Schiffbrüchiger (DGzRS)** gab. Heute ist hier der größte deutsche Seenotrettungskreuzer „Hermann Marwede“ (siehe „Sehenswertes“) stationiert.

Sturmtiefs, meist aus nordwestlicher Richtung, haben früher viele Segelschiffe stranden lassen. Mitte des 19. Jahrhunderts verunglückten vor der deutschen Nordseeküste jährlich ca. 50 Stück. Oft hatte die Besatzung keine Chance, lebend an Land zu kommen. Daher wurden verschiedene Techniken entwickelt, um den Seeleuten von Land und auch vom Wasser aus helfen zu können, zum Beispiel die „Hosenbojen“, das sind Rettungsringe mit angenähten Hosen.

1861 gründeten sich in Hamburg, Bremerhaven und Emden die ersten Rettungsvereine, um Menschen in Seenot zu helfen. Aus deren Zusammenschluss entstand vier Jahre später die **DGzRS.** Maßgeblichen Anteil daran hatte der Redakteur des Bremer Handelsblattes *Dr. Arwed Emminghaus,* der damit, statt einzelne örtliche Vereine zu haben, die Seenotrettung **in einer Gesellschaft vereinen** wollte. Zu dieser Zeit war Helgoland jedoch noch britisch. Erst 1892, nachdem die Insel deutsch geworden war, stationierte die DGzRS dort ihr erstes eigenes Rettungsboot.

Anfangs eilten die Helfer in offenen Ruderbooten zur Hilfe, ab 1911 kamen die ersten Motorrettungsboote zum Einsatz – heute umfasst die Flotte **rund 60 Seenotrettungskreuzer und -boote.** Die DGzRS ist für den maritimen Such- und Rettungsdienst bei Seenotfällen in den deutschen Hoheitsgewässern verantwortlich. 2022 hatten die Seenotretter in der Nordsee 780 Einsätze und halfen 1464 Menschen, bei denen 121 Menschen aus Seenot gerettet oder Gefahrensituationen befreit wurden. **Schirmherr** der DGzRS ist der jeweilige Bundespräsi-

dent. Zudem werben Prominente als „Botschafter" für die Seenotretter, so beispielsweise die Schauspielerin *Barbara Wussow*.

Die DGzRS finanziert sich als **gemeinnützige Hilfsorganisation** ausschließlich aus Spenden, die steuerlich absetzbar sind. Auf Helgoland stehen rund 70 **Sammelschiffchen** für Kleingeld, beispielsweise im Museum Helgoland. Mehr Informationen auch zu regelmäßigen Spenden gibt es auf **www.seenotretter.de.** Zum 125-jährigen Jubiläum zierte das Sammelschiffchen sogar eine Sonderbriefmarke der Deutschen Post.

Die DGzRS unterhält im **Rettungsschuppen an der Westkaje einen Info-Stand** und Shop, der von Ostern bis Ende Oktober freitags und samstags sowie am 30. und 31. Dezember von 11 bis 16 Uhr geöffnet ist.

304he jz

Ebbe und Flut

Gezeiten/Tiden

Ebbe und Flut bestimmen den **Rhythmus des Insellebens** und sind neben Sturm und Wellen die treibenden Kräfte der stetigen Veränderung Helgolands. Zweimal täglich fließen große Gezeitenströme auf und wieder zurück. Sie fallen abhängig von Windrichtung und Seegang sehr unterschiedlich aus. Die Gezeiten des Meeres, **Tiden** genannt, setzen sich aus dem ablaufenden Wasser (Ebbe) und dem auflaufenden Wasser (Flut) zusammen. Die Wechselpunkte zwischen Ebbe und Flut nennt man **Niedrigwasser** bzw. **Hochwasser.** Die Gezeiten werden von den **Anziehungskräften des Mondes und der Sonne** bestimmt. Stehen Sonne und Mond im rechten Winkel zueinander, gibt es eine **Nipptide,** der Höchststand des Wassers fällt dann niedriger als gewöhnlich aus. Stehen Sonne und Mond auf einer Linie, entsteht das Gegenteil, eine **Springtide,** weil ihre gemeinsame Kraft am Flutberg zieht. Nipptiden gibt es nur bei Halbmond, Springtiden nur bei Neu- und Vollmond.

Je nach geografischer Konstellation verändert sich der **Tidenhub** zusätzlich, das ist die Differenz der Wasserhöhe zwischen Niedrig- und Hochwasser. Der Tidenhub fällt auf der ganzen Welt sehr unterschiedlich aus. In der Nordsee wird er von den Schwingungswellen der Gezeitenströme im Atlantik bestimmt. In den Flussmündungen an der deutschen Nordseeküste kann er bis zu vier Meter betragen. Auf Helgoland liegt der mittlere Tidenhub bei **2,30 Meter,** das ist deutlich niedriger als zum Beispiel in Wilhelmshaven, wo er bei 3,70 Metern liegt. In den trichterförmigen Buchten der Flussmündungen fällt er viel höher aus, weil sich hier das Wasser aufstaut. Das Mittelmeer ist annähernd gezeitenfrei, um so gewaltiger ist im Vergleich der Tidenhub am Atlantik. Im englischen Bristol und im französischen St. Malo beträgt er durchschnittlich 12 Meter, bei Springtiden kann er auch noch höher ausfallen. An der kanadischen Bay of Fundy ist er mit 15 Metern am höchsten, dort sind die Gezeitenunterschiede weltweit am stärksten ausgeprägt. Auch die Ozeane außerhalb des Atlantiks sind von den Gezeitenwellen nicht ausgenommen.

Da, wie bereits erwähnt, die Tide abhängig von der geografischen Lage an der Nordseeküste von Ort zu Ort unterschiedlich ist, gibt es viele **Tidenkalender** bzw. **Gezeitentabellen,** so auch für Helgoland. Man kann diese auf der Website des Bundesamtes für Seeschifffahrt und Hydrografie einsehen unter www.bsh.de.

Die Vorausberechnungen sind nötig, weil sich die Tiden nicht ständig zur selben Zeit wiederholen, sondern pro Tag um etwa 50 Minuten versetzt sind. Von einem Hoch- zum nächsten Niedrigwasser ergibt sich zweimal am Tag mithin eine **Verschiebung von 25 Minuten;** eine Tide (oder Gezeit) dauert also sechs Stunden und 12½ Minuten. Der Tidenkalender für Helgoland wird an verschiedenen Stellen ausgehängt und ist auch in der Helgoland Touristik erhältlich bzw. über die Website www.helgoland.de.

Blickt man von der Helgoländer Landungsbrücke in Richtung Nebeninsel Düne, erkennt man die **kräftige Meeresströmung** gut an den schräg im Wasser liegenden Tonnen. Entsprechend schwer hat es die Dünenfähre, bei der Überfahrt **gegen den Gezeitenstrom** anzusteuern. Weht dann auch noch ein kräftiger Wind, gerät das Wasser kräftig in Bewegung. Wegen der starken Strömung ist es deshalb **lebensgefährlich und verboten,** die 1,4 Kilometer breite Strecke zwischen Hauptinsel und Nebeninsel Düne schwimmend zu überwinden. Der Gezeitenstrom würde jeden in die offene See ziehen.

Licht und Schatten

UV-Licht, Schutzmaßnahmen und Sonnenbrand

Fährt man an die See, so in den meisten Fällen der Sonne wegen – und das, obwohl jeder weiß und unumstritten ist, dass **UV-Licht** die Haut altern lässt. Das kann man bei notorischen Sonnenanbetern gut erkennen. Schon ein schlichter Sonnenbrand bewirkt innerhalb von drei Tagen eine Alterung der Haut um ein halbes Jahr. Wer sich regelmäßig zu viel Sonne aussetzt, hat auch ein höheres Risiko, an **Hautkrebs** zu erkranken. Besonders **Sonnenbrand** ist ein echter Risikofaktor. Für die Haut ist es besser, sich öfter nur kurz in der Sonne aufzuhalten, als über einen längeren Zeitraum. Besonders Kinder und junge Menschen haben eine sehr empfindliche Haut, die UV-Strahlen stärker durchlässt und langfristig schädigt.

Schutzmaßnahmen: Mediziner raten, das Sonnenbaden behutsam anzugehen, damit sich die Haut an das Licht gewöhnen kann. Besonders in den ersten Tagen des Sommerurlaubs ist es zu empfehlen, sich nur vor 11 und nach 15 Uhr in der Sonne zu tummeln. Über Mittag ist die Strahlung der schädlichsten UV-Variante am stärksten. Diese Zeit sollte man möglichst im Schat-

ten verbringen. **Schatten** ist überhaupt das beste prophylaktische Mittel. Ein bedeckter Himmel reicht allerdings nicht: Er lässt immer noch bis zu 80 Prozent der UV-Strahlung durch. Auch **Sonnenschutzmittel** mit möglichst hohem Lichtschutzfaktor (LSF) sind ein guter Schutz, sofern sie eine halbe bis dreiviertel Stunde vor dem Sonnenbad gründlich aufgetragen wurden. An ihnen sollte man also nicht sparen und auch die Ohren und den Haaransatz nicht vergessen. Nach einer Empfehlung der EU braucht man etwa 36 Gramm, um von Kopf bis Fuß richtig geschützt zu sein. Mit anderen Worten benötigt eine vierköpfige Familie eine ganze Flasche Sonnenschutzcreme pro Strandtag. Es gibt sogar wasserfeste Sonnenmilch mit LSF 50. Allerdings sollte diese nach dem Baden oder starkem Schwitzen erneut aufgetragen

272he mna

werden, denn auch wenn „wasserfest" auf der Packung steht, verschwindet ein Teil des Schutzes durch die Feuchtigkeit. Interessant ist auch, dass der LSF nicht linear, sondern exponentiell mit der Auftragsmenge abnimmt. Wer also nur die Hälfte der empfohlenen Menge verwendet, ist nicht etwa halb so gut geschützt, wie auf der Packung steht, sondern deutlich schlechter. Die Sonnencreme dick aufzutragen lohnt sich also, selbst nach acht Stunden ist der Schutz noch zu gut 40 Prozent gewährleistet. Für die Lippen gibt es zusätzlich spezielle Pflegestifte mit Sonnen-

Sonnenuntergang bei ruhiger See

schutz, ebenso Schutzsprays für die Haare. Will man den ganzen Tag draußen verbringen, kann es je nach Sonnenintensität sinnvoll sein, **passende Kleidung** und eine **Kopfbedeckung mit Sonnenschutz** zu tragen, um einem Sonnenbrand vorzubeugen. Die UV-Strahlen sind nämlich am und im Wasser durch die Reflektion deutlich stärker als sonst.

Sonnenbrand: Sollte man dennoch einmal einen Sonnenbrand bekommen, hilft es am besten, die betroffenen Hautpartien zu **kühlen.** Ein leichter Sonnenbrand lässt sich gut selbst behandeln, zum Beispiel mit kühlenden Umschlägen wie Quarkwickeln, feuchtigkeitsspendenden Lotionen und Kompressen mit kaltem Wasser. Die Sonne sollte man dann für längere Zeit meiden. Ein starker Sonnenbrand muss auf jeden Fall vom Arzt behandelt werden. Bekommt man nach einem Aufenthalt im Freien Kopfschmerzen, Schwindelanfälle und Übelkeit bis zum Erbrechen, könnte es sich um einen **Sonnenstich** handeln.

Blitz und Donner

Kaltfronten

Gewitter gibt es nicht nur an Land, sondern auch auf See, und zwar zu jeder Jahreszeit, selbst im Winter. Durch die kräftigen, meist westlichen Winde kann es schnell zu einem **Wetterwechsel** kommen. Die den Tiefdruckgebieten folgenden **Kaltfronten** sind generell von Gewittern begleitet. Sie können im Winter mitunter heftiger ausfallen, als bei schwüler Sommerhitze. Theoretisch ist auf Helgoland der hoch in den Himmel ragende **Antennenträger** auf dem Oberland ein guter **Blitzableiter.** Es ist zwar sehr unwahrscheinlich, vom Blitz getroffen zu werden, aber dennoch ist Vorsicht angebracht. An ungeschützten Stellen ist es bei einem Gewitter daher besser, in einer **Senke** Schutz zu suchen. Metallische Gegenstände wie Regenschirme und Walking-Stöcke sollten unbedingt zur Seite gelegt werden, sie können auf Blitze wie Magnete wirken. Vor allem sollte man den **Kontakt mit Wasser meiden,** denn Wasser leitet elektrische Energie viel besser als Erde. Seegewitter sind oft sehr laut und es grollt beängstigend. Ein bis heute wissenschaftlich nicht vollständig erforschtes Phänomen besteht darin, dass es auf dem Meer und an der Küste deutlich mehr Blitze gibt als auf dem Festland.

Kraterlandschaft vor Helgoland

Im Sommer 2017 sorgte eine wissenschaftliche Nachricht für Aufsehen: **Vor Helgoland wurde im Meer eine Kraterlandschaft entdeckt,** die erst durch hochpräzise Fächerecholotmessungen möglich wurde. Die Nordsee ist ein flaches Randmeer und der Meeresboden normalerweise weitgehend eben. Meeresströmungen und Tiden wirken wie eine Harke und gleichen Unebenheiten ständig aus. Deshalb staunten die Forscher bei einer Vermessungsfahrt im Spätherbst 2015 nicht schlecht, als sie auf einer Fläche von 915 Quadratkilometern **mehr als 300.000 Krater** entdeckten. Sie waren **neu entstanden,** denn frühere Kartierungsfahrten hatten bis dahin dort nur die gewohnte ebene Sandfläche gezeigt. Die Krater befinden sich im Gebiet Helgoland-Riff 45 Kilometer nordwestlich vor Helgoland und sind teilweise groß wie Tennisplätze. Bis zu 1200 Krater wurden pro Quadratkilometer gezählt.

Experten nennen diese Krater **Pockmarks,** also Pockennarben. Nähere Untersuchungen ergaben, dass sie durch den **explosionsartigen Austritt von Methangas** entstanden sind, denn rund um das Helgoländer Riff wurden erhöhte Konzentrationen des Reizgases gemessen. Doch was war die **Ursache?** Die Nordsee war während der letzten Eiszeit ein Feuchtgebiet mit entsprechend hohem Anteil an organischem Material. Als der Meeresspiegel nach dem Ende der letzten Eiszeit anstieg, wurde es mit Sedimenten überdeckt und zersetzte sich im Lauf der Zeit. Bei diesem unter Sauerstoffmangel stattfindenden Prozess entstand Methangas. Durch die **überdurchschnittlich warmen Sommer 2014 und 2015** konnte das Gas im Untergrund in höhere Schichten aufsteigen. Als dann im **Herbst 2015 ein schwerer Sturm** über die Deutsche Bucht zog, zeigte das auch Auswirkungen auf den Meeresboden: Wellen von bis zu sieben Metern Höhe verursachten starke Druckschwankungen, die die Sedimentschichten regelrecht durchwalkten und wie eine Pumpe wirkten. Die gespeicherten Methangasblasen wurden dadurch nach oben getrieben, wo sie schlussendlich durch die Sedimentschicht schossen und sich am Rand der vielen Krater die typischen Wülste bildeten. **Sieben Millionen Kubikmeter Material** wurden durch die Explosionen bewegt – ein für die Deutsche Bucht in dieser Größe unbekanntes Phänomen. Bislang wurden Methanausbrüche typischerweise im Nordpolarmeer nachgewiesen, nicht aber in der Nordsee.

Die Forscher können die Menge des bei diesem Ereignis ausgetretenen Methans nur schätzen und vermuten, dass **etwa 5000 Tonnen** des stark klimaschädlichen Gases freigesetzt wurden. Obwohl diese Menge etwa zwei Drittel des bisher angenommenen jährlichen Ausstoßes der gesamten Nordsee entspricht, beträgt sie nur 0,5 Prozent des Jahresausstoßes der Bundesrepublik Deutschland. Man geht davon aus, dass der küstennahe Meeresboden weltweit mit Methangasblasen versetzt ist. Durch den **Klimawandel** kommen extreme Wetterereignisse häufiger vor. Diese könnten dafür sorgen, dass sich ähnliche Phänomene wiederholen.

101he_mna

Meer und Gesundheit

Reizklima

Durch die besonderen klimatischen Bedingungen in Verbindung von Sonne, Salzwasser und Wind entsteht ein das Immunsystem anregendes **Reizklima.** Bei einem Spaziergang an der Brandungszone des Meeres auf der Düne zum Beispiel ist die Luft voller **Aerosole,** das sind mikroskopisch kleine Meerwassertröpfchen, die reichlich Jod, Magnesium und Salz enthalten. Die Gischt wirkt wie eine Inhalation, die Atemwege werden frei, man kann wieder tief durchatmen. Viele Erkrankungen, besonders im Bereich der Atemwege und der Haut, lassen sich durch einen Aufenthalt auf Helgoland spürbar lindern. Vor allem für

Weißgelbe Basstölpel vor dunkelblauer Nordsee

274he dw

Pollenallergiker ist die Insel ideal, weil es kaum Bäume und nur wenige Pflanzen gibt, auf die Menschen allergisch reagieren können. Dank des ständigen Seewinds und der Lage mitten in der Nordsee erreichen Pollen vom Festland die Insel nicht, auch die Feinstaubbelastung ist äußerst gering. Alle Gäste und Inselbewohner wissen das spezielle Klima der Nordsee zu schätzen.

Der **rhythmische Wechsel** von Bewegung und Ruhephasen hilft erschöpften Menschen dabei, wieder mehr Kraft für den Alltag zu tanken. Der positive Einfluss der Seeluft kann zur Steigerung der Leistungsfähigkeit beitragen. Meist schläft man durch das gesunde Klima und den fehlenden Großstadtlärm auch viel besser und länger. Die gesundheitsfördernden Aspekte eines Aufenthalts am Meer sind durch entsprechende Studien belegt.

Schwarzbrauenalbatros im Anflug auf Helgoland

305he mna

Meeresschutz und Ökologie

Das Ökosystem der Meere ist schützenswert

Millionen von Jahren waren die Nordsee und ihre Vorläufer so sauber wie eine tropische Korallenlagune. Auch als die Küsten besiedelt wurden, änderte sich zunächst nichts. Doch in den letzten zweihundert Jahren hat sich die Lage deutlich verschlechtert, und das tut sie weiterhin immer schneller. Die Situation in den Meeren ist inzwischen für Mensch und Tier besorgniserregend geworden. Mit dem starken Bevölkerungswachstum ab dem 19. Jahrhundert fing es an, die Industrialisierung hat die Entwicklung noch beschleunigt und auch durch Faktoren wie Überfischung, Seeschifffahrt mit Schweröl, Plastikmüllströme im Wasser und andere Wasserverschmutzungen **sank die Qualität des Meerwassers.**

Die Nordsee war in der zweiten Hälfte des 20. Jahrhunderts so **schmutzig** wie nie zuvor. Viele Schiffe entsorgten die beim Reinigen ihrer Tanks entstandenen Rückstände einfach ins Meer. Auch über die Flüsse gelangten **große Mengen giftiger Chemikalien** ungefiltert in die Nordsee. Sogar Bauschutt, Chemie und Atommüll wurden im Meer verklappt. Als Folge dieser Umweltverschmutzungen starben viele Vögel, Fische und Seehunde. Da die Menschen keinen sichtbaren Schaden nahmen, änderte sich lange Zeit nichts nichts. Doch Mitte der zweiten Hälfte des 20. Jahrhunderts traten die **Umweltschützer** auf den Plan. Schnell wurde klar, dass das **Ökosystem der Meere schützenswert** und existenziell ist. Eine der größten Herausforderungen dabei ist die wachsende Komplexität der vielen Probleme im weltumspannenden Kontext.

Chemische, biologische und physikalische Prozesse im Meer beeinflussen sich gegenseitig. In den meisten Fällen gibt es keine einfache Lösung. Die **größten Bedrohungen** sind Überfischung, Meeresverschmutzung, Klimawandel, der Anstieg des Meeres-

Blühende Rote Spornblume am Felshang

spiegels, Erwärmung, Versauerung und Bioinvasion – also das Einschleppen nicht heimischer Tier- und Pflanzenarten, die keine Fressfeinde haben und die heimischen Arten verdrängen: Das Meer weltweit ist heute so bedroht wie noch nie und es ist eine sehr große Herausforderung, es in ausreichendem Maße zu schützen. Besonders die **Küstenregionen** sind betroffen, weil das Meer dort intensiv genutzt wird. Hier wird der meiste Fisch gefangen, es wird nach Erdöl und Erdgas gebohrt, die Anzahl der Offshore-Windparks wächst und es herrscht starker Schiffsverkehr. Das gilt für die Nordsee im Besonderen.

Die verschiedenen Interessen von **Naturschutz, Ökonomie und Tourismus** lassen sich nur schwer miteinander vereinbaren. Wenn zum Beispiel ein Berufsfischer aus Natur- und Umweltschutzgründen Fangquoten beachten muss oder er bestimmte Fische gar nicht mehr fangen darf, verliert er seine Lebensgrundlage. Sind ganze Bereiche an Land und im Meer als Schutzgebiete ausgewiesen und dürfen nicht mehr betreten oder befahren werden, dient das jedoch dem Schutz der Natur. Es geht um **Nachhaltigkeit,** eine neue politische Richtung und **öf-**

113he_mna

fentliches Umdenken. Kommen handfeste Taten hinzu, bleibt die Hoffnung, dass am Ende die Summe vieler verschiedener Maßnahmen positive Wirkung zeigt.

Auf Helgoland hat sich die Einsicht durchgesetzt, dass eine **saubere Nordsee, Umwelt- und Naturschutz** die wesentlichen Pfeiler der Existenzgrundlage sind. Die Insulaner leben vom Tourismus und profitieren von der Offshore-Windenergie, andere Ressourcen hat das winzige Eiland nicht. Deshalb arbeitet man daran, diese Grundlagen zu erhalten, zu schützen und qualitativ zu verbessern, so weit dies möglich ist (siehe Kapitel „Inselgeschichte Helgoland"). Wer auf Helgoland seine Ferien verbringt, trägt seinen Anteil dazu bei. Durch verschiedenste Maßnahmen und strenge Vorschriften ist es immerhin gelungen, die Wasserqualität der Nordsee deutlich zu verbessern – ein kühlendes Bad im Meer ist völlig unbedenklich!

Nordsee mit spritzender Gischt

Umweltschutz im Urlaub und im Alltag

Dass drei Viertel des Mülls im Meer aus **Plastik** besteht, ist weitgehend bekannt, der größte Teil davon sind **Einwegverpackungen.** Die Erkenntnis, dass der Umfang des Kunststoffabfalls immer größer wird und auch uns Menschen gefährdet, ist inzwischen bei vielen Verbrauchern angekommen. Das Hauptproblem dabei: Das Plastik ist erst nach 350 bis 450 Jahren zersetzt, Fischernetze sogar erst nach 650 Jahren. Davor zerfällt es in immer kleinere Teile. Sind sie kleiner als fünf Millimeter, spricht man von **Mikroplastik.** Viele Plastikteilchen sind so klein, dass man sie mit bloßem Auge nicht mehr erkennen kann.

Gerade im Meer sind diese kleinen Partikel aber ein besonderes Problem, denn das Mikroplastik gelangt in die **Nahrungskette,** wie sich in Muscheln und Meerestieren wie Fischen, Garnelen und Krebsen nachweisen lässt. Dort reichert es sich sogar an. Wenn wir diese Tiere essen, gelangt das Mikroplastik auch in den menschlichen Körper. Inzwischen nimmt jeder Deutsche in der Woche unbeabsichtigt etwa 7 Gramm ein, so viel etwa wiegt eine Scheckkarte. Für mehr als eine Million Seevögel und 100.000 andere Meerestiere ist der Plastikmüll **tödlich,** weil sie sich darin verheddern oder ihn schlucken. Noch sind die Auswirkungen nicht vollständig erforscht, aber sicher ist, dass die im Plastik enthaltenen Weichmacher und Flammschutzmittel giftig sind.

Beim Müll im Meer handelt es sich um unterschiedlichste Stoffe wie Plastiktüten, -flaschen, Teile von Fischernetzen und deren Abrieb, Plastikwannen, Fender und vieles mehr. Er kommt mit der Flut oder im Sturm an die Küstenufer. Im Sommer wird er von den Kurverwaltungen morgens weggeräumt, damit der Strand sauber erscheint. Wer im Herbst oder Winter nach einem Sturm am Spülsaum entlang geht, kann den **Plastikmüll meist säckeweise** einsammeln. Auch andere Gifte landen in den Ozeanen. Jeder einzelne kann auch im Kleinen einen Beitrag zum Schutz der Umwelt beitragen. Hier ein paar Beispiele für einen einfachen Anfang:

Vernünftig Einkaufen

Das wichtigste ist es, **Plastikverpackungen zu vermeiden** und sie gar nicht erst in die Umwelt gelangen zu lassen. Ein Stoffbeutel oder Einkaufskorb ist wiederverwendbar und leistet nicht nur während der Ferien gute Dienste. Am besten unverpackte, lose Ware einkaufen.

Einmalverpackungen vermeiden

Coffee-to-Go mag morgens eine bequeme Sache sein, aber der Müll braucht viele Jahre, bis er sich zersetzt hat. Dosen beispielsweise benötigen 200 Jahre. Es ist also viel besser, seinen eigenen Coffee-to-Go-Becher einfach mitzubringen. Die Umwelt freut es und ein gutes Gewissen darf man auch haben. Andere Getränke werden oft auch in Mehrweg-Pfandflaschen angeboten.

Biologische Produkte verwenden

Wer Bioprodukte kauft, vermeidet Umweltgifte. Die strengen **Biosiegel** wie *Demeter* oder *Bioland* geben eine hilfreiche Orientierung bei den Nahrungsmitteln, der *Blaue Engel* hilft bei Produkten wie Papier, Lacken und Pflanzenschutzmitteln. Leider sind Bio-Produkte im Supermarkt oft in Plastik verpackt, irrsinnigerweise, damit sie nicht von anderen Lebensmitteln „vergiftet" werden. Daher ist unverpackte Ware die bessere Wahl.

Müll am Strand einsammeln

Beim Spaziergang am Spülsaum wird besonders im Winter, wenn der Strand nicht täglich gesäubert wird, das Müllproblem jedem sofort ins Auge springen. Nehmen Sie einfach eine Tüte mit und sammeln Sie ein paar Teile auf, die Sie fachgerecht im Müll entsorgen können oder in einer der **Strandmüllboxen,** die an mehreren Stellen auf Helgoland aufgestellt sind. Das sind große Gitterboxen mit Deckel, in denen der Plastikmüll deponiert werden kann, ohne dass der Wind ihn wieder fortträgt. Diese Boxen werden regelmäßig geleert. Wenn jeder auch nur etwas mitnimmt, ist schon viel getan.

Zu Hause das Auto ab und zu stehen lassen

Das lässt sich mit etwas gutem Willen vielleicht einfacher umsetzen als gedacht. Auf der Insel geht man **zu Fuß.** Und vielleicht tut die Bewegung auch so gut, dass nach dem Urlaub zu Hause das Auto des Öfteren in der Garage bleibt und stattdessen der Drahtesel oder Schusters Rappen zum Einsatz kommen.

Strandmüllbox auf Helgolands Düne

148he_mna

263he bs

6 Menschen und Kultur

» Was macht die Inselbewohner aus? Was sollte man wissen, um sie zu verstehen? Und was für eine ungewohnte Sprache wird von Helgoländern gesprochen? Die Antworten stehen in diesem Kapitel.

< Die Helgoländer Trachtengruppe

Die Inselbewohner

Die Halunder

Die Helgoländer nennen sich selbst „Halunder" (auch Hallunder, Halunner). Diejenigen, die mit ihren Familien **auf der Insel tief verwurzelt** sind, sind meist sehr stolz darauf, echte Insulaner zu sein. Wer auf so einer kleinen Insel wohnt, kennt es nicht anders oder hat sich bewusst für das Leben auf kleinem Raum mitten im Meer entschieden. Fragt man die Einheimischen, wird das schnell deutlich: Man muss mit sich selbst im Reinen sein und mit den anderen gut zurechtkommen. Gibt es Streit, kann man sich nicht einfach aus dem Weg gehen, dafür ist Helgoland zu klein. **Man begegnet sich täglich** oft mehrfach und muss die Sache schnell klären. Das ist nicht immer einfach, aber für die Seele besser, denn Klarheit tut gut. Nur Menschen, die sich bewusst auf dieses Leben einlassen, sind auf Helgoland zu Hause.

Seit eh und je auf sich gestellt

So sind die auf den ersten Blick eigenwillig erscheinenden Insulaner oftmals sehr nett, freundlich und hilfsbereit. Das liegt daran, dass sie seit eh und je auf sich gestellt waren und **im Notfall zusammenhalten** mussten. Nur in der Gemeinschaft lassen sich die teilweise harten Herausforderungen meistern, die Wind, Wetter und die isolierte Lage auf kleinem Terrain mit sich bringen. Die Menschen kommen schnell auf den Punkt und reden nicht lang herum. Leute von außerhalb sollten sich in insulare Belange nicht einmischen. Begegnet man den Menschen freundlich und behandelt sie mit Respekt, wird man in der Regel auf offene Ohren und viel Entgegenkommen stoßen.

[>] Der Inselfotograf Franz Schensky hat den Halundern ein fotografisches Denkmal gesetzt (auch auf den folgenden Seiten zu sehen), siehe auch Exkurs „Franz Schensky, der Inselfotograf"

310he mhas

UNSER TIPP: Der Helgoländer sagt zur **Begrüßung** nicht wie die Nord- und Ostfriesen „Moin“. Das Wort stammt aus dem Niederdeutschen und bedeutet „gut“ oder „schön“. Helgoländer unter sich verwenden das Wort **Hallo** – gesprochen hört sich das allerdings eher so an wie „Hollåå“.

Zusammenhalt

Traditionen, Trachten und das gemeinsame Singen haben im Leben der Insel einen festen Platz – besonders im Winter, wenn nur wenige Gäste da sind und die Insulaner Zeit für sich haben. Dann trifft man sich, probt und feiert gemeinsam. Drei Chöre, darunter zwei Männerchöre wie der Shanty-Chor „Helgoländer Karkfinken“ oder der Seemannschor „Halunner Songers“, sowie die „Volkstanz- und Trachtengruppe“ tragen durch Aufführungen und Auftritte viel zum Unterhaltungsprogramm bei. Besonders während der Hauptsaison kann man Chor- und Volkstanzdarbietungen regelmäßig im Musikpavillon hören und sehen.

313he mhas

Die Helgoländer Tracht

Farbenfreude und Zweckmäßigkeit

Die traditionelle Kleidung der **Frauen** zeigt viel **Farbenfreude,** die der **Männer** dient der **Zweckmäßigkeit.** Im Laufe der Zeit wurden die Helgoländer Trachten häufig verändert. Heute wird sie fast nur noch zu folkloristischen Darbietungen und offiziellen Anlässen getragen. Im Jahr 1800 bestand sie aus einem engen Kleid ohne Ärmel, dem „Paik", zu dem ein „Fuurump" (Futterhemd) getragen wurde, dessen Ärmel nur bei der Sonntagstracht verziert waren. Ergänzt wurde das Ganze durch einen blauen

Es war einmal ... (rechts: Frauen in Tracht, 1926)

Franz Schensky, der Inselfotograf

Franz Schensky wurde am 23. August 1871 auf Helgoland geboren. Er gehört zu den **Pionieren der Schwarz-Weiß-Fotografie.** Die Felseninsel und das Meer stellte er in den Mittelpunkt seines Schaffens. Mehr als ein halbes Jahrhundert hat er seine Heimat abgebildet, die Aufnahmen spiegeln eindrucksvoll Helgolands bewegte Geschichte wider.

Bereits im Alter von 19 Jahren eröffnete er sein **eigenes Fotoatelier.** Seine erste bedeutende Aufnahme gelang ihm am 9. August 1890: *Schensky* fotografierte die Zeremonie der Übergabe Helgolands an das Deutsche Reich im Garten des Governeursgebäudes. Durch diese

Franz Schensky im Museumshof

neue Zugehörigkeit kam es zu einem deutlichen Aufschwung im Badebetrieb und der Fotograf verdiente sein Auskommen mit Studioporträts der Urlauber.

Zu dieser Zeit kamen auch die ersten **Einheimischen,** um sich abbilden zu lassen. Im Labor gab es reichlich zu tun, denn die Negative auf Glasplatten mussten sorgfältig entwickelt, fixiert und gewässert werden. In den 1890er-Jahren entstanden auch die ersten, dem Zeitgeist entsprechend eher statischen Helgoland-Motive, die er zum Teil als Postkarten in seinem Fotogeschäft verkaufte.

264he mna

Um 1910 betrat *Franz Schensky* fotografisches Neuland, nun komponierte er Bilder, die in ihrer Ausdrucksweise auch heute noch stark wirken. Die Bilder von **Wellen, Gischt und der Brandung** mit und ohne Boote sind so dynamisch, dass dem Betrachter das Wasser der Schaumkronen förmlich entgegenspritzt.

Die Geschichte der Insel ist auch die des Fotografen. Im Ersten Weltkrieg musste er wie alle Insulaner Helgoland verlassen und kehrte erst nach dessen Ende zurück. Ihm gefiel der Ausbau zur Seefestung der Kaiserlichen Marine gar nicht, daher machte sich *Franz Schensky* für eine erneute Zugehörigkeit zu Großbritannien stark, was nicht allen gefiel. Doch Helgoland blieb deutsch. Von den Nationalsozialisten wurde *Schensky* schikaniert, während er **international gefeiert** und mit Preisen überhäuft wurde.

Im Oktober 1944 fiel auch *Schenskys* Haus den Brandbomben der britischen Luftangriffe zum Opfer und wurde zerstört. Sein Lebenswerk war damit nahezu vernichtet, nur die wertvollsten Negative hatte er vorher ans Festland schaffen lassen. Während der Zeit des Nationalsozialismus herrschte auf Helgoland ein vollständiges Fotografierverbot. Doch *Schensky* setzte sich darüber hinweg, **dokumentierte die Zerstörung Helgolands** und setzte Brand und Vernichtung aufwühlend in Szene. Nach den letzten Angriffen am 18./19. April 1945 wurden alle Insulaner evakuiert. *Franz Schensky* und seine Frau *Maria* lebten fortan in Schleswig. „Seine" Insel betrat er nach dem Krieg nur noch sporadisch, in den 1950er-Jahren vor allem, um den Wiederaufbau fotografisch zu dokumentieren.

Franz Schensky starb am 7. Januar 1957 in seinem Schleswiger Exil und kehrte erst zur ewigen Ruhe nach Helgoland zurück. „Wenn mir ein gutes Bild im Jahr gelingt, bin ich ein glücklicher Mann", soll *Schensky* gesagt haben. Er muss es wohl gewesen sein.

„Skollduk“, eine Art Schürze, die beim Ausgehen wie eine Kapuze über den Kopf geschlagen wurde. Zur Sonntagstracht gehörte noch ein weiter, faltiger Rock, der „Skort“, der mit einem „Skortelsbean“, einem mit Silber beschlagenen Gürtel, getragen wurde. Ein schwarzer, mit einer weißen Kante verzierter Schulterumhang und eine Kopfbedeckung komplettierten die Tracht.

Hartjen

Zum Schmuck tragen die Frauen mit der Tracht eine **Brosch**e in Herzform, das sogenannte **„Hartjen“.** Sie ist reich verziert und wird am Brust- oder Halstuch befestigt. Die Brosche erzählt einen Teil der Familiengeschichte, weil die Hartjen durch entsprechende Symbole unter anderem die Berufe der Familien hinweisen. Zum Beispiel deutete eine Kogge auf Seefahrer hin, ein Fisch

Silbernes Hartjen der Helgoländer Tracht

auf Fischer, ein Rosenstock symbolisierte das Leben und der römische Gott Amor stand für die Liebe. Bei verheirateten Frauen ist die Nadel in der Mitte des Hartjens geschlossen, bei unverheirateten jedoch offen. Lange Zeit war das Hartjen ein beliebtes Brautgeschenk.

Helgoländer Männertracht

Die Helgoländer Männertracht war **schlicht.** In alten Zeiten trugen die Männer mit silbernen Knöpfen besetzte kurze und nur bis zum Knie reichende „Pummerhosen", darunter dunkle

311he mhas

Strümpfe und Schnallenschuhe. Als Oberteil diente eine dunkelblaue Jacke, ebenfalls mit silbernen Knöpfen. Als Kopfbedeckung wurde ein „Spint“ getragen, ein kleiner, zylinderförmiger hoher Hut mit sehr schmaler Krempe, die bei manchen Modellen sogar fehlte.

Sitten und Bräuche

Feste und Feiern

Weihnachten wird auf Helgoland wie überall gefeiert, es gibt keine Unterschiede. Viele gehen nachmittags in die Kirche, anschließend werden die Geschenke ausgepackt und danach gemeinsam gut gegessen. Zum **Übergang ins neue Jahr** wird ein **Höhenfeuerwerk** gezündet, das man am besten vom Oberland aus bewundert.

An **Neujahr** gehen vormittags die noch nicht konfirmierten Kinder zu Nachbarn und Freunden, das **„Wensken“.** Dort sagen sie folgenden Satz auf: „Ik wenske di en freeliges Naidjooar, Sinhait, Glick en Seägen en alles wohlergehen“ (Ich wünsche Dir ein

306he mhas

fröhliches Neujahr, Gesundheit, Glück und Segen und alles Wohlergehen). Manchmal kling das Ende auch fast schon chinesisch: Dann wird das Wohlergehen ersetzt durch „dat et di altids wel gung mai“ (dass es dir allezeit gut gehen möge). Sie erhalten dafür ein Geldstück. Nachmittags gehen die Männer zu den Frauen der Freunde und Kollegen und bieten dort denselben Spruch dar. Statt Geld gibt es einen Sherry und wer einen großen Freundeskreis hat, geht gut „drunken“ (angeheitert oder betrunken) nach Hause.

Es hat lange Tradition, dass am **Ostersamstag** auf der Düne um 17 Uhr ein **Osterfeuer** entzündet wird. Man verfeuert dann das viele Schwemmholz und Reste der Bohlenwege, die ständig erneuert werden müssen – es sei denn, das Wetter spielt überhaupt nicht mit. Das ist zwar selten der Fall, aber ab und zu kommt es vor.

Immer am **1. April** trifft man sich um 10.45 Uhr am Rathaus zur **Saisoneröffnung.** Offiziell wird dann im Kreis geladener Gäste die Flagge zur Düne gebracht und gehisst. Für die Helgoländer ist das ein wichtiges Ereignis und der Auftakt zur üblicherweise stressigen Hochsaison.

Von der katholischen Kirche wird am **10. November** meist ein **Sankt-Martins-Umzug** organisiert. Die Kinder bringen dazu Laternen mit. Er endet auf dem Platz vor der katholischen Kirche Sankt Michael damit, dass Sankt Martin seinen Mantel mit dem Schwert durchtrennt. Wie an vielen Orten gibt es aus diesem Anlass die „Weckmänner“, ein süßes Hefegebäck.

Für die Kinder ist das **„Omloopen“** (Umlaufen) zu **Nikolaus** ein weiterer Höhepunkt des Jahres. Am Vorabend, also am **5. Dezember,** verkleiden sie sich nach Belieben, der Fantasie sind dabei keine Grenzen gesetzt. Am Nachmittag bis zum Geschäftsschluss gehen sie Lieder singend von Laden zu Laden und bekommen dafür Süßigkeiten. Eine tolle Geste: Wenn der Nikolaustag auf einen Sonntag fällt, machen die Banken und Geschäfte extra für die Kinder auf, damit diese Tradition gewahrt bleibt. Am 6. Dezember, dem eigentlichen Nikolaustag, ist auf Helgoland traditionell schulfrei.

Etwas Besonderes ist die **Helgoländer Kindstaufe.** Der Helgoländer Brauch ist anlässlich einer Kindstaufe in den Kirchen auf dem Oberland zu sehen. Eine Schar Kinder, oft in Helgolän-

‹ Fischverkauf am Jacob-Andresen-Siemens-Platz

Hummerfischerei und Taschenkrebsfang

Seit vielen Jahrhunderten fischten die Helgoländer Hummer in den Gewässern rund um die Insel. Zwar gab es früher auch Ackerbau, aber die Helgoländer ernährten sich hauptsächlich von Fisch. Zunächst fingen sie die Tiere mittels mit Ködern bestückten **Stellnetzen** und später gegen Ende des 18. Jahrhunderts bauten die Fischer **abgerundete Hummerkörbe** (helg. „Tiiner") aus Schottland nach. Die ersten Exemplare wurden aus alten Fassreifen, Treibholz und Netzen hergestellt und mit einem Stein beschwert, damit sie besser am Meeresgrund stehen konnten. Erst gegen Ende der 1920er-Jahre wurden die noch heute verwendeten **rechteckigen Hummerkörbe** mit zwei Reuseneingängen entwickelt, die sich leichter stapeln ließen.

Die Hummer wurden mit Ködern aus Fischresten angelockt, die im Korb zwischen zwei Schnüre geklemmt waren. Den **Standort** des Korbes im Wasser markierte eine lange Leine mit einem großen Korken am Ende, der individuell mit den Farben und Initialen des Fischers gestaltet und eindeutig zuzuordnen war. Im Durchschnitt wurden zehn Körbe zu einer Gruppe zusammengefasst und mit einer Boje markiert. Bis heute hat jeder Fischer ein eigenes Fanggebiet. Die **Blütezeit** der Hummerfischerei war in den 1930er-Jahren bis zum Beginn des Zweiten Weltkriegs.

Der **Lebensraum des Hummers** liegt unter Wasser in den Spalten und kleinen Höhlen des Helgoländer Felswatts, wo sich der Hummer gut verstecken kann und nur zur Jagd nach Nahrung außerhalb seines Verstecks zu sehen ist. Da der Hummer nach wie vor als **Delikatesse** gilt, ist es kein Wunder, dass seine Bestände durch den Hummerfang so stark zurückgingen, dass er fast ausgerottet war. Hinzu kommt, dass der Mensch den Lebensraum der Hummer verringert hatte, beispielsweise mit dem Ausbau des Hafens. Auch die vielen Bombenabwürfe, denen die Insel auch noch Jahre nach dem Zweiten Weltkrieg ausgesetzt war, und die zunehmende Umweltverschmutzung trugen dazu bei, dass der Helgoländer Hummer **fast ausgestorben war** und deswegen nur noch sehr selten gefangen wird. Deshalb gibt es nur noch wenige nebenberufliche Hummerfischer, die in den Gewässern von Helgoland jährlich etwa 100 Stück fangen dürfen.

Mit einem **Zuchtprogramm** versuchte das Alfred-Wegener-Institut Station Helgoland die Hummerpopulation zu erhöhen. Das Projekt ist inzwischen abgeschlossen, doch über seinen Erfolg lässt sich noch keine verbindliche Aussage treffen. Man vermutet aber, das die **Fundamente der Windräder** in den Offshore-Windparks, die mit dicken Felsen gesichert sind, neue Lebensräume bieten und sich die Bestände langsam erholen können.

Als die Hummerbestände in den Nachkriegsjahren deutlich zurückgingen, wurde auch der Beifang aus Taschenkrebsen, der **Knieper,** mehr und mehr als Helgoländer Spezialität vermarktet. Er hat auf vielen lokalen Speisekarten Einzug gehalten, sogar eine Knieper-Pizza gibt es. Wenn ein Restaurant Knieper anbietet, darf man guten Gewissens probieren. Die Taschenkrebse haben außer dem Hummer keine Fressfeinde, was dazu führt, dass sie sich explosionsartig vermehren und dem Hummer das Leben schwer machen. Beide Arten kannibalisieren sich gegenseitig.

Das **Museum Helgoland** ist für an der Geschichte Interessierte ein guter Ort, um tiefer in das Leben der Fischer auf Helgoland und das harte Leben einzutauchen. Dort sind neben vielen Details zum früheren Hummerfang auch ein alter Fischerschuppen nebst Inventar ausgestellt sowie ein knapp sechs Meter langes Boot von 1890, mit dem die Hummerkörbe ausgelegt wurden. Die typische Einrichtung einer Fischerfamilie kann man an einem eingerichteten kleinen Haus im Museum selbst sehen.

Mehr **Infos** auf www.museum-helgoland.de.

Fischerhütte im Museum Helgoland

der Tracht, zieht mit Taufbechern aus Silber zum Haus des Täuflings und lässt dort seinen Becher mit Wasser füllen. Gemeinsam geht es dann in die Kirche, wo die Becher ins Taufbecken geleert werden. Die Kindern heißen damit ihren neuen Mitbürger willkommen und laufen danach schnell zum Haus des Täuflings zurück, wo es Butterkuchen und „Kinderwein" aus Traubensaft mit weihnachtlichen Gewürzen gibt.

Verstirbt ein Einwohner der Insel, so wird die Kirche von der Familie gebeten, zum Gedenken an den Verstorbenen **„zu ringeln".** Um Punkt 13 Uhr erklingt dann aus diesem Anlass für fünf Minuten die Kirchenglocke. Sind zwei Personen gestorben, läutet sie zehn Minuten. Früher wurde am Tag der Beisetzung am Rathaus noch die Helgolandflagge auf Halbmast gesetzt, aber das wurde abgeschafft. Jetzt weht sie an dieser Position nur noch zu offiziellen Anlässen.

Essen und Trinken

Helgoländer Küche

Die „Helgoländer Küche" war karg, man ernährte sich von dem, was die Insel hergab. Fisch wurde als **Stock- oder Salzfisch** haltbar gemacht. Lange Zeit war der „Backsoalt" (Backsalz) das Helgoländer Traditionsgericht. Dazu wurde ein ausgenommener Dorsch ohne Kopf, aber mit Flossen in das „Backsoalt-Tenn" (Salzfischfass) gelegt, gepökelt und für ein Jahr stehengelassen. Danach war er quasi gar, wäre aber ohne dreitägiges Wässern ungenießbar gewesen, und gestunken haben muss das Ganze auch entsetzlich. Nach der Prozedur wurde er ausgebacken und üblicherweise mit Senfsoße und gekochten Kartoffeln serviert. Heute macht sich kaum noch jemand diese Arbeit und das Gericht kommt nur noch selten auf den Tisch.

[>] Aquarium Restaurant – Essen und Trinken in gemütlichem Ambiente

Wie an der gesamten deutschen Küste und auf den Inseln stehen häufig Fischgerichte auf den Speisekarten. Auch wenn der **Fisch** trotz Prädikat „fangfrisch“ selten direkt vor der Insel gefangen wurde. Stattdessen kommt er von wenigen Ausnahmen abgesehen fast komplett aus Cuxhaven, Holland und Dänemark. Echt helgoländisch ist dagegen der berühmte Hummer, der heute wegen des jahrhundertelangen Hummerfangs fast ausgestorben ist (siehe Exkurs „Hummerfischerei und Taschenkrebsfang“). Er wird deshalb nur noch selten und zu entsprechenden Preisen angeboten, man sollte besser darauf verzichten. Herzhaft zugreifen darf man allerdings beim **„Knieper“**, das sind die Scheren der Taschenkrebse. Die Population um Helgoland nimmt stark zu, und die Tiere machen dem Hummer den Lebensraum streitig. Man muss nach 20-minütigem Kochen die harten Panzer der Scheren mit einem Werkzeug knacken, um das schmackhafte Muskelfleisch herauszupuhlen. Serviert wird Knieper meist mit Buttertoast und Meerrettich oder einer Cognac-Mayonnaise. Als weitere Spezialität haben Gerichte vom **Salzwiesenlamm** oder **Galloway-Rind** inzwischen einen festen Platz auf den Speisekarten gefunden.

007he mna

Getränke

Das **Helgoländer Leitungswasser,** das über eine Entsalzungsanlage aus dem Meer gewonnen wird, lässt sich bedenkenlos trinken. Bei den **alkoholischen Getränken** überwiegt, typisch norddeutsch, der Genuss von herbem Pilsbier. Den vielerorts beworbenen Eiergrog trinken eigentlich nur die Touristen. Wein kommt selten auf den Tisch und nur zu besonderen Gelegenheiten mal ein Schnaps.

Vor zwei, drei Generationen waren die Halunder noch für ihre Trinkfreudigkeit berüchtigt. Das hat sich aber gelegt. **Gegen Kälte hilft Alkohol nicht,** auch wenn sich beim ersten Schluck noch ein Wärmegefühl entwickelt. Spätestens wenn der Alkohol ins Blut gerät, bewirkt er eine Öffnung der Hautporen. Das Ergebnis ist, dass man mehr friert als zuvor.

Inselfriesisch

Ungewöhnliche Klänge

Dem Gast vom Festland werden ungewöhnliche Klänge zu Ohren kommen, wenn er auf Insulaner trifft, die sich **auf „Halunder"** unterhalten. Verstehen wird er vermutlich kaum ein Wort. Es handelt sich dabei um eine **westgermanische Sprache,** die sich im Lauf der Zeit in drei Zweige aufgeteilt hat. In der niederländischen Provinz Friesland wird **Westfriesisch** gesprochen, immerhin gibt es hier rund 350.000 Menschen, die dieser Sprache heute noch mächtig sind. In der niedersächsischen Gemeinde Saterland, die zum Landkreis Cloppenburg gehört, unterhält man sich auf **Saterfriesisch** in „Seeltersk", dem einzigen Dialekt des Ostfriesischen, der erhalten geblieben ist und den noch etwa 2000 Menschen aktiv nutzen. **Nordfriesisch** hört man nur noch im äußersten Norden Schleswig-Holsteins, insgesamt rund 10.000 Personen können es noch sprechen bzw. verstehen. Unter den Jugendlichen ist Friesisch momentan sehr angesagt, sodass heute mehr junge Menschen Friesisch sprechen, als noch vor 30 Jahren. Es existieren dort zwei Dialektgruppen, das **Festlandnordfriesische** mit mehreren Unterdialekten, beispielsweise „Freesch" oder „Mooring", und das **Inselnordfriesische.** Insgesamt gibt es zehn nordfriesische Dialekte. Die Friesen wanderten im siebten und achten Jahrhundert aus den südfriesischen Stammlanden zunächst auf den Inseln Helgoland, Amrum, Sylt und Föhr ein. Das Festland besiedelten sie erst rund 400 Jahre später.

312he mhas

Schellfischen mit Langleine

Mit **Schaluppen,** das sind offene Fischerboote, fuhren die Helgoländer aus, um in der Nordsee rund um Helgoland Schellfisch zu fangen. Auf einer Fangreise wurden jeweils etwa sieben 50 Faden (90 Meter) lange **Langleinen** (helg. *Boak*) in einer Holzmulde (helg. *Ohls*) verwahrt, höchstens 15 Mulden hatten sie dabei. Insgesamt kam am Ende eine stattliche Leinenlänge von gut zehn Kilometern (5250 Faden) heraus.

An jede Langleine wurden im Abstand von knapp zwei Metern weitere Leinen geknüpft, an denen auf Angelhaken die Köder befestigt waren. Letzteres war die Arbeit der Fischerfrauen und deren Töchtern, die aufspießten, was gerade zur Hand war: Wattwürmer, Sandaale, Robben- und Ochsenlebern. Innerhalb einer Tide wurden die Langleinen ausgelegt und wieder eingeholt. Kamen die Fischer vom Fang zurück, nahmen ihre Familien die Fische aus, reinigten, salzten oder trockneten sie für den Eigenbedarf. Der Rest wurde ans Festland verkauft. Die **größten Fänge** wurden im 18. Jahrhundert gemacht, aber auch noch 1880 fingen die Helgoländer noch fast eine halbe Million Schellfische.

265he nf

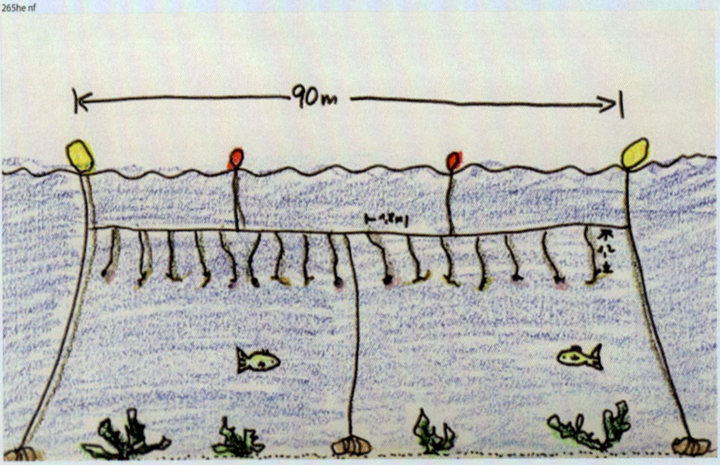

Fischfang mit Langleine

Auf jeder Insel hat sich **eigenes Inselnordfriesisch** entwickelt, „Halunder“ auf Helgoland, „Sölring“ auf Sylt und „Fering-Öömrang“ auf Föhr und Amrum. Auf den Halligen wird nur noch von wenigen Einheimischen „Halifreesk“ gesprochen. „Halunder“ ist noch am ehesten mit dem „Fering-Öömrang“ verwandt, zumindest können sich die Friesen beider Inseln untereinander noch am besten verstehen. Friesisch ist keine Mundart, sondern eine **eigenständige Sprache,** die stark mit dem Englischen verwandt ist. Sie unterscheidet sich sehr stark vom Niederdeutschen (Plattdeutsch) und vom Hochdeutschen und hat sogar eine **eigene Grammatik.** Interessant ist auch, dass sich die sehr konsequente friesische Orthografie stark von der deutschen und niederdeutschen unterscheidet. Die Grundregel bei der Groß- und Kleinschreibung lautet: Alle Worte mit Ausnahme von Namen und dem Satzanfang werden wie im Englischen klein geschrieben. Lang ausgesprochene Vokale werden doppelt geschrieben, kurze einfach.

Friesisch stammt wie „Ingelsk“ (Englisch) aus dem Nordsee-Germanischen, deshalb sind im „Halunder“ ganz viele Worte zu finden, die dem Englischen ähnlich oder sogar mit ihm identisch sind. Manchmal werden sie gleich ausgesprochen, manchmal aber auch ganz anders. So heißt z. B. **Weg** sowohl auf Friesisch *wai* als auch auf Englisch *way.* **Grün** wird in beiden Sprachen zu *green. Kark* sagen die Halunder zur **Kirche** und die Engländer *church,* die **Gans** wird zur *gus* oder auf Englisch zur *goose.* Und **Käse** wird auf Helgoland als *siis* genossen, im Englischen als *cheese.* Ein **Einzelfelsen** wie zum Beispiel die Lange Anna wird als *stak* bezeichnet, im Englischen begegnet uns das Wort als *stack.* Aber ganz anders sieht es bei Tisch aus, denn auf Helgoland sitzt man an der *taffel,* in England am *table* und auf Amrum und Föhr am *boosel.* Man muss aber auch auf Verwechslungen aufpassen, etwa bei dem Wort *skin.* **Skin** heißt auf Englisch *Haut,* auf Helgoländisch *Klo.* Durch die Nähe zu Dänemark hielten aber auch zahlreiche Wörter aus dem Dänischen Einzug in den nordfriesischen Wortschatz. Die Erbse wird im Halunder zur *eert* und im Dänischen zur *ært,* die Mücke zur *mük* und im Dänischen zur *myg.*

Helgoländisch ist neben Hochdeutsch die **zweite Muttersprache** der Helgoländer. Allerdings ist die Sprache fast ausgestorben, nur noch maximal 250 Menschen können sie fließend sprechen, etwa 800 haben passive Sprachkenntnisse. Am meisten geschadet haben dem Halunder die **Inselevakuierungen** während der beiden Weltkriege. Besonders schlimm setzten ihm die Auswirkungen des Zweiten Weltkriegs zu, als die Helgoländer viele Jahre verstreut auf dem Festland lebten, dort mit anderen Dialekten in Berührung kamen und kaum noch Helgoländisch sprachen. Oft waren nur noch die Großeltern in der Lage, fließend Halunder zu sprechen. Erst seit den 1970er-Jahren gehört es in der Schule wieder zum Unterricht. Leider gibt es zu wenige Familien, die sich zu Hause helgoländisch unterhalten, regelmäßige Übung ist jedoch die wichtigste Voraussetzung, um eine Sprache zu erlernen. Deshalb wird inzwischen schon im Kindergarten mit dem Halunder-Unterricht begonnen. Besonders viel zum Erhalt des Inselfriesischen haben die schwedischen Sprachwissenschaftler *Niels* und *Ritva Århammar* sowie die Helgoländerin *Mina Borchers* beigetragen. Sie haben ein spezielles **Lehrbuch** entwickelt und viele Worte in einem Deutsch-Helgoländischen Wörterbuch gesammelt. Auch wurde eine verbindliche Schreibweise festgelegt, die es so nicht gab, weil Helgoländisch als überwiegend gesprochene Sprache vorher so gut wie nie geschrieben worden war.

Spitznamen vergaben die Halunder schon immer schnell: Die Biologen der Biologischen Anstalt sind die **Bunkentaler** (Grätenzähler), **Finkenpedder** (Spatzenfänger) wurden die Ornithologen der Vogelwarte genannt und die Tagesgäste erhielten die respektlose Bezeichnung **Frömmskitt** (fremde Scheißer).

Übrigens gibt es auf Halunder kein Wort für den **Wald,** was schlicht und einfach daran liegt, dass auf der Insel keine großen Bäume zu finden sind. Will man sich also über einen Wald unterhalten, wird das beispielsweise mit „fel Booamen“ (viele Bäume) umschrieben. Der Lummenfelsen wird auf der Insel mit „Skittenhörn“ bezeichnet, weil die Lummen sehr viel „skitten“ (scheißen). Wie die Lummen hier heißen, darauf lässt sich nun schließen: „Skitten“. „De Friisen nem keen Bleed feer de Mit“ – die Friesen nehmen eben kein Blatt vor den Mund. Eher türkisch hört sich das Wort für einen Seestern an: „Füffut“. Wer eine skandinavische Sprache beherrscht, wird vermutlich noch viel mehr Ähnlichkeiten entdecken, denn sie sind aus dem Nordgermanischen entstanden und somit verwandt.

James Krüss' „Max und Moritz"

Der Helgoländer Dichter und Kinderbuchautor **James Krüss** (siehe Exkurs „James Krüss – Poet, Geschichtenerzähler ...“) hat etliches auf Halunder gereimt, darunter auch die Geschichte von Wilhelm Buschs **„Max und Moritz“.** Um einen kleinen Eindruck vom Helgoländer Inselfriesisch zu bekommen, folgt hier ein kurzer Auszug aus dem „Feerwür“ (Vorwort) des Gedichts:

Maks en Morits

Felmoals kann man lees en hear,
War fer Diirter Künner wear;
Maks en Morits wear en roor
Bispiil fer sek diirti Poor.
Dan uun Steed fan wat tu learn
En tum Gud'ns djam tu bekearn,
Loachet dja djam rech soo wech
Oawer manni aarem Knech.
…
Dan deät En wear reälek slüm,
Wat fer Maks en Morits küm.
Dearom hoa ik herrem Lewwen
Hiir apteekent en beskrewwen.

Erster Streich
Manni-iann, wat Tiirn halt, dait
Med siin Huuner hem fel Moit:
Iaandeels weägen herrem Ai,
Wat dja lai bal alle Dai;
Uurns uk, wiil man dan en wan
Broadet djam ferteere kan;
Dördens passe Feddern fiin
Uun en roor letj Peelken iin.
Feddern hool do ¬ sönner froagen –
Faini waarem un kuul Doagen.
Werrowwüf Bolte – hiir tu sin'n –
Toch uk soo as alle Lid'n.
Her tree Hunner kann djüm si,
En en Heen es uk dearbi. …

Max und Moritz

Ach, was muss man oft von bösen
Kindern hören oder lesen!
Wie zum Beispiel hier von diesen,
welche Max und Moritz hießen.
Die, anstatt durch weise Lehren
sich zum Guten zu bekehren,
oftmals noch darüber lachten
und sich heimlich lustig machten.
…
Ach, das war ein schlimmes Ding,
wie es Max und Moritz ging.
Drum ist hier, was sie getrieben,
Abgemalt und aufgeschrieben.

Erster Streich
Mancher gibt sich viele Müh
mit dem lieben Federvieh;
einesteils der Eier wegen,
welche diese Vögel legen,
zweitens: weil man dann und wann
einen Braten essen kann;
drittens aber nimmt man auch
ihre Federn zum Gebrauch
in die Kissen und die Pfühle,
denn man liegt nicht gerne kühle.
Seht, da ist die Witwe Bolte,
die das auch nicht gerne wollte.
Ihrer Hühner waren drei
und ein stolzer Hahn dabei. …

Altfriesisches Sprachgut

Auf Helgoland ist wegen der isolierten Lage der Insel viel **altfriesisches Sprachgut** erhalten geblieben. Wer Interesse daran hat, die Sprache zu lernen, kann an den Universitäten Flensburg und Kiel **Frisistik** studieren. Die **Helgoländer Volkshochschule** bietet während der Wintermonate Sprachkurse sowohl für Anfänger als auch für Fortgeschrittene an, dazu gibt's zum Üben noch die „Snakketaffel" für Fortgeschrittene.

Weitere **Informationen** sind auf www.nordfriiskinstituut.de zu finden, darunter auch eine Karte mit den Regionen, in denen Nordfriesisch gesprochen wird.

Das von den Frisistikern *Ritva* und *Niels Århammar* zusammengestellte **Wörterbuch** kann man über die Website www.helgolaendisch-halunder.de entdecken, und wer dort nicht blättern möchte, immerhin hat das pdf-Dokument knapp 360 Seiten, der kann unter www.helgolaendisch.de einen Wortfinder nutzen. Außerdem lässt sich im Shop des Museums Helgoland das Lehrbuch **„Wi lear Halunder"** („Wir lernen Helgoländisch") erwerben und in der Hummerbude auf dem Außengelände die **deutsch-helgoländische Fassung von „Max und Moritz"** (Edition Tintenfass).

267he mhas

7 Anhang

Die Helgoländer Heidschnucken grasen auf dem Oberland und vollführen auf den steilen Felsen oft gewagte Sprungmanöver

Helgoland im Internet

Vielfalt ohne Ende

Google führt unter „Helgoland“ **knapp vier Millionen Einträge** auf. Um sich im Informationsdschungel des World Wide Web leichter zurecht zu finden, werden hier einige nützliche Internetseiten empfohlen.

- Generelle Infos über die Insel inklusive Unterkunftssuche findet man unter **www.helgoland.de.**
- Bei **www.wikipedia.de** ist Helgoland ebenfalls gut vertreten.
- Umfangreiche Informationen zur Inselgeschichte bietet die Website **www.helgoland-genealogie.info.**
- Informationen über aktuelle Ausstellungen im Museum Helgoland sowie Kontaktdaten zur Anmeldung für die Bunkerführungen gibt es auf **www.museum-helgoland.de.**
- Mit einem Helgoländisch – Deutschen Wörterbuch kann man sich ein wenig auf das Inselfriesisch vorbereiten unter **www.helgolaendisch-halunder.de.**

Literaturhinweise

- *Andres, Jörg:* **Insel Helgoland – Die Seefestung und ihr Erbe,** Ch. Links Verlag, Berlin 2014, ISBN 978-3-8615-3770-0. Der Leiter des Museums Helgoland beschreibt die Militärgeschichte der Insel als strategisch bedeutende „Seefestung“.
- *Bajohr, Frank:* **„Unser Hotel ist judenfrei“,** Fischer Taschenbuch Verlag, Frankfurt a. M. 2003, ISBN 978-3-5961-5796-9. Wissenschaftliche Aufarbeitung des „Bäder-Antisemitismus“ im 19./20. Jahrhundert.
- *Borchers, Mina/Arhammar, Nils:* **Wi lear Halunder,** Förderverein des Museums Helgoland, Helgoland 2015, ISBN 978-3-8800-7561-0. Lehrbuch übder das Inselfriesisch von einer Helgoländerin und einem schwedischen Sprachwissenschaftler mit dem Schwerpunkt Frisistik geschrieben.
- *Breuer, Thomas:* **Leander und der Lummensprung,** Gmeiner-Verlag, Meßkirch 2020, ISBN 978-3-8392-2662-9. Unterhaltsamer Inselkrimi aus der Reihe um den Förer Expolizisten Henning Leander.
- *Busch, Wilhelm:* **Maks en Morits: Herrem seeben Greowhaiten en deät En dearfan,** Edition Tintenfass, Neckarsteinach 2015, ISBN 978-3-9430-5282-4. Deutsch-Halunderfriesische (helgoländische) Ausgabe des Klassikers in der Übersetzung von James Krüss.

042he mna

Bundesland	2023	2024	2025
Baden-Württemberg	27.07.–09.09.	25.07.–07.09.	31.07.–13.09.
Bayern	31.07.–11.09.	29.07.–09.09.	04.08.–15.09.
Berlin	13.07.–25.08.	18.07.–30.08.	24.07.–06.09.
Brandenburg	13.07.–26.08.	18.07.–31.08.	24.07.–06.09.
Bremen	06.07.–16.08.	24.06.–02.08.	03.07.–13.08.
Hamburg	13.07.–23.08.	18.07.–28.08.	24.07.–03.09.
Hessen	24.07.–01.09.	15.07.–23.08.	07.07.–15.08.
Mecklenburg-Vorpommern	17.07.–26.08.	22.07.–31.08.	28.07.–06.09.
Niedersachsen	06.07.–16.08.	24.06.–2.08.	03.07.–13.08.
Nordrhein-Westfalen	22.06.–04.08.	08.07.–20.08.	14.07.–26.08.
Rheinland-Pfalz	24.07.–01.09.	15.07.–23.08.	07.07.–15.08.
Saarland	24.07.–01.09.	15.07.–23.08.	07.07.–15.08.
Sachsen	10.07.–18.08.	20.06.–02.08.	28.06.–08.08.
Sachsen-Anhalt	06.07.–16.08.	24.06.–03.08.	28.06.–08.08.
Schleswig-Holstein	17.07.–26.08.	22.07.–31.08.	28.07.–06.09.
Thüringen	10.07.–19.08.	20.06.–31.07.	28.06.–08.08.

■ *Dierschke, Jochen/Dierschke, Volker/Hüppop, Kathrin/Hüppop Ommo/Jachmann, Klaas Felix:* **Die Vogelwelt der Insel Helgoland,** OAG Helgoland 2011, ISBN 978-3-0003-5437-3. Detailreicher Führer zur Vogelbeobachtung auf Helgoland mit vielen Informationen über den Vogelzug und die verschiedenen Arten.

■ *Erzberg, Tim:* **Hell-Go-Land,** HarperCollins-Verlag, Hamburg 2017, ISBN 978-3-9596-7139-2. Die frisch auf die Insel gekommene Polizistin *Anna Krüger* ermittelt in einem düsteren Kammerspiel und stellt fest, dass sie ihrer Vergangenheit auf Helgoland nicht entkommen kann. Band 1 einer mehrbändigen Krimireihe.

■ *Gätke, Heinrich/Blasius, Rudolf:* **Die Vogelwarte Helgoland,** Fachbuchverlag-Dresden 2015, ISBN 978-3-9569-2667-9. Etwas für Liebhaber – Nachdruck der Originalauflage der zweiten Auflage von 1900.

■ *Hansen, Pamela:* **Die Inselpastorin,** Rowohlt-Verlag, Hamburg 2020, ISBN 978-3-4990-0066-9. Die Autorin beschreibt in vielen kleinen Geschichten, wie es sich als Mensch und Pastorin mitten in der Nordsee lebt.

■ *Krüss, James:* **Im Affenzahn mit der Bimmelbahn,** Verlag Friedrich Oetinger, Hamburg 2016, ISBN 978-3-7891-0372-8. Der Helgoländer *James Krüss* ist ein Meister des Sprachwitzes und bringt in diesem Vorlesebuch die Kleinen zu verdrehten Orten und ulkigen Leuten.

■ *Krüss, James:* **Siehst Du bei Nacht die Sterne,** Boje Verlag, Köln 2014, ISBN 978-3-4148-2397-7. Liebevoll bebildertes Vorlesebuch rund um den Winter und Weihnachten. Die Protagonisten sind hinreißende Pfefferkuchenfrauen und Naschkatzen, Annabella Apfelstrudel und der Bäcker Bruno Bindeballe.

■ *Krüss, James:* **Historie von der schönen Insel Helgoland,** Husum Druck- und Verlagsgesellschaft, Husum 2015, ISBN 978-3-8987-6764-4. Die Geschichte der Insel in 612 Versen: „Irgendwo ins grüne Meer hat ein Gott mit leichtem Pinsel, lächelnd, wie von ungefähr, einen Fleck getupft: Die Insel."

■ *Leudesdorff, René:* **Wir befreiten Helgoland.** Cobra Verlag, Husum 1987, ISBN 978-3-9804-6709-4. Die „Wiedereinnahme" Helgolands durch zwei deutsche Studenten, aus erster Hand spannend geschildert. Leider nur noch antiquarisch erhältlich.

■ *Lubitz, Jan:* **Architektur auf Helgoland,** Rickmers-Verlag, Helgoland 2014, ISBN 978-3-9816-9150-4. Wissenswertes rund um die Inselarchitektur und den Wiederaufbau nach dem Zweiten Weltkrieg.

■ *Rickmers, Detlev:* **Ein Fels, eine Familie,** Rickmers-Verlag, Helgoland 2014, ISBN 978-3-9816-9151-1. Bericht über 500 Jahre Geschichte der Familie Rickmers auf Helgoland im Wandel der Weltgeschichte.

■ *Rösing, Wilhelm:* **Franz Schensky – Der Fotograf und das Meer,** Wachholtz Verlag – Murmann Publishers, Kiel/Hamburg 2015, ISBN 978-3-5290-5347-4. Hervorragend gedruckter Bildband mit sehr informativen Texten zu Leben und Arbeit von Franz Schensky (derzeit leider nur noch antiquarisch erhältlich).

■ *Rüger, Jan/Sieber, Karl Heinz:* **Helgoland – Deutschland, England und ein Felsen in der Nordsee,** Propyläen Verlag, Berlin 2017, ISBN 978-3-5490-7494-7. Die große Geschichte einer kleinen Insel.

- *Schultheiß, Evelyn/Schensky, Franz:* **Das alte Helgoland, photographiert von Franz Schensky,** Worpsweder Verlag 2001, ISBN 978-3-9225-1654-5. Das Sonderstück zeigt ein schönes Portrait der Insel, ist aber leider nur noch antiquarisch zu bekommen.
- *Ziegert, Susanne:* **Tod vor Helgoland,** Gmeiner-Verlag, Meßkirch 2022, ISBN: 978-3-8392-0202-9. Kommissarin *Rike von Menkendorf* wird Zeugin, wie ein Passagier auf der Helgoland-Fähre über Bord geht und ermittelt zusammen mit *Harry Kruss* von der Wasserpolizei im Fall einer verschwundenen Immobilienmaklerin auf Deutschlands einziger Felseninsel.

Nützliche Apps und Websites

- **Beachexplorer:** www.beachexplorer.org. **App,** mit der man seine Strandfunde melden oder selbst nach Unbekanntem suchen kann.
- **Buienradar:** www.buienradar.nl. **Wetter-App** aus Holland mit sehr zuverlässigen Prognosen auch für Helgoland.
- **Flora Incognita: App** der Technischen Universität Ilmenau, die beim Erkennen von Pflanzen sehr nützlich ist. Einfach Pflanze fotografieren und suchen lassen, die Infos kommen schnell und zuverlässig aufs Handy.
- **NABU-Insektenwelt:** Nützliche **App zum Bestimmen von Insekten** wie Käfern und Wanzen, Schmetterlingen, Libellen und sonstigen Insekten.
- **WeatherPro:** Sehr professionell gemachte **Bezahl-App,** die viele Details zum Wetter vermittelt.
- **Windfinder:** www.windfinder.com. **Wetter-App** mit Gezeiten, beliebt vor allem bei Seglern.
- **Zwitschern!:** Eine **App,** die zum Identifizieren von Vögeln hilfreich ist. Zum Hören und Suchen.

Das ist
noch nicht alles!
Mehr Reise Know-How gibt es hier:
www.reise-know-how.de
Reiseführer | CityTrip | Wohnmobil-Tourguide | Landkarten

Zugspitze, Foto: Aneta Niemitz

Register

Fotonachweis

(Kennzeichnung direkt am Bild)
Archiv Museum Helgoland (AMH), *Per Kasch* (DGzRS/pk), *Museum Helgoland Archiv Schenksy* (mhas), *Bianca Strutz* (bs), *Jörg Zogel* (jz), *Wikimedia Commons* (WC), *Wikimedia Commons/Jochem de Vries* (WCjdv), *Wikimedia Commons/Christian Morgenstern* (WCcm), *Helgoland Tourismus/Klaus Friedrichs* (HTkf), *Ralf Steinbock* (rs), *Dieter Wörrlein* (dw), *Nicole Funck* (nf), *Sammlung Michael Narten* (smn), *Michael Narten* (mna)

Die Autoren

f_227 kt

Nicole Funck, geboren 1963 in Köln, studierte an der Ludwig-Maximilians-Universität in München und ist Expertin für Kommunikation und Marketing mit langjähriger Führungserfahrung in Unternehmen, vorwiegend aus dem technischen Umfeld. Sie lebt und arbeitet heute im Großraum Hannover. Mit dem Schreiben vertraut, veröffentlichte sie viele Beiträge und war an zahlreichen Buchveröffentlichungen beteiligt. Ihr Reiseführer über die Mongolei, erschienen 2015 (ebenfalls Reise Know-How Verlag), wurde mit dem ITB BuchAward ausgezeichnet. Zudem veröffentlichte sie hier die gemeinsam mit *Michael Narten* verfassten Reiseführer über die Nordseeinseln Borkum, Föhr, Helgoland, Juist und Spiekeroog sowie über Ostfriesland und die Nordseeküste Niedersachsens.

f_228 kt

Michael Narten, geboren 1964 in Hannover, arbeitete viele Jahre als Art Director in Hannover und Hamburg. Heute ist er als Grafiker, Fotograf und Buchautor in Hannover tätig. In den vergangenen zehn Jahren war er an der Veröffentlichung von zahlreichen Büchern beteiligt. Als Autor verfasste er mehrere Titel über die Stadtgeschichte Hannovers, ein weiterer Schwerpunkt seiner Arbeit ist die Aufarbeitung von Firmengeschichten in Buchform. Zwei Bildbände über die Ostfriesischen Inseln und Ostfriesland sind im Hinstorff-Verlag erschienen, zusammen mit *Nicole Funck* verfasste er acht Reiseführer für den Reise Know-How Verlag.

Danksagung

Ohne die Unterstützung vieler Helfer und Helferinnen kann kein guter Reiseführer entstehen. Deshalb möchten wir an dieser Stelle allen ganz herzlich danken, die zum Gelingen des Buches beigetragen haben: *Klaus Friedrichs* für sein Fachwissen, *Jörg Andres* und dem Museum Helgoland, dem Team von der Helgoland-Touristik sowie Tourismus-Direktor *Stephan Hauke*, dem Team vom Institut für Vogelforschung, *Doris Packbiers* und *Volker Kuinke*, *Thorsten Probst-Engelhardt* von der Kreppbude, *Claudia Hofmann*, *Holger Bünning*, dem Verein zum Erhalt der Helgoländer Börteboote, *Jörg Zogel* von der DGzRS, *Kirsten Rickmers-Liebau*, *Corinna Habben* (AG Ems), *Ralf* und *Inge Steinbock* sowie *Jan Rickmer Ludwig*.

Schreiben Sie uns!

Wir hoffen, dass Ihnen dieser Reiseführer gefällt und er Ihnen ein guter Begleiter auf einer außergewöhnlichen und spannenden Reise ist.

Weil ein Reiseführer von Erfahrungen lebt, sind wir an Ihren Erlebnissen interessiert: Haben Sie in unserem Buch ein Restaurant entdeckt, das es nicht mehr gibt, eine Sehenswürdigkeit, die wir noch nicht aufgeführt haben, oder eine falsche Adresse? Dann schreiben Sie uns! **Wir nehmen jeden Hinweis und jede Kritik ernst und arbeiten kontinuierlich daran, die Bücher aktuell zu halten und immer weiter zu verbessern.** Jede Mail wird gelesen und beantwortet. Auch wenn wir nicht jeden Wunsch erfüllen können, machen wir uns immer Gedanken über Ihre Anmerkungen.

Schreiben Sie uns:
per Mail an info@reise-know-how.de oder an
Reise Know-How Verlag Peter Rump GmbH, Postfach 140666, 33626 Bielefeld

Wenn sich Ihre Infos direkt auf das Buch beziehen, würde uns die Angabe der Seitenzahl und der Auflagenzahl bzw. des Erscheinungsjahres Ihrer Ausgabe die Arbeit sehr erleichtern. Besonders hilfreiche Beiträge und Ergänzungen zu den Büchern belohnen wir mit einem Sprachführer Ihrer Wahl aus der über 240 Bände umfassenden „Kauderwelsch"-Reihe.

Herzlichen Dank und gute Reisen
Ihr Reise Know-How Verlag